金石索

（第四册）

UESTCP
电子科技大学出版社

第四册目録

石索（四）……………………一

石索（五）……………………一七一

石索（六）……………………三五九

石索四

紫琅馮 雲鵷晏海氏 雲鵬集軒氏 同輯

碑碣四 武氏左石室畫像十石

左石一

一幅第一層 詩巷伯傳云顏叔子獨處于室鄰之嫠婦又獨處于室夜暴風雨至室壞婦人趨至顏叔子納之使執燭放乎旦蒸盡縮屋而繼之即此事

顏淑獨處飄風暴雨婦人乞宿升堂入戶燃蒸自燭懼見意疑未明蒸盡摍苣續之

金石志摍之言抽萩即笮字公羊注取毀廟屋笮以為炊

石索

顏淑握火
乞宿婦

公子……魏信陵君寘左……侯
歸……侯朱亥言語……不改
兵歸

魏公子無忌封信陵君虛左迎賢自迎夷門監者侯嬴公子執轡引車入市侯生下車見屠者朱亥故久立與語公子顏色不變此節蓋謂此也惜字多殘缺圖象全無不能摹錄公子卒用侯生之計請如姬盜虎符矯魏王令奪晉鄙軍朱亥袖四十斤鐵錐錐殺晉鄙拔兵擊秦救邯鄲以存趙可謂賢矣

王
見漢使曰
獲於楚陵為漢將與項相距母
長者自伏劍死以免其子

漢王陵傳云陵沛人漢王還擊項籍陵以兵屬漢項羽取陵母置軍中陵使至東鄉坐陵母欲以招陵母私送使者曰陵善事漢漢王長者母以老妾故持二心遂伏劍死此榜缺處當云王陵之母見獲於楚也曰是漢字

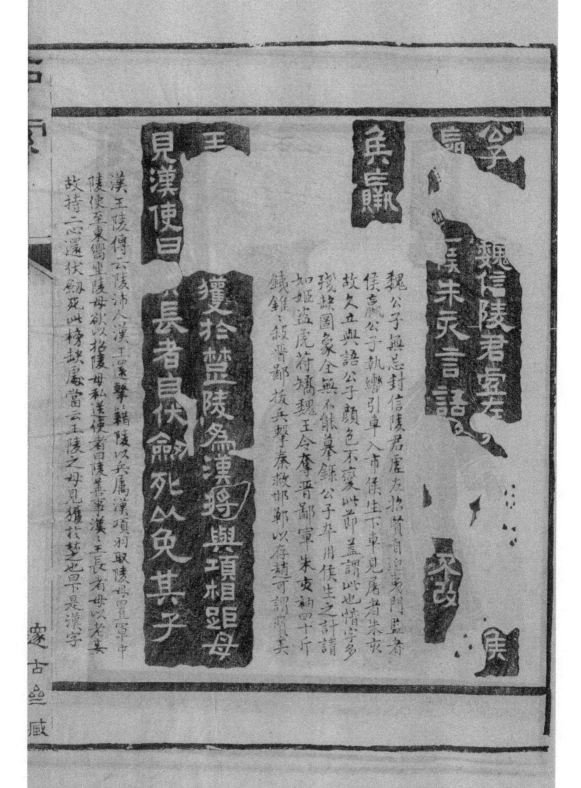

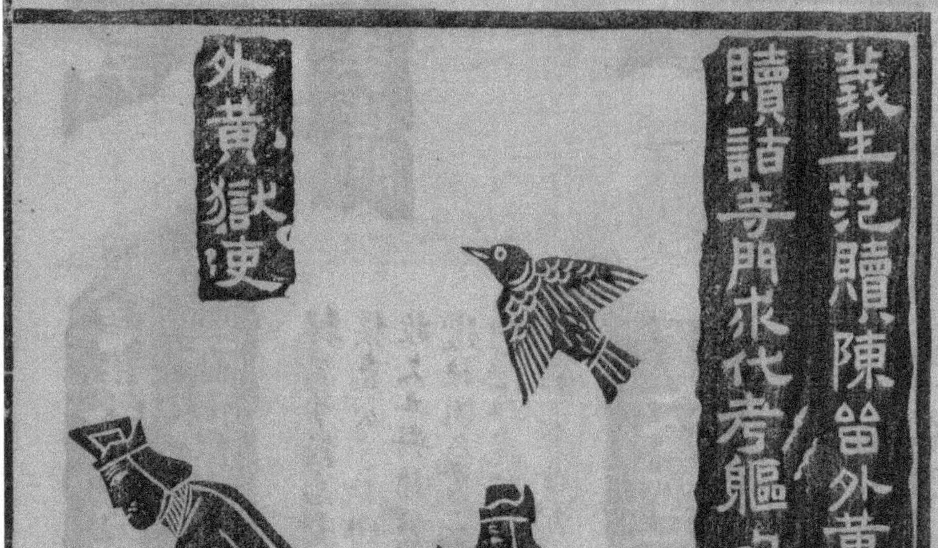
義士范贖陳留外黃
贖詣寺門求代考軀
外黃獄使

以下半榜全泐
無可考對姑缺

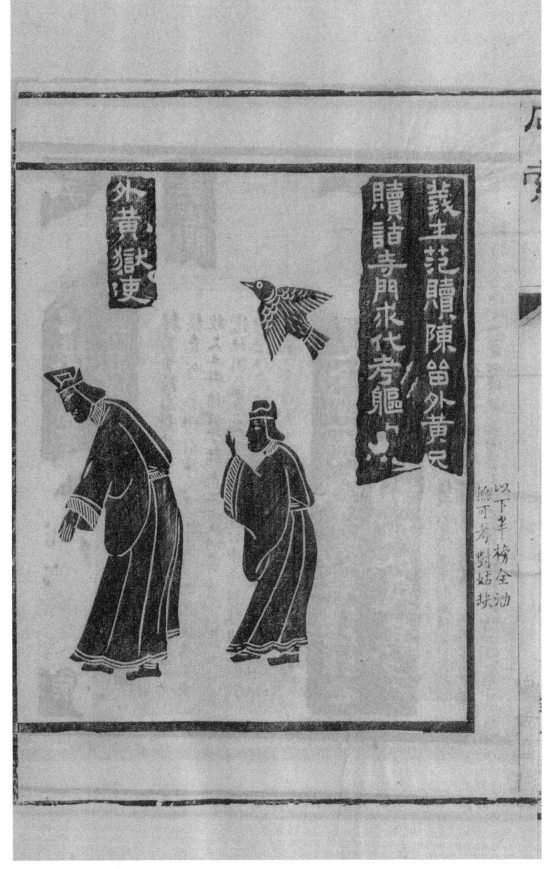

金石志云此事不見傳記圭即士字考擊字也俗作拷

邃古齋藏

左石三

金石志引水經泗水注云周顯王四十二年九鼎淪沒泗淵秦始皇時鼎見于斯水始皇自以德合三代大喜使數千人沒水求之不得又云系而行之未出龍齒齧斷其系此鼎中有龍首當即其事与孝堂山所畫南越尉陀鼎不同也畫畫兩提如翼隨之二人冠服舉手相向左右二人執符及箭帛隨之又有左右執版者五人立一人跪其後蓋奉命觀其取鼎者兩堤上右三人左四人各以繩穿牖門中孔曳鼎倒行河中有二舟左舟二人持竿抵鼎之間助力升鼎鼎中即出龍首齧斷其繩故繩緩而七人皆退坐有傾跌者也舟旁魚鳥紛紛有罾取魚者有鷺啄魚者皆點綴之景其尚有車馬騎導在其外者不能備録

左石三後段

上層畫樂舞之事

下層為庖廚之事中層車馬之事不録

左石四

上層畫卧地人次層畫荆軻皆不録此在第三層

伏羲氏
手執矩

伏羲氏見前畜者再此幅金石志以爲一人執矩向右一婦人執規向左不知即伏羲氏女媧氏也列子云伏羲女媧蛇身而人面有大聖之德元中記云伏羲龍身女媧蛇軀文選注云女媧亦三皇也此画伏羲手中執矩則女媧所執者規也矩所以爲方八卦用之規所以轉員太極用之考工記曰規之以眂其圜也萬之以眂其匡也矩即今之曲尺規即今之步弓匠人常用之

女媧氏手執規

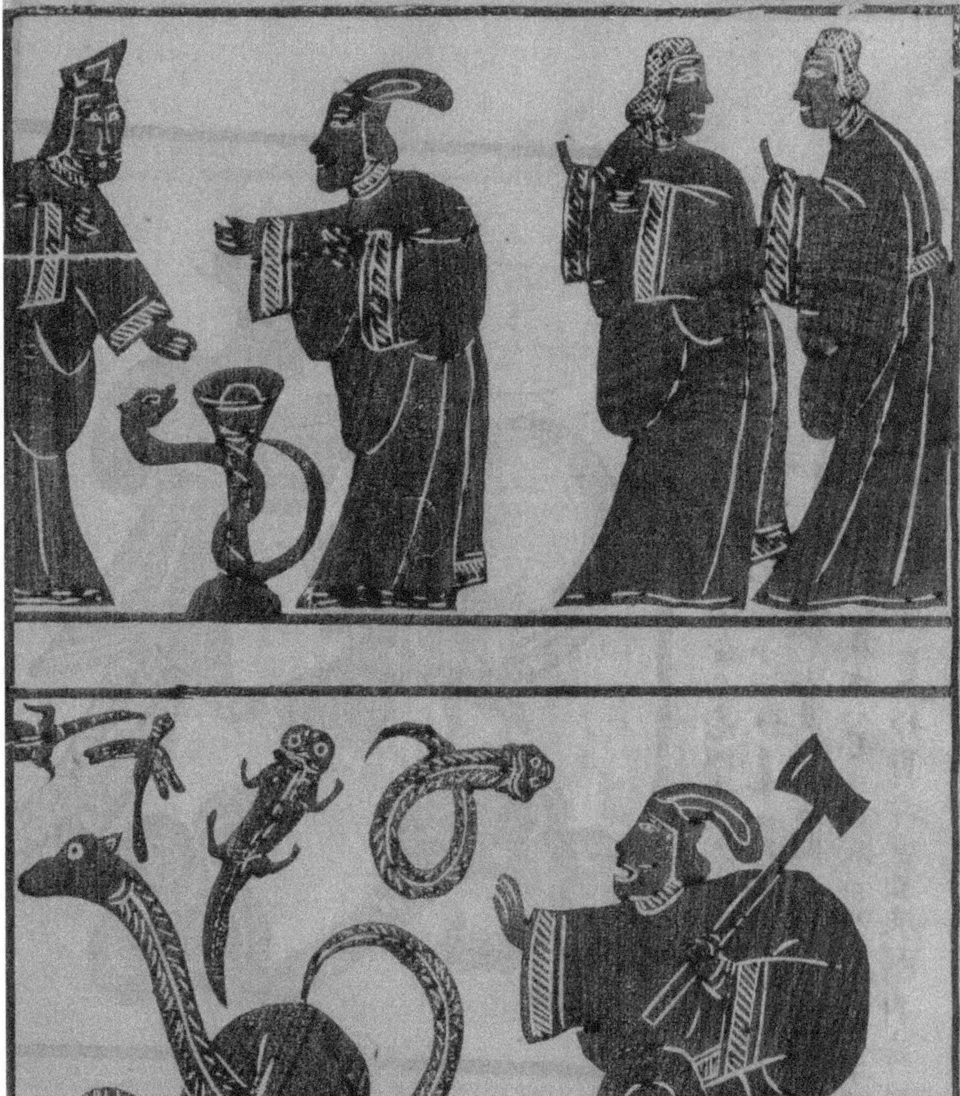

左石五

上層

中層車馬未錄

下層

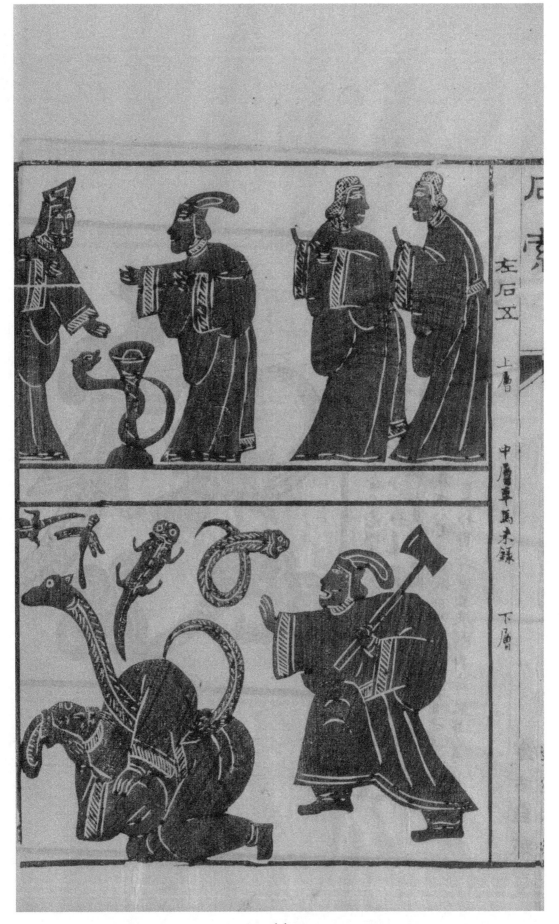

上下二層皆畫蛇未知何事不能强解張平子西京賦云水人弄蛇
注云水人俚兒能禁固弄蛇也與此亦不相合俟考

左石六

此紙一層載孔門弟子十二人有五榜而無字
不錄其畫子路亦雄雞冠與前石室第二
石相似

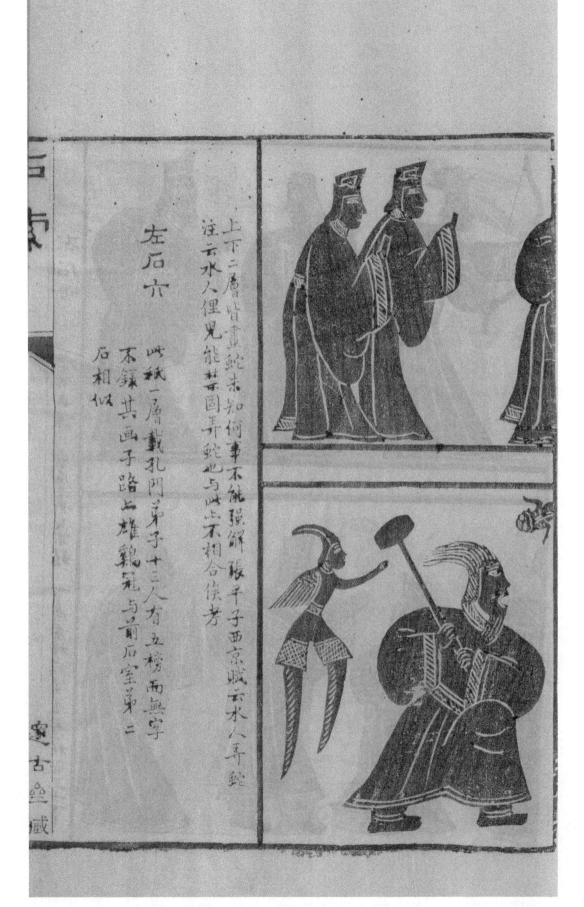

左石七　上層未詳　中層車馬不錄　下層有榜無字然必二桃殺三士事

晏子春秋公孫捷田開疆古冶子事景公勇而無禮晏子言于公餽之二桃使計功而食于是三子爭功皆刎頸而死此畫二桃三士情景如見
遯古盦臧

左石八

第一層畫丁蘭供木主及邢渠哺父等事已見前不錄

二層畫一婦人抱孩而坐有三人跪拜于前又有一婦人持鏡而坐亦有跪拜者俱有榜無字

三層周公輔成王

四層車馬之屬

此
戌
王

此
知
即
居
公
手
獻
一
物
侣
帨
巾

蒙
古
鱼
藏

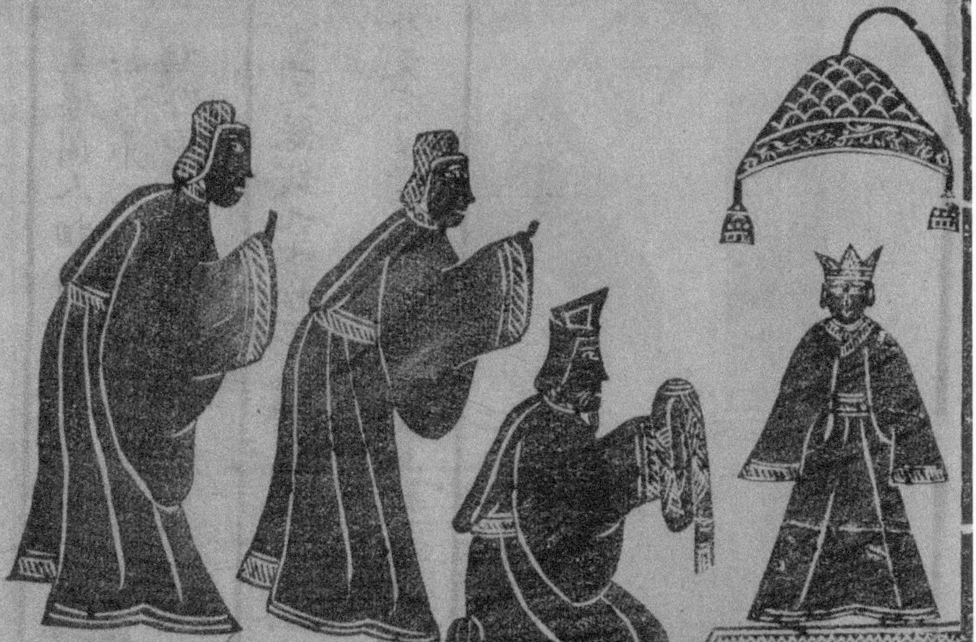

左石九

畫樓閣人物及合懽樹射鳥人井俱與武梁祠弟三石前石室弟三石大同小異惟樓下正坐者有人伏拜置一罷如斗

左石十

畫五銖錢九十枚以四繩貫之今亦無存

此外又有道旁及墓闕二石皆殘泐不錄

漢武氏石室祥瑞圖一

在嘉祥縣武宅山
字倣古畫減小

浪井下有缺文

按宋書符瑞志浪井不鑿自成王者清靜則應此井下缺文或即此也其上一人手拊蓮臺室下一人執物如鍬足履方石俱磨泐未辨井所在也

符瑞志云神鼎知吉知凶能重能輕不炊而沸五味自生王者盛德則出

麟不刳胎殘少則至

符瑞志麟不刳胎剖卵則至又云麟麕身而牛尾狼項而一角黃色而馬足

邃古亝藏

如讀為而符瑞志不漉池而漁德至淵泉則黃龍游于池能短能長乍存乍亾

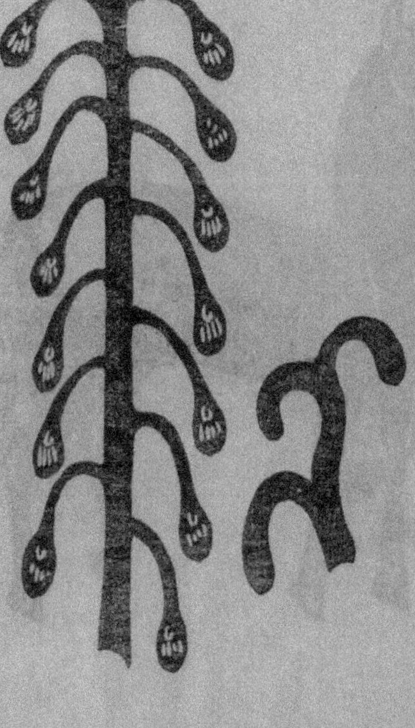

蓂莢堯時生

符瑞志生字下有階字此畫蓂莢一株一莖直立左右各七莖皆有圓實共得十五莢也蓂莢日生一莢至六日一莢落此象十六日也旁又一小株未詳

符瑞志
六足獸
王者謀
及衆庶
則至

符瑞志白虎王者不暴虐則白虎仁不害物此物字作人字虎伏形即不害人之意孫氏瑞應圖云白虎仁獸也一名騶虞

邃古亝藏

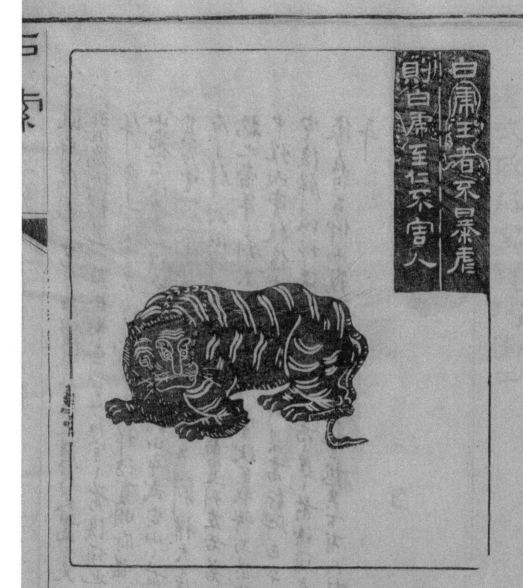

此祥瑞圖之第一石以漢尺度之廣九尺高三尺畫盡三層背為丸楞其二石形制亦同蓋石室之前後項也嘉慶二十五年冬十一月十二日予自任城至嘉祥訪夏明府儀親往紫雲山觀石室主人謂之漢太子墓其山即武宅山之前雙闕巍然其石室陷于土已久黃小松司馬掘出之別搆大屋一所嵌畫像石于壁武斑碑居中此祥瑞畫疊列左右若石案然以意揣之當年之制不過五石而成一室伏羲碑與梁節姑姊碑中銳而旁殺係室之東西兩壁梁高行碑正平而微低係石室後壁以祥瑞畫二石覆之為屋之前後項丸楞在外畫像在內可仰而窺也此前石有方孔二想其下有石柱承之以為固耳

漢武氏石室祥瑞圖二

符瑞志玉馬王者精明尊賢者則出此作清明其次行磨泐似有来字与上隔數字不接故從符瑞志

玉英五常並循則至

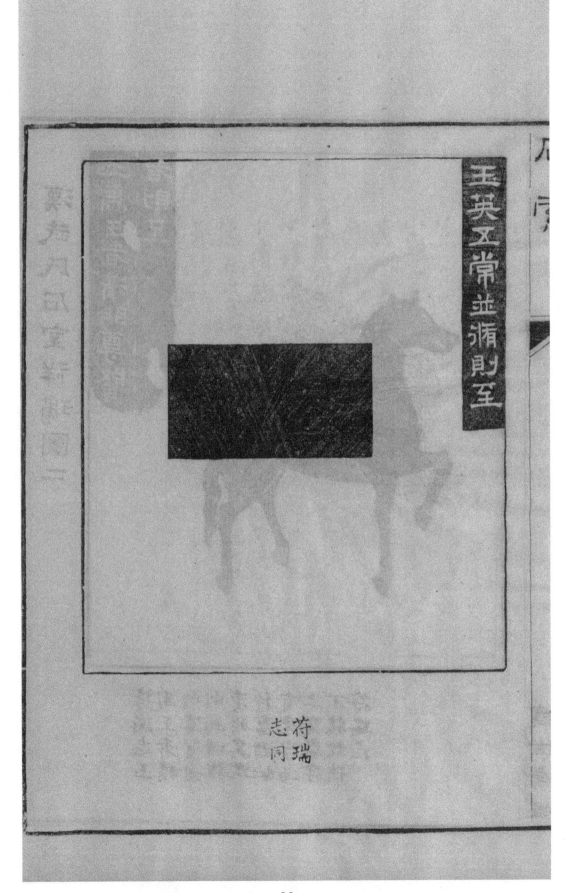

符瑞志同

此石裂而爲二故有分作二祥瑞者誤也今合裂文觀之其明字之半舊釋作自字未安或是息字肰仁姦息亾不順苻瑞志作赤熊佞人遠猾姦息則入國

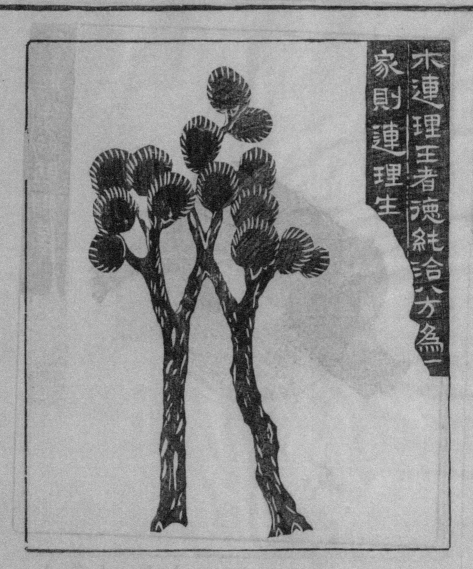

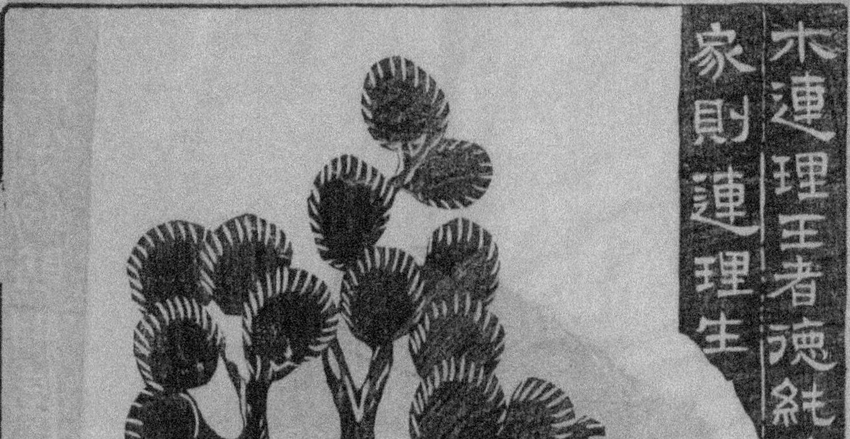

此榜字畫明顯其洽字佀治字從符瑞志作洽志云木連理王者德澤純洽八方合為一則為生

璧流離王者不隱過則至

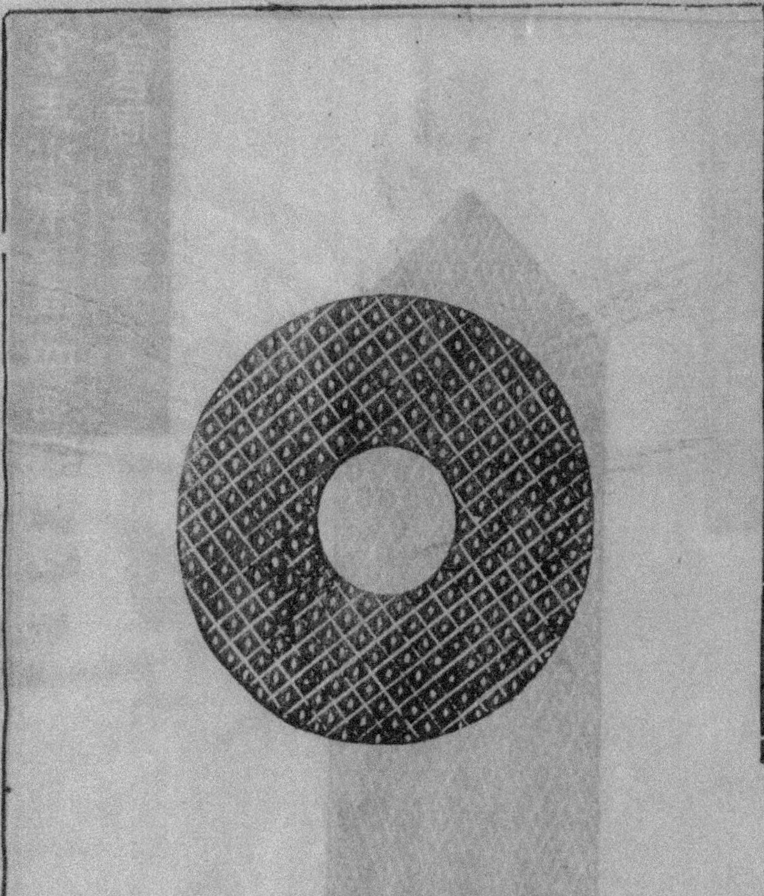

璧圓孔面有方罫文金石志云流離与琉璃同

玄圭水泉深通四海
會同財至

圭上銳下方面有斜斗文此與璧流離句皆同符瑞志

比翼鳥王者德及高遠則至

鳥兩首兩翼兩足四尾

此與上比翼鳥句与符瑞志同惟鰥作矜

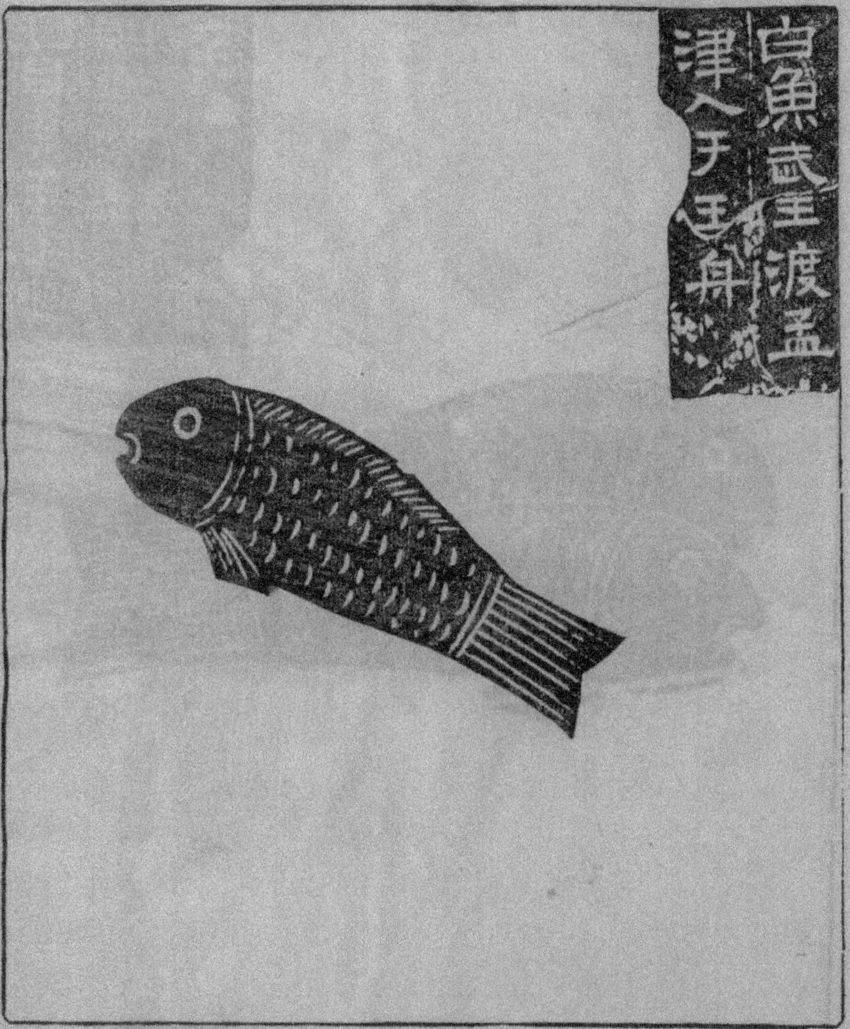

符瑞志云武王渡孟津中流入于王舟今會中訣泐字必王渡孟舟四字依志補之

榜三行内泐二字按蒋瑞志比目魚王者德及幽隐則見此泐處必者幽二字依志補之其衙字即槧字也

符瑞志云黄帝時南夷乘白鹿来獻鬯又云巨鬯三禺之禾一稃二米王者宗廟脩則出此碑以皇為黄暘為鬯也

顯按画中人所執不但二禺之禾蓋渠搜氏禹時来獻裘者回獻暘之畫全無形影此渠搜氏下字又全泐故諸家誤合為一耳今从志補之

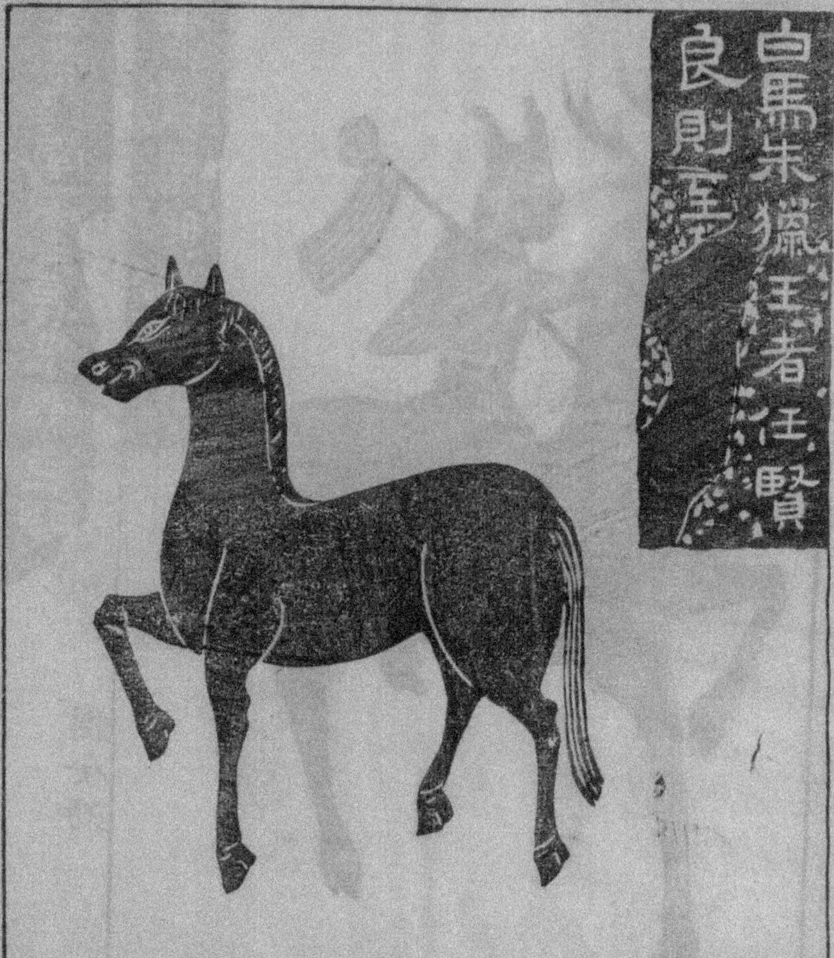

符瑞志白馬朱鬣王者任賢良則見此碑以獵為鬣也其王者任賢及至字缺从志補之

符瑞志澤馬者王者勞來百姓則至夏馬驪黑身白鬣尾殷馬駱白身黑鬣尾周馬騂赤身黑鬣尾碑中勞來下缺從志補之

銀甕刑法得中則至

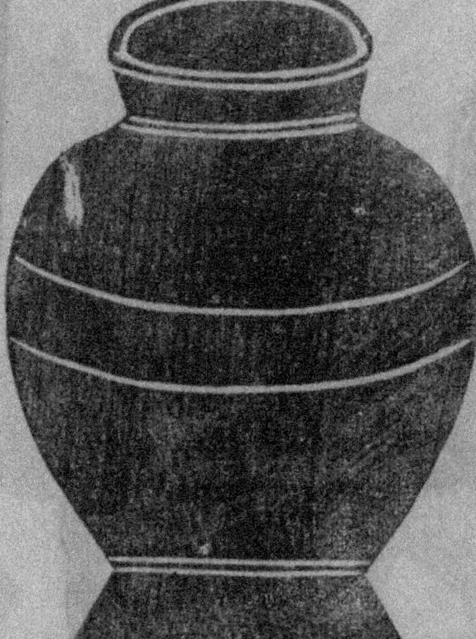

符瑞志有玉甕無銀甕瑞應圖云王者宴不及醉刑罰中則銀甕出是也

王勝王者

山左金石志云物形似方勝苻瑞志有金勝此或是玉勝也鵬按王者二字下文無字係當日未刻非磨泐也苻瑞志云金勝國平盜賊四夷賓服則出又云晉永和元年二月春穀民得金勝一枚長五寸狀如織勝此畫似之此玉字亦畧似或即是金勝惟款字未敢補耳

邃古齋藏

此祥瑞畫〻第二石高廣同前以每石三層計之當有祥瑞七十餘種今磨泐殊甚十存二三取符瑞志對勘追覓取蒐於前石祇得七種此石祇得十五種合二十二種其餘車馬人物罷具繽紛意必象車根車白鹿白燕以及蓂莢威蕤嘉禾嘉瓜之類無不寥落殆盡畫不成畫字不成句甚可惜也此近世甫出若令宋人見之採入隸釋及金石録等書早若百年其剥蝕必不至是又恐後日剥蝕更甚將蕩然無存故縮而摹之以見其槩云

孔子見老子畫像 本在武梁祠今在泲寧

三人皆捧簡冊在老子車後

邃古齋藏

馬上一榜
無字然
必老子車
三字當
時失題
耳觀下
孔子車
題字可
見

孔子也
老子
老子手拄一曲足杖
中有小子一手向上一手持
有一飛鳥而闕文耳
孔子手中執一雉者贄也
遂古堂藏

一人捧簡冊在孔子後疑即豎子其首猶赤冠也

一冠者御車疑即南宮敬叔

石索

黃小松記云孔子見老子畫像載洪氏隸續乾隆丙午冬
錢唐黃易得此石于嘉祥武宅山欵移濟寧州學

邃古齋藏

此幅載緣續之十三卷有題無畫与第六卷刻武
梁祠畫像有畫有字者不同蓋非一時所得且未知所
在也今既同得自武宅山其為一時所刻無疑故類列之
惟言金石家俱以此為塗遇与史不合且云烏下一人已沕
難稱有言侶四足之獸者不復深考鵬按史載魯昭公與孔
子一乘車兩馬一豎子同南宮敬叔適周問禮于老子斷非
途遇可知且兩人相見甚恭中間不當復置一人与獸細思
未得以隸續去古未遠反復繹之有云一人俛首在雁下一
物拄地似扇乃恍然悟此侶扇者鴈也昭公既遣孔子問禮
于老子与私事不同老子重君使必當親迎于郊故令一
童子擁篲前驅以致敬耳既明其意又與禮不謬并
其一車兩馬一豎子一敬對俱與史合轍藉此猶見古意
質之深心論古之儒未識以鄙見為穿鑿否也

嘉祥劉村洪福院漢畫像石

三石録一

上一層似画霹靂列鼓吐火施鞭之状三層画周公輔成王其二層四層画車馬俱不錄

石索

邃古齋藏

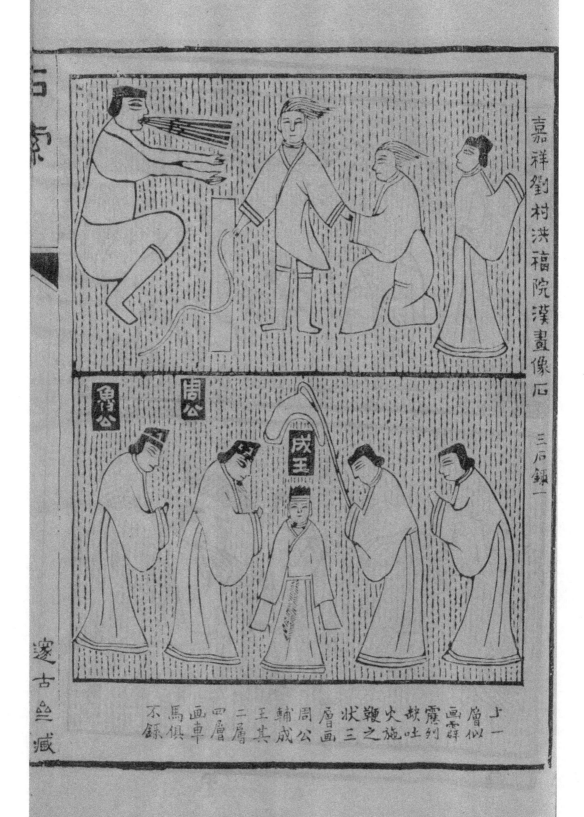

嘉祥焦城村漢畫像石一

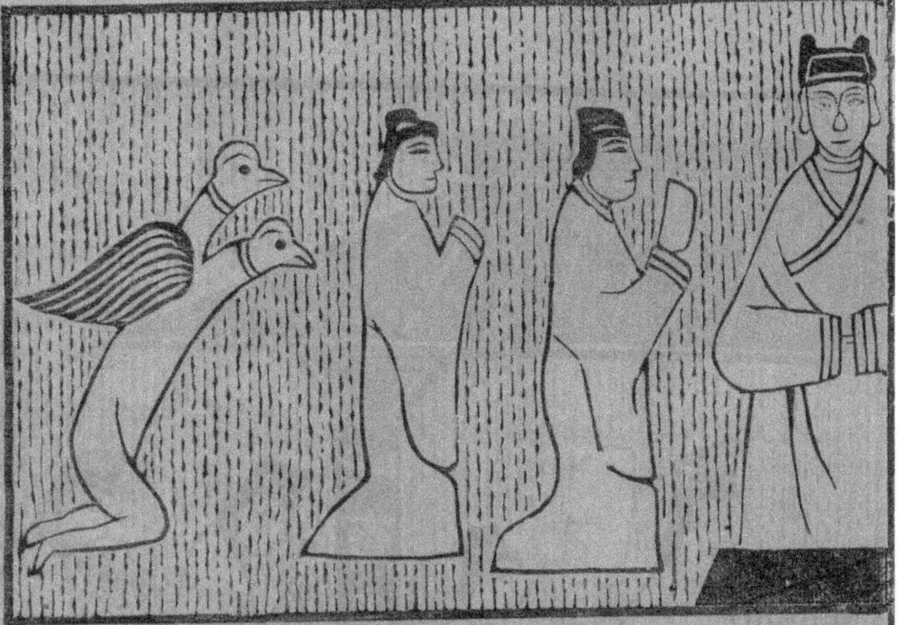

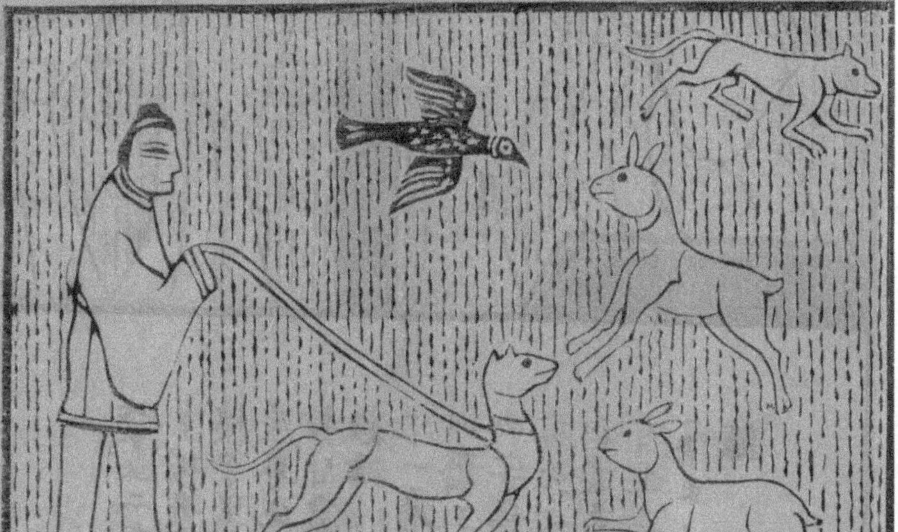

上層畫周公未知是成王否又有雙首鳥獸及雙兎搗藥　中層車馬不錄　下層一人牽犬二人荷畢雉兎奔走蓋畫田獵之狀

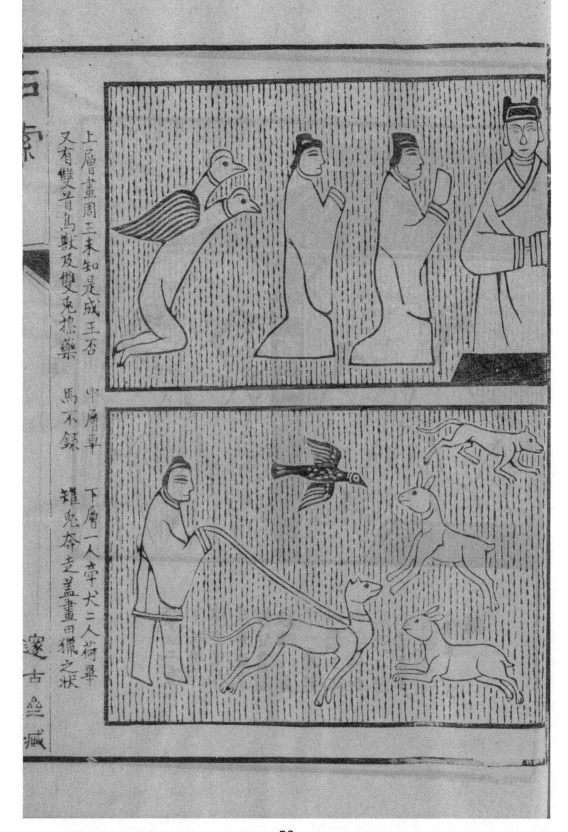

畫像石二　餘二石未錄

此畫亦有重樓夾室樓中坐人屋脊施鳥獸皆磨泐難辨此其中一層題此齋王也四字齋即齊字武梁祠畫象多有之其下層車馬不錄

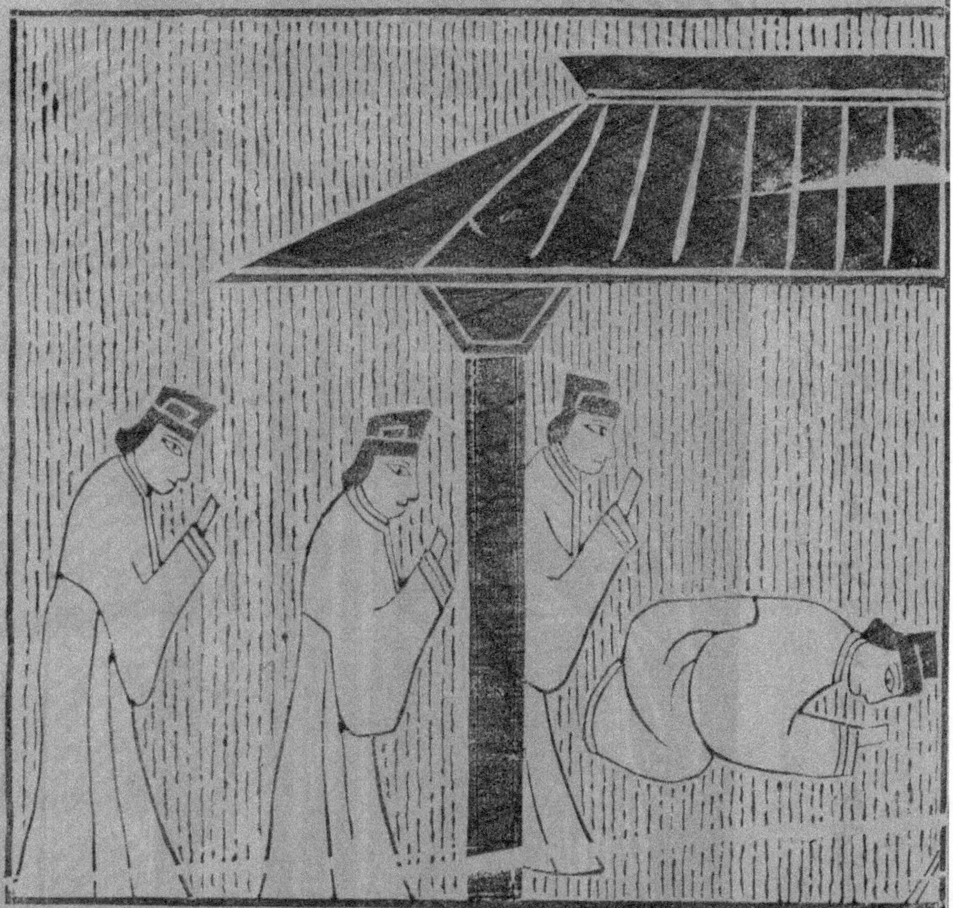

邃古亝藏

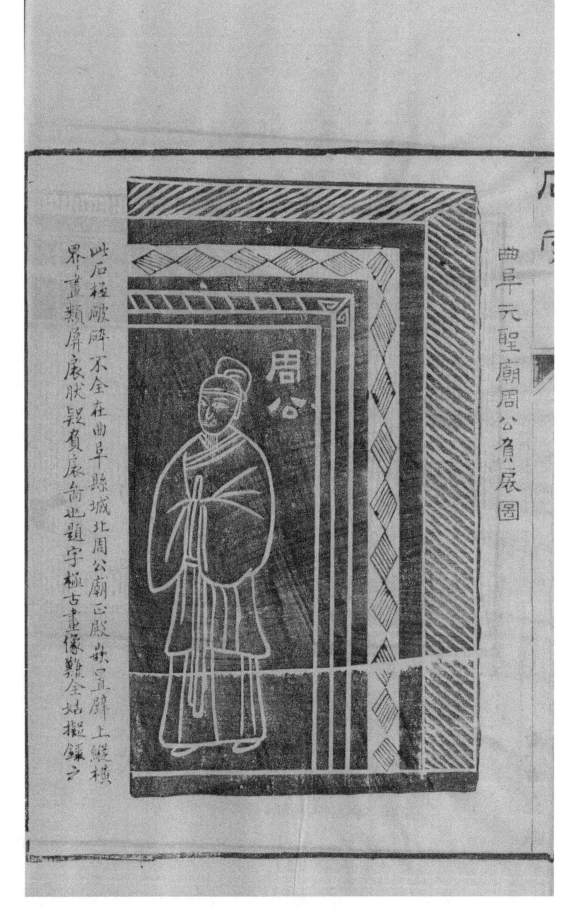

曲阜元聖廟周公負扆圖

此石極破碎不全在曲阜縣城北周公廟正殿嵌置壁上縱橫界畫類屏扆狀疑負扆啚也題字極古畫像難全姑擬録之

漢兖州刺史王稚子雙闕

右闕南面　此闕于雍正九年没于濼水

王君二闕在四川新都縣北十二里官道西墓前高一丈五尺字徑三寸四寸不等君名渙字稚子廣漢郪人郪即今新都渙舉茂才歷温令兖州刺史侍御史洛陽令以和帝元興元年卒于洛陽温与洛陽兩縣民懷其德各立二闕于其墓

隸續云先置二字在南面稚字北面子字東面

温字殘泐故洪氏作緄以為縣字武虛谷以為緄字損剝似緄緄与温通詩飲酒温克禮纂色以温之漢書少温籍並通緄可証

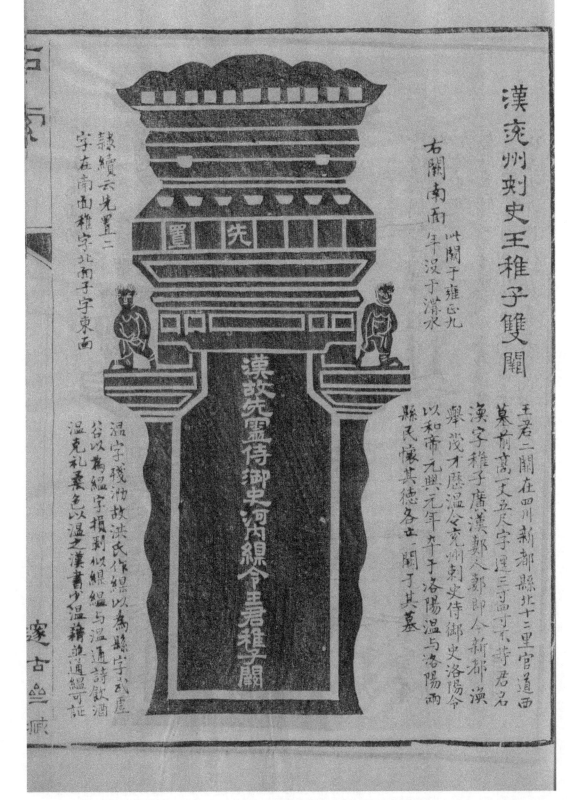

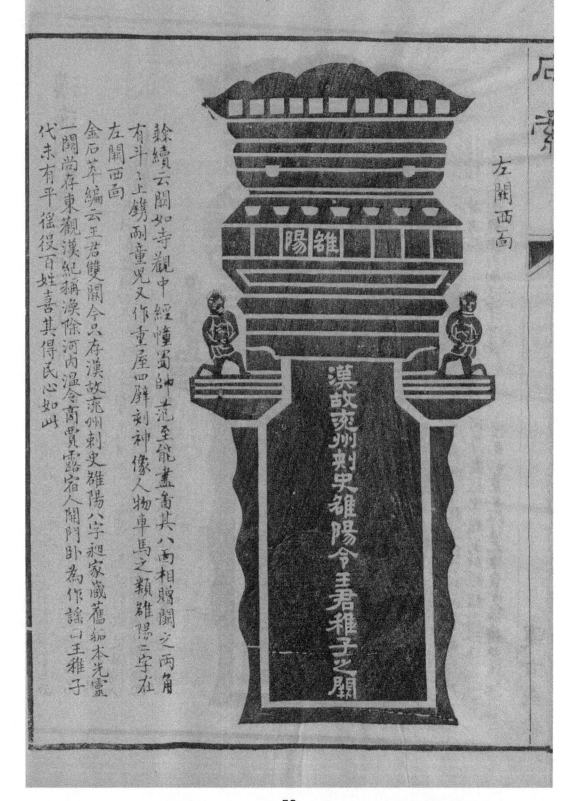

左闕西面

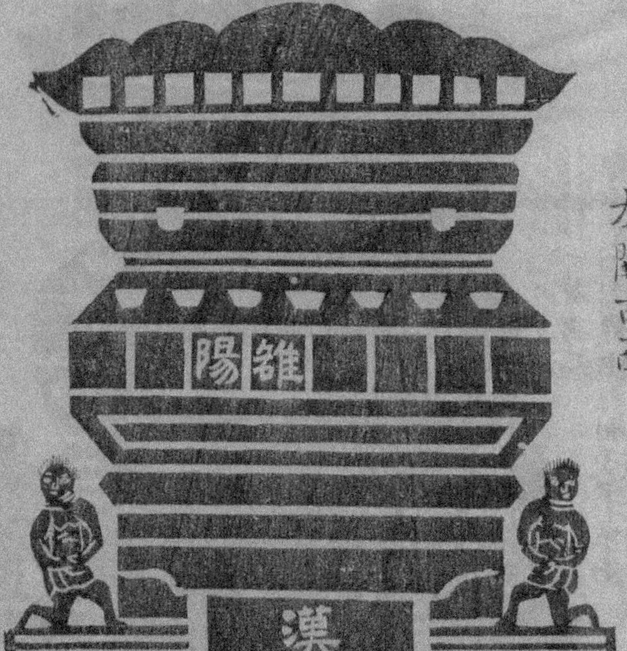

隸續云闕如寺觀中經幢蜀帥范至能盡畜其八面相贈闕之两角有斗〻上鐫刷童兒又作重屋四辟刻神像人物車馬之類雒陽二字在左闕西面

金石萃編云王君雙闕今只存漢故兖州刺史雒陽八字昶家藏舊拓本先靈一闕尚存東觀漢紀稱渙除河內溫令商賈露宿人開門卧為作謠曰王稚子代未有平徭役百姓喜其得民心如此

漢穀城長蕩陰令張遷碑

碑高九尺五寸廣三尺二寸十六行〻四十二字今在東平州學

篆額　漢故穀城長蕩陰令張君表頌

張君未沒乃云故者猶今言前任也前作穀城長後爲蕩陰令漢制大縣曰令小縣曰長

君諱遷字公方陳留己吾
人也君之先出自有周周
宣王中興有張仲以孝友
為行披覽詩雅煥知其祖
高帝龍興有張良善用籌
策在帷幕之內決勝負千
里之外析珪於留文景之
間有張釋之建忠弼之謨
帝遊上林問禽狩所有苑
令不對更問嗇夫嗇夫事

帷即幕

禽狩即禽獸

對於是進嗇夫為令令退
為嗇夫釋之議為不可苑
令有公卿之才嗇夫喋喋
小吏非社稷之重上從言
孝武時有張騫廣通風俗
開定畿寓南苞八蠻西羈
六戎北震五狄東勤九夷
荒遠既殯各貢所有張是
輔漢世載其德爰既且於
君蓋其繵縺纘戎鴻緒牧

寓即宇
羈即羈

殯作賓解
是作氏解

既且二字併
一豎字或即
作既且亦可

守相係不殞高問孝弟於
家中謇於朝治京氏為聽
麗攉略藝於從畋少為郡
吏隱練職位常在股肱數
為從事嚴無細間徵拜郎
中除郟城長蓺月出務不
閈四門臈正出儦休因歸
賀八月莫民不煩於鄉隨
就壺落孝恤高年路無拾
遺犂種宿野黃巾初起燒

中即忠
攉即權
吳山夫云
從畋當是
從政之誤

蓺即藝
閈即閑
臈即臘
儦即[illegible]
莫即算

平城市斯縣獨金子賤孔
蔑其道區別尚書五教君
嵩其寬詩云愷悌君隆其
恩東里潤色君垂其仁邵
伯分陝君懿于棠晉陽珮
瑋西門帶弦君出體素能
雙其勛流化八基遷蕩陰
令吏民頡頏隨送如雲周
公東征西人怨思奚斯讚
魯存父頌段前喆遺芳有

瑋即韋
基即朞
段即殷

功不書後無述焉於是刊
石暨表銘勒萬載三代以
来雖遠猶近詩云舊國其
命惟新
於穆我君既敦既純雪白
之性孝友之仁紀行来本
蘭生有芬克岐有兆綏御
有勳利器不觀魚不出淵
國之良榦垂愛在民蔽沛
棠樹溫溫恭人乾道不繆

雖即雖

来疑求字之誤筆

蔽沛猶蔽芾

唯衍是親既多受祉永享
南山干禄无疆子子孫孫
丕
惟中平三年歲在攝提二
月震節紀日上旬陽氣厥
析感思舊君故吏韋萌等
僉然同聲僨師孫興刊石
立表以示後昆共享天祚
億載萬年

此空行末有半表字此提行平

柝即析

前半表字与此表字平對想因字偏改寫其旁刻工不知故併刻耳

碑陰

共三列每列十九行凡四十一人

故安國長韋樹珍錢五百
故從事韋[illegible]錢五百
故從事韋元雅錢五百
故從事韋元景錢五百
故從事韋世節錢五百
故守令韋樹達錢五百
故守令范伯犀
故吏韋金石錢二百
故督郵范齊公錢五百
故吏范文宗錢千
故吏范世節錢八百

珍印珍

故吏韋府卿錢七百
故吏范季考錢七百
故吏韋伯臺錢八百
故吏范德寶錢八百
故吏韋公傳錢五百
故吏氾定國錢七百
故吏韋閏德錢五百
故吏孫升高錢五百
故吏韋公逴錢七百
故吏韋挑山錢四百
故吏范巨錢四百
故吏韋羲十錢四百

氾音凡漢有氾勝之著農書十八篇

遂古堂藏

故吏韋輔節錢四百
故吏韋元緒錢四百
故吏韋容人錢四百
故從事原宣德錢三百
故吏韋公明錢三百
故吏范成錢三百
故吏韋輔世錢三百
故吏范國方錢三百
故吏韋伯善錢三百
故吏氾奉祖錢三百
故吏韋德榮
故吏范利德錢三百

容人金石記誤作客人

故吏韋武章
故吏驪紨義
故吏韋宣錢三百
故吏韋孟光錢五百
故吏韋孟平錢三百
故守令韋元考錢五百

驪即騶通鄒字
隸續有驪氏竟

此穀城舊吏韋萌等為張遷刊石表頌作去思碑也穀城東阿二縣東漢時皆屬東郡北齊乃省穀城為東阿唐宋屬東平府蕩陰在東漢屬河内郡即今彰德府之湯陰縣已吾屬陳留郡即今開封府之夏邑縣考山東通志此碑于明時掘地得之故歐趙洪諸家不見著録金薤琳瑯稱其字特完好可讀漢碑中之不易得者是也其通用假借字甚多惟賓字加多暨字離為二顧寧人斥其訛謬疑為好事者摹刻古本竊謂此碑詞旨淳古隸法朴茂非後人所能為者

蓋當時作者一人書者一人鐫碑時未經校對刻工又不識字故有失筆
大凡能文者不盡善書〻〻者不盡能文今世每有書法圓美而文義
茫肰者古人寧獨無之觀古者求其大畧而已不必斤〻也其鵩正之傺〻
字都氏釋為際桂未谷釋為蔡引左氏傳周公殺管叔而蔡蔡叔注
云蔡放也為訛其說良是蓋鵩晦放因故云休因歸娟也因蔡字與
蔡姓無別故加立人作傺不必更如授堂跋改為祭字也八月筭人見後漢
書皇后紀碑渚筭作弄非筭字也晉陽珮瑋西門帶弦蓋用韓非
子語韓非子觀行篇云西門豹之性急故佩韋以緩己董安于之心
緩故佩弦以自急碑顛倒用之或別有所据其餘假借字漢人往〻
有之不能悉辨

漢小黄門譙敏碑　隷釋云在冀州

額題漢故小黄門譙君之碑字大漢尺六寸許

邃古齋藏

君諱敏字漢達鄭君之中子童君之弟郎中君之昆也其先故國師譙贛深明篊隩讖録圖緯能精微天意傳道與京君明君承厥後不忝其美多而好學才略聰叡詩書是綜言合雅讜憙中聖權既任在公忠允篤誠白直佐主帥下惟約肅將王命振之于外羣

篊隩即典奧

寮有司各敬爾儀君商時
度世引己倍權守靜徹允
韜光韞玉㠯遠悔咎恥與
鄰人屏竝拾驅識莫之本
謂君為話在荅甯武當亨
南山難老之禱昊天不惠
降茲殉疾年五十有七㠯
中平二年三月九日戊寅
卒嗚嘑哀哉國喪良佐家
隕棟梁遐邇洛悼士女哀

亨即烹

懷賫多親慼莫不失聲泣
涕雙流於是立表寫憤斯
銘傳于罔極其辭曰
於穆使君盛德炤明爰惟
鄰業帥由舊章文武彬彧
柔而能剛屈道從政令名
顯揚臣多醜直是用遜讓
且已毓姿優遊足京曷僖
遘羅景命不長屋棟傾覆
君乃喪亡如何如何吁嗟

慼即戚

炤即昭

氏字乃字洪闕翁補

羅字共作罹

昊蒼身殁名存永世遺芳
中平四年七月十八日癸
卯造

隸釋云譙君敏靈帝中平二年卒又二年立此碑〻中並無尉秩所謂鄴君章君又不類宦者官稱非題額則不知敏之為黃門也丈盛稱敏倍權守靜韞光韞玉雖不可盡信恐亦是特立不羣者又云恥与鄰人㸑並柗驅說文㸑音劉芈相厕也一云傍入曰㸑柗音洽斂柙也此句蓋是不与羣閹冠劍並驅之意漢人書姓亦借用如橋喬伍五之類此碑已焦贛為譙左傳楚師伐陳取焦注謂焦今譙縣則焦譙可通用漢碑多借意作億此云曷億遺羅却是借億作意也

翁覃谿先生云此重刻本紙墨尚舊洪氏所缺二字今諦審之優遊下似是氏字恐借為邸也喪亡上似是乃字末云中平四年七月十八日癸卯造隸釋作廿八日今驗此拓本是十八是年七月丙戌朔則癸卯是十八日無疑當據此以正隸釋之誤

黃小松司馬云此本字體与隸釋悉合惟儀作儀喆作話卒作卆小有不同

邃古盦藏

漢麒麟碑

本名麒麟鳳皇碑洪氏失去鳳皇一紙止存麒麟碑

隸釋云麒麟鳳皇碑凡二石其像高二尺餘圖寫各有生意題字甚大

隸續云漢人所畫二瑞獨此最為奇偉其一雜之故鄉書庋中尋之未至

漢山陽麟鳳碑

隸釋云又有山陽麟鳳碑二物共一石其像小於前碑像下有贊云云又隸續云其下各刻一贊其陰有小篆銘云永建元年季秋七月饗時山陽太守河內孫君見碑不合禮掾夓造新刻瑞像麟鳳其銘詞曰漢盛德中興即政二年辛酉之部首應六十麟青龍起蟬嫣三月季春夏昜立碑石順禮典文九九應度數萬世常存爾雅注單閼音丹遏一音蟬嫣永建二年歲在丁卯故此碑用蟬嫣字米元章書史云此畐半篆半隸麟一角上高如足翅如惡馬鳳冠高尾長甚可怪也鵾樓碑在任城今亾之矣

石索

漢齋祠畫像　縮本

碑在鄒縣白楊樹村關帝廟左壁

食齋祠園

邃古堂藏

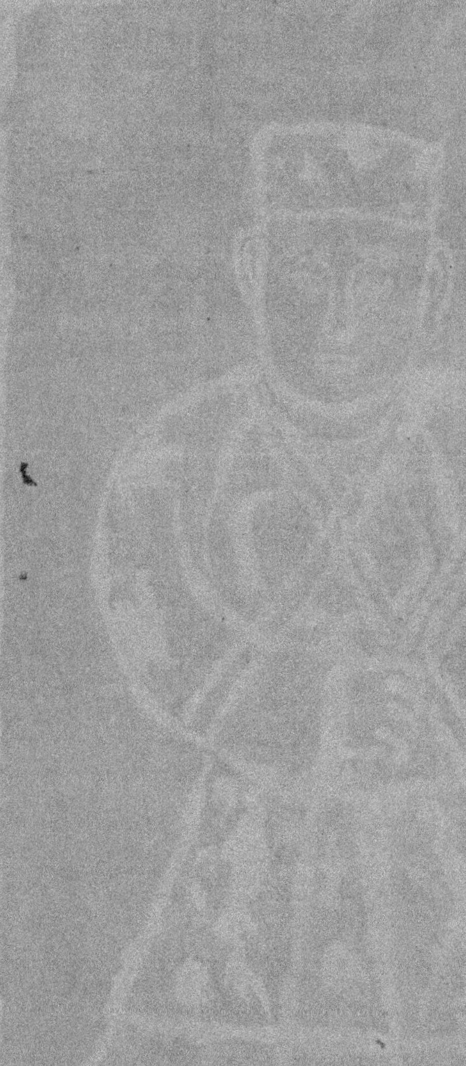

碑高漢尺三尺廣可二尺畫像高二尺其人左手執斧右腕匊題四隸字曰食齋祠園金石志疑祠園或寢園之類鵬考三輔黃圖天子將出或有齋祠先令道路掃灑清淨与此適合此必天子有事於泰山先于道中設立齋祠〻必有園〻當有神于園中刻力士像以為掃灑者之所奉也其非寢園可知而土人以為和尚碑陋矣

漢安仙集題字

在四川簡州逍遙山石壁

翁覃谿先生金石記漢安元年四月十八日會仙友十二字隸帶篆勢其兩旁正書東漢仙集留題洞天八字孫退谷銷夏記定為漢人手筆未知石在何所案此刻惟見于關中來濬金

石索

邃古齋藏

石備考云在四川簡州逍遙山石窟而王象之輿地碑目於蜀碑家詳亦未之及也漢安為順帝改元壬午之歲所謂會仙友者乃道家之詞姑取以備漢隸一種耳

申錢蟾(兆宅)云左右楷書一行類晉人書左為東漢仙集右為留題自天又云自天乃洞天之誤王空山得精拓本正之

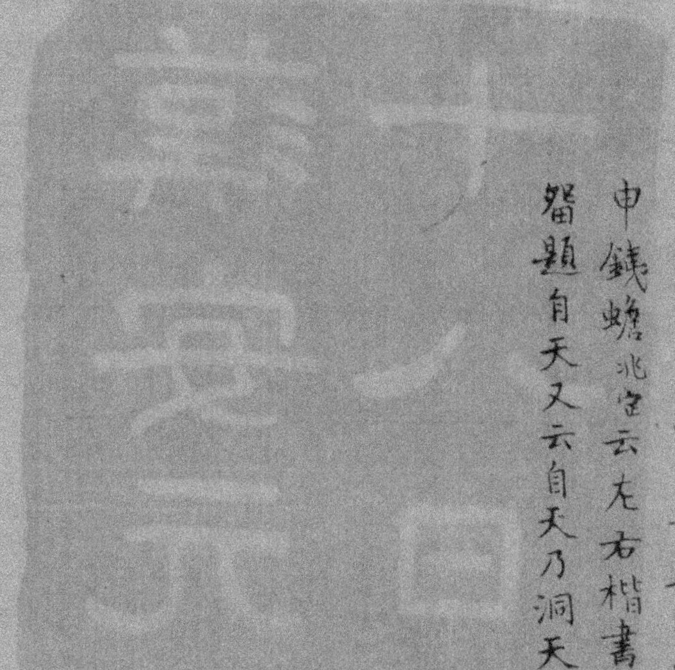

漢永壽石門殘刻　在褒城縣石門摩厓

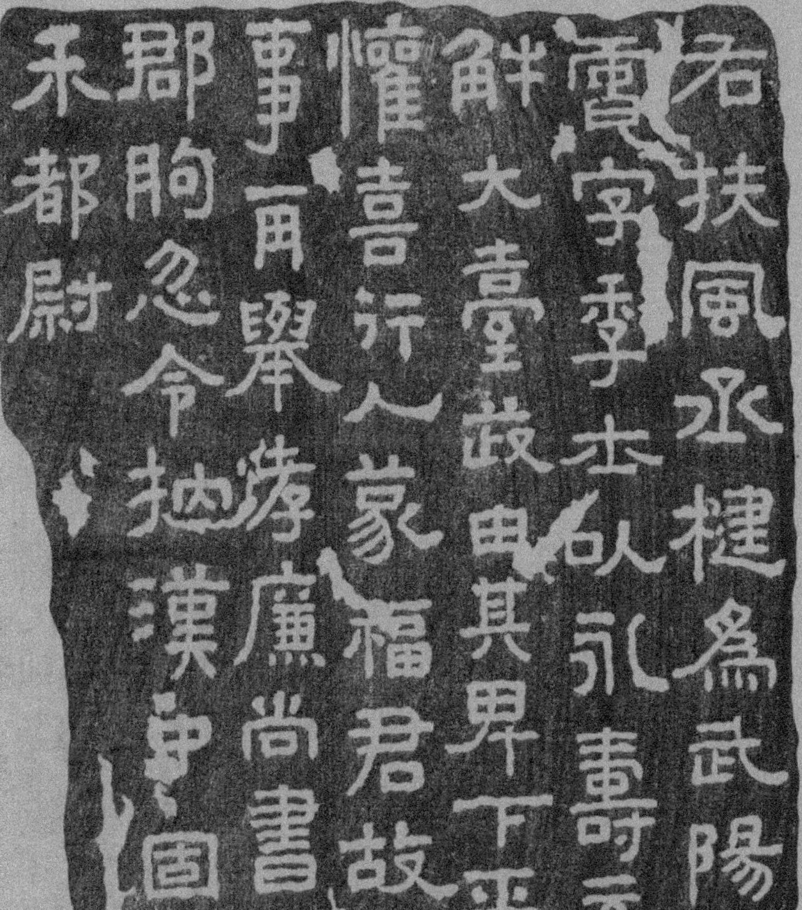

右殘刻存六行零三字餘不可曉每行字數不等剝落殊甚故雖

邃古堂藏

同在襃谷而歐趙洪婁諸家俱未採録鵬味其語意觧大臺由旱下
賈民惟喜行人蒙福蓋亦去險就夷以便于民故爲之刻石紀功如
開通襃斜楄格及石門頌之類不可没也乃倆佛臨摹存其大概李
君字季士諱雷〻不可識必有闕悞處有以爲禹字者殊不相似未
敢定也故字衲字亦不可辨姑存之宜禾都尉之名它處亦未見

漢殘碑

單縣廣文馬寄園得之鉅野縣之昌邑聚審為建寧四年沇州刺史楊淑恭碑

彰盛德亦[illegible][illegible]其辭曰
城宣仁播威賞恭糾惇
情開聰四聽招賢與程
[illegible]奮旅揚拴孫威醜類
勛判煥爾聿用作詩
七月六日甲子造

此碑石係左邊之下角上銳下寬紙存八十字餘不可知矣隸法端整古秀似鄭固碑殘石

碑側

碑側題名字款斜縱恣大小不一与碑文非一手書
猶禮器碑之碑陰碑側合七人所書也

邃古厽藏

嘉慶二十一年馬廣文邦玉得此石跋語甚核今録其畧云石新出鉅野之昌邑聚士人棄置道旁弟邦舉見之以告因往購之致昌邑聚即漢昌邑國王莽之鉅野郡也城東北有金城城內有沇州刺史范陽楊紂恭碑以建寧四年立見水經注茲石末書七月六日甲子造按武都太守李翕西狹頌末書建寧四年六月廿三日壬寅造壬寅後歷一小建則七月六日正得甲子是即從事孫光等為沇州刺史楊紂恭立者也韓詩外傳云牧者所以開四目通四聰劉昭注刺史職引之碑中開聦四聰正刺史語又言數緣十城據後漢郡國志山陽郡十城昌邑鉅野湖陸方與屬今魚台即湖陸方與地碑側題名稱陳留圉濟北茌平圉改屬陳留自光武時茌更名茌平自和帝時則是碑之立于漢季無疑矣其碑陰之字漫漶殊甚秪存書佐元歐尉舉十餘字耳

按隸釋之二十列水經注云昌邑縣有沇州刺史薛季象碑熹平四年立又有沇州刺史茂陵楊紂恭碑從事孫光等以建寧四年立則當日此碑惟酈道元見之至洪景伯亦未之見故不載全文也茲雖殘缺其中有於是從三字其下必事字正合從事孫光之語定為楊碑信不誣也馬君字荊石號寄園魚臺人

漢聞憙長韓仁銘

碑在河南開封府滎陽縣署止存上截高六尺九寸廣三尺八寸額題漢循吏故聞憙長韓仁銘

熹平四季十一月甲子朔廿二日乙酉司隸
河南尹校尉空閣典統非任素無績勳宣善
仁前在聞憙經國㠯禮刑政得中有子產君子
尉表上遷槐里令除書未到不幸短命喪身為
祀則祀之王制之禮也書到郡遣吏㠯少牢祠
勒異行勸厲清吏㠯旌其美豎石訖成表言如律
十一月廿二日乙酉河南尹君丞憙謂京寫
墳道頭訖成表言會月卅日如律令

碑穿在中銘文在右及穿下下截缺文不知字數穿左空處甚多續刻金正大五年翰林趙秉文跋趙郡李獻能跋六年滎陽令李天翼再立石

邃古盦藏

原刻趙秉文跋云此碑出京索間左氏傳京城太淑之地滎陽令李侯輔之行縣發地得之字畫宛然類劉寬碑韓仁漢循吏蚤卒不見于史而見於此非不幸也李侯之名託此石不朽亦未可知也正大五年十一月廿日翰林學士趙秉文題　隸書不全錄

正大六年八月　日奉政大夫滎陽縣令李天翼再立石

監立石司吏董○　石匠王福

金石萃云碑在縣署東角門東側漢興以來循吏之迹為盛當時天子每降璽書以勗厲之是碑則司隸校尉褒寵韓仁傷其良吏壽不得長刻石旌之此其移下河南尹之令牒也

金石存云卒奉拉命即不幸短命也郙閣頌莫不創楚此又褒之與卒無異廣韻拉同短逢盛碑命有悠拉郭究碑不幸拉祚皆同碑末云如律令此三字蓋漢人公移中語史儒林傳序述所載詔書前漢書朱博口占檄文陳琳為袁紹檄豫州文皆有此三字

漢竹邑侯相張壽殘碑

君諱壽字仲吾其先蓋晉大夫張老盛
孝友恭懿明允篤信敦悅經雝習父東
匡國達賢登善濟可登斑叙優能正船
謂者贊衛王臺妻必忠謇上嘉其節仍
相明德慎罰□□□□遭江揚劇賊上
自菲薄儲偫□□□□所留并官相領
稼嗇滋殖國□□□□聿豐穰皤白之
樂化戶口增□□□□敗功刊王府持
過督郵周紘□□□□君常懷色斯舍
駱驛要請君□□□□固執不顧民無
覩素視不折□□□□徒府進退以憒
五月辛酉卒□□□□夫積循純固者
石樹碑式昭□□□□曰□□□□□
亮元德於我□□□□體懿純超三署
賦牧邦畿黎烝敗罔荒饑感良臣哀其
彌闇尃令紀永不刊于胄德深後昆

右竹葉侯相張壽殘碑在城武縣學宮敬一亭壁間據洪氏隸釋此碑尚有隸額其長短字數不可知今現存者高漢尺一尺九寸廣三尺三寸十六行君字起昆字結大約廣如其舊所缺者下截損者趺眼四十字可見者秖一百八十一字耳其中方孔有乾隆五十六年城武令宛平林子佁龍補填一石刻跋云是碑考之邑志乃張壽墓碑邑人誤枘其中以為碑座其誰何移置學宮亦無可考孫余脩葺文廟蒐輯殘碑敬一亭成為陷之於廊壁雖經損缺而隸法猶可得其仿彿

附錄全碑

君諱壽字仲吾其先蓋晉大夫張老盛德之裔世載 缺 勳遵帥紀律不忝厥緒為冠帶理義之宗君孝友恭懿明允篤信敦悅經雎習父東光君業兼綜六藝博物多識畧涉傳記攟取其用股肱州郡匡國達賢登善濟可登斑叙優能正船帥陪臨疑獨照確然不撓有孔甫之風舉孝廉除郎中給事謁者贊衛王臺吏 缺 忠謇上嘉其節仍授命莢匡其京輦昭德塞違內平外成舉無遺慜遷竹邑侯相明德慎

討縣奉采土遭江楊劇賊上下缺征役賦彌年藴于缺戈杼軸
罄殫君下車崇尚儉節躬自菲薄儲偫非法悉無所留并
官相領省倉缺小府御吏朝無姦官野無淫寇教民樹藝三
農九穀稼嗇滋殖國無灾祥歲聿豐穰皤白之老率其子
弟以循仁義蜂賊不起厲疾不行視事五載黔首樂化户
口增多國寧民殷功列王府將授輜耶對揚其勛功曹周憐
前將放濫君澂澄清憐顧悛悔過對郵周紘承會表聞君
常懷色斯舍無宿儲遂用高逝老弱相携攀援持車千
人以上沛相名君駱驛要請君指祿收名固執不顧民無所卬
國違所賴上下同慼州郡聞知搤兮禮招復為從事覲覲虎視
不折其節辟司徒府進退以禮含宏内光頊缺晧爾顚天不
弔遘疾無瘳年八十建寧元年五月辛酉卒嗚呼哀哉夫積
循純固者為天人所鍾功假於民者叙左銘典於缺俊缺訪諸
儒林刊石樹碑式昭令徽其辭曰
亮元德於我君膺清茂體懿純超三署垂令缺甄聲號缺憲
臺擕王業弼紫微彈羣司清公缺綏薄賦牧邦畿黎烝殷

罔荒饑感良臣哀其臺趨輕舉缺來征民歎思暨輿人宰府命遂

返缺名振射缺彌聞垂令紀永不刊亏胄德深後昆

漢永初殘石六種

允字子游於傳載
奚之難扶危翊救文
軼不隕以傳于
不右書不僊是
事人犯而多斯
冠廣延術士永初
不惠可不之間是
無閔悼遠近同哀載
貴不朽之名故勤斯
致濆道厥嚴伊何消
聖漢有菖有荊君

邃古齋藏

殘石二

殘石三

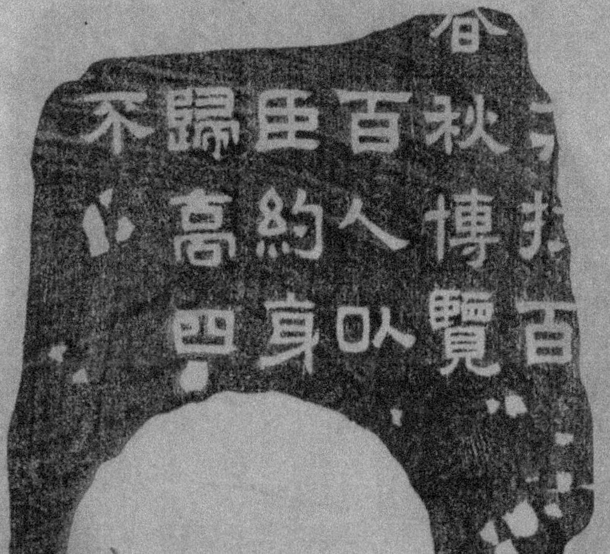

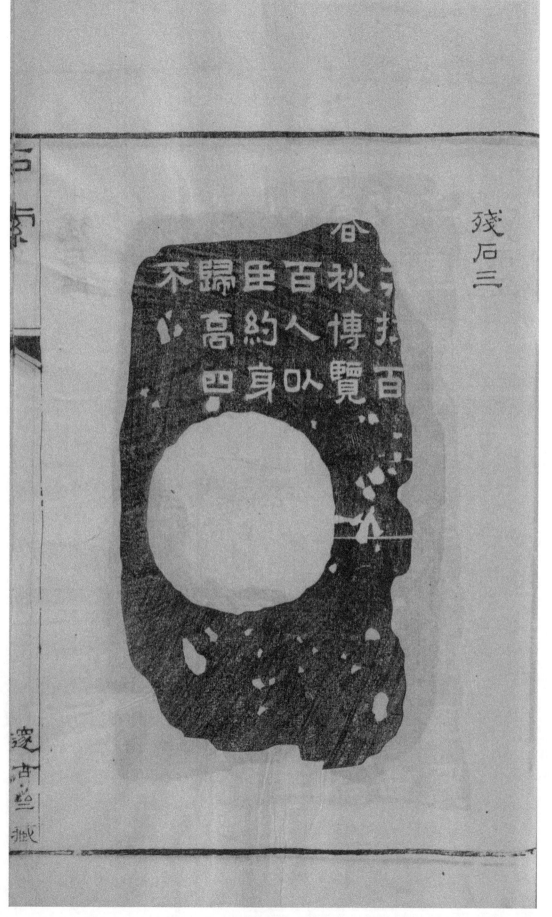

残石四

之裔兮蕑
為國去之
人去兮亨
歲兮口亨當
京口当之

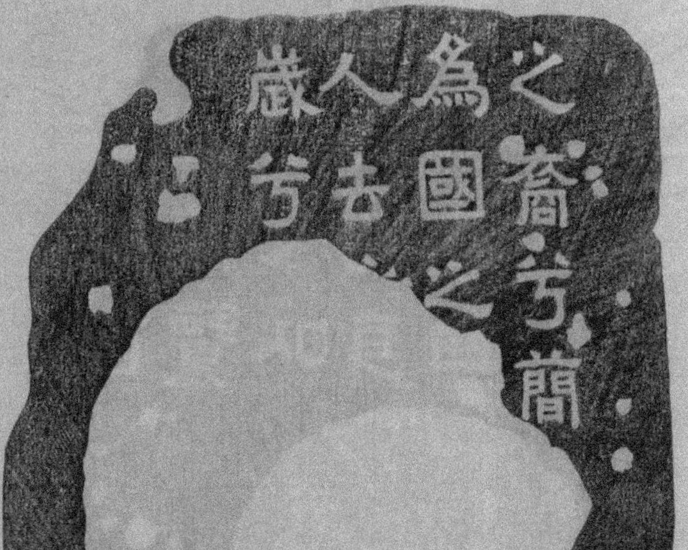

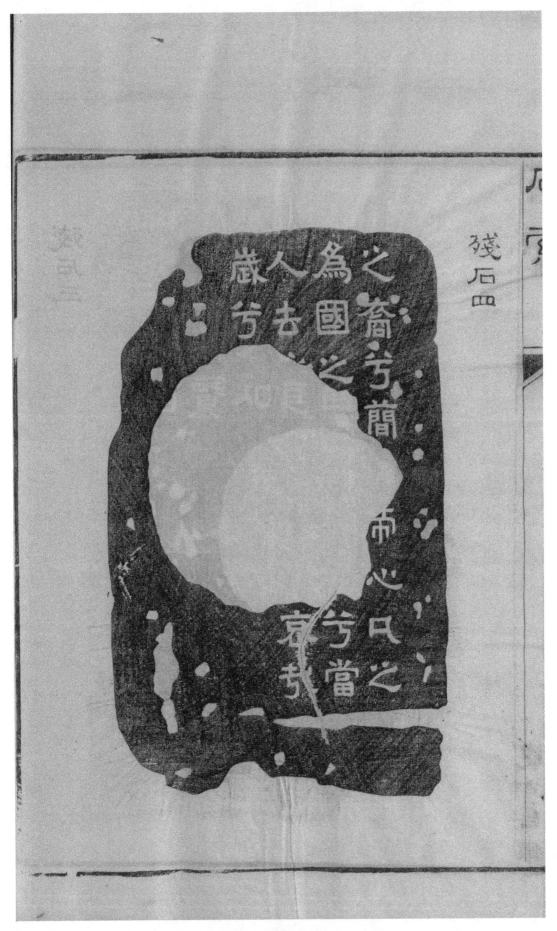

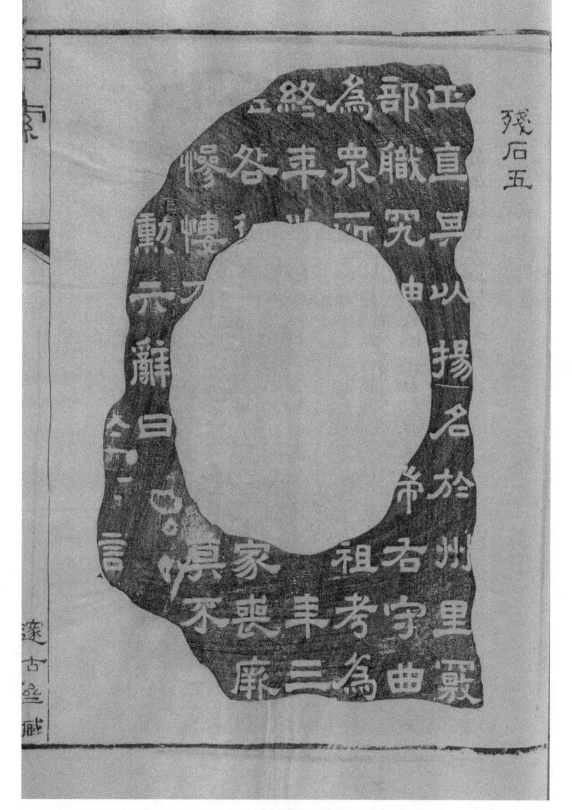

殘石五

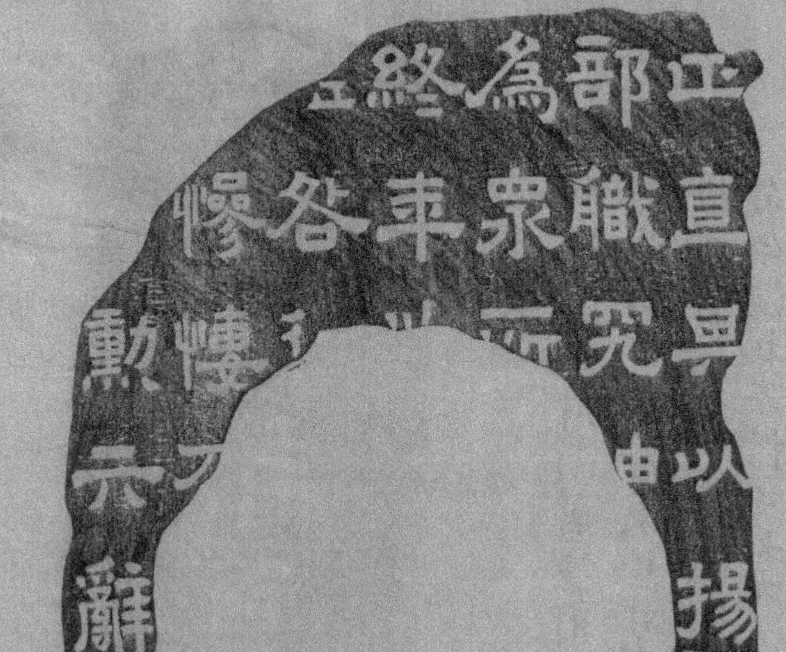

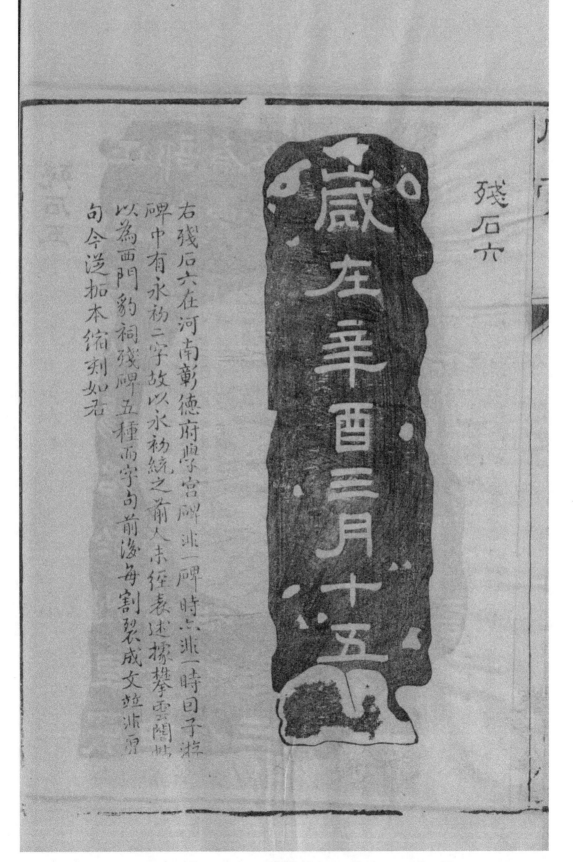

殘石六

右殘石六在河南彰德府學宮碑非一碑時亦非一時曰子游碑中有永初二字故以永初統之前人未經表述據攀雲閣帖以爲西門豹祠殘碑五種而字句前後每割裂成文並非原句今從拓本縮刻如右

漢州輔碑殘字

汝帖題蔡邕書今從隸釋

覃谿先生云右十字汝帖題曰蔡邕書今以隸釋驗之是永壽二年吉成侯州輔碑中語隸續云汝帖以州輔碑為蔡邕書不足信也酈孝原碑云遭孝質無嗣乃定冊帷幕援立聖主有安社稷之勳今碑亡獨此存之

邃古岂藏

石獸膊題字

汝帖題宗資石獸趙氏作州輔墓石獸

覃谿先生云天祿辟邪四篆字今所見拓本每字高廣各四寸許且題曰宗資石獸似原石至今存者而不然也趙明誠金石錄云州輔墓石獸膊字水經注云州君墓有兩獸已淪沒掘出一獸高丈許左膊上刻辟邪字今汝帖題曰宗資石獸王寀弗深考因漢碑中有宗資墓獸刻字而牽附之不可不辨 鵬按此論甚當又考金石錄云天祿字差大近歲為村民所毀辟邪雖存然字畫已殘缺難辨則天祿辟邪四字自是分刻于兩獸膊者亦不可不知也

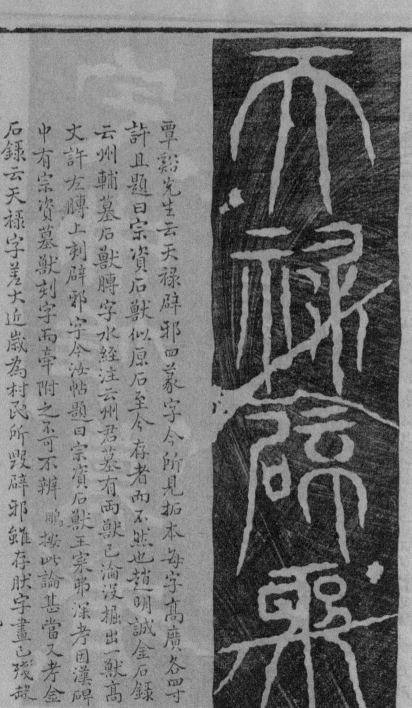

漢竹葉碑

碑藏曲阜顏氏樂圃 縮本

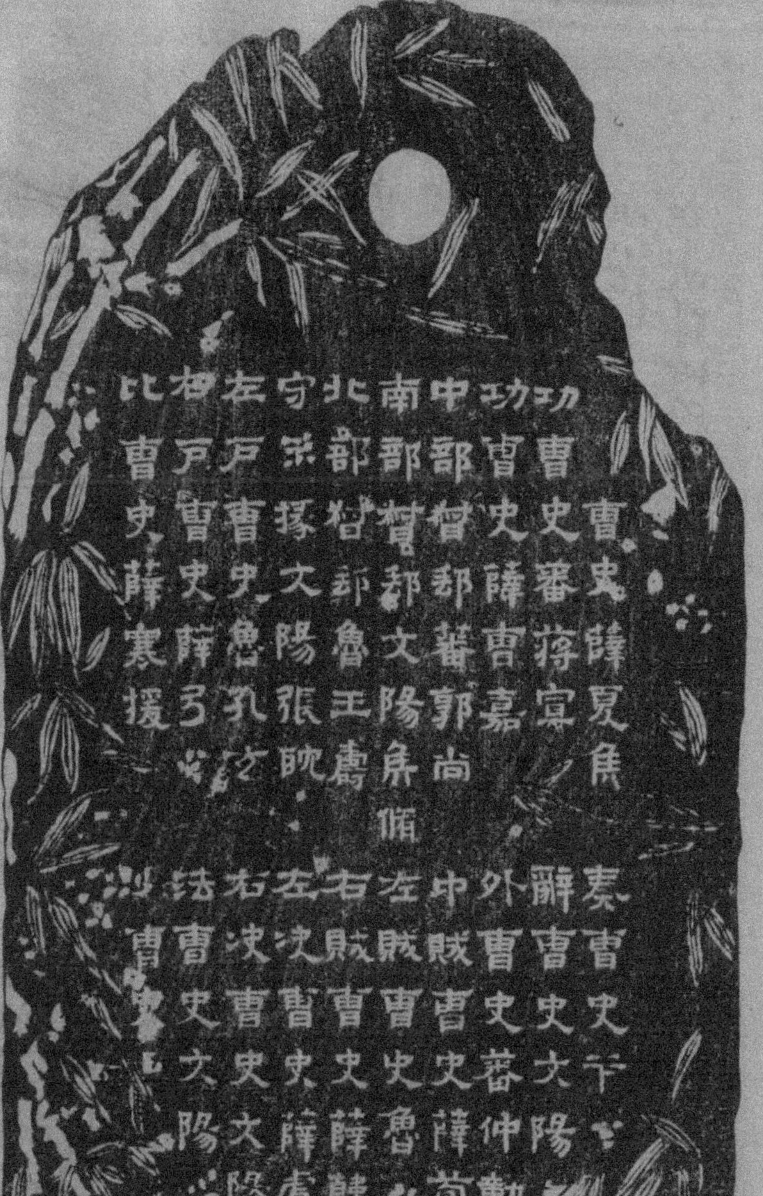

遂古堂藏

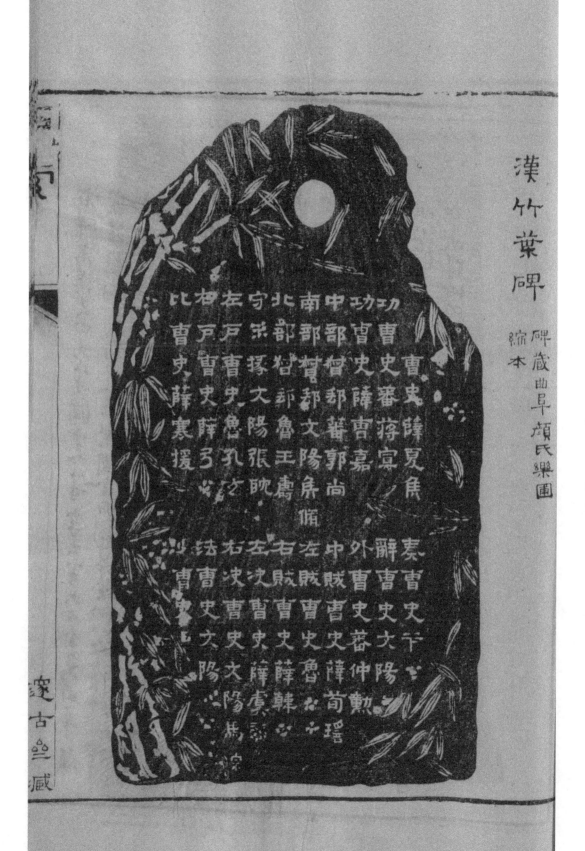

右碑高漢尺四尺八寸濶二尺八寸字大一寸六七分為曲阜顏
樂清懋倫所得置在樂圃金石圖摹出卅八字陳竹厂釋
出六十餘字金石記釋出九十餘字鵬今諦審得百十有奇其
餘不敢臆度矣因兩面泐文成竹葉形故呼為竹葉碑其實為
魯相紀德政而作其正面極泐秖存數字此為碑陰載相吕名氏在
覃谿先生芸臺先生已嘗言之但未得所據鵬考中平五年巳郡
太守張納碑陰有功曹史奏曹史辭曹史戶曹史法曹史比曹
史等名皆相符合又其人皆係魯薛蕃卞文陽則其為魯相屬吏
可知嘉慶乙卯維揚汪孟慈中翰過魯見此碑陰疑與禮器碑
相佀鵬檢出禮器碑陰有薛虞薛弓等字正同相与樹掌彼碑云
相中賊史薛虞韶興公二百薛弓奉高二百此虞下字弓下字
極泐從未必即屬薛虞韶与弓奉高其均為魯相屬吏更可
知矣得此碑據故列是碑於禮器碑之後

漢魯相謁孔廟殘碑

縮本

全石圖誤為孔宏碑今從隸釋

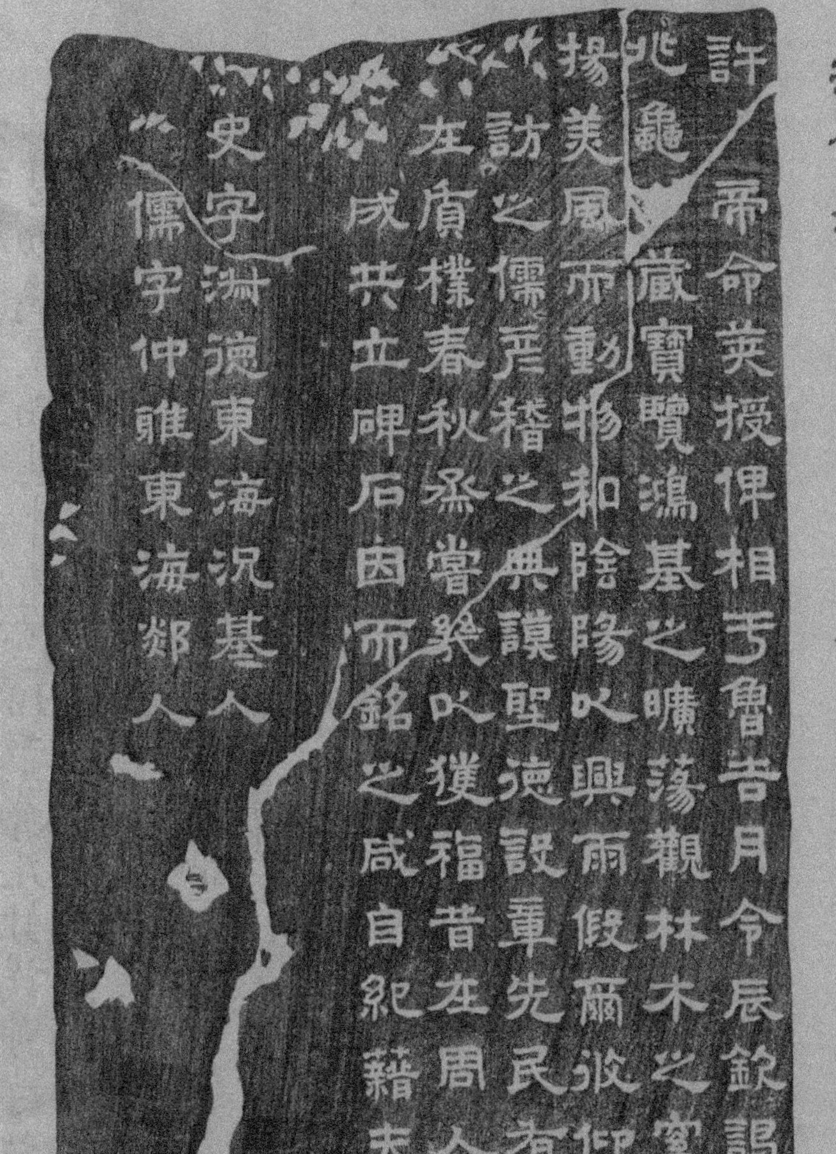

右殘碑在曲阜　聖廟同文門之東柵雖上截全缺下截亦磨泐幾盡而其中有俾相于魯及欽謁等字故隸釋從趙氏著錄以為魯相謁孔廟殘碑是也空山堂絶無考証乃定為孔宏碑且自云讀金石籍據舊搨本何僅識出三十五字轉有錯字五也故覃谿先生駁之芸臺先生正之今从隸釋校對原碑猶可得一百七字惜碑陰剥落過甚亾存數目字故不錄其中龜即龜字假爾即遐邇字況基即祝其乃春秋夾谷之地則洪氏已言之矣

漢朱君長三字石刻

在濟寧州學宮

碑高三尺三寸上廣二尺一寸下廣二尺七寸朱君三字刻于碑右近下處想出墟墓中物三字直書縮刻俱減三分

邃古齋藏

此三字不著時代然真漢隸也以書勢自定時代耳

翁方綱

乾隆五十七年四月錢唐黃易得于兩城山下審為漢刻移立濟寧州學

蜀侍中楊公石闕

在四川綿州梓潼縣

渡遼將軍都亭侯臣柔衛
將軍國明亭侯臣洪使持
節行都督督軍鎮西將軍
東鄉侯臣真使持節行都
督督軍領揚州刺史征東
將軍安陽鄉侯臣休使持
節行都督督軍征南將軍
平陵亭侯臣尚使持節行
都督督軍徐州刺史鎮東
將軍武安鄉侯臣霸使持

柔即閻柔
洪即曹洪
真即曹真
休即曹休
尚即夏侯尚
霸即張霸

節左將軍中鄉侯臣郃使
持節右將軍建鄉侯臣晃
使持節前將軍都鄉侯臣
遼使持節後將軍華鄉侯
臣靈匈奴南單于臣泉奉
常臣貞郎中令臣洽衛尉
安國亭侯臣昱大僕臣夔
大理東武亭侯臣繇大農
臣霸少府臣林督軍御史
將作大匠千秋亭侯臣照

郃即張郃 晃即徐晃 遼即張遼 靈即朱靈 泉即呼廚泉 貞即邢貞 洽即和洽 昱即程昱 夔即何夔 繇即鍾繇 霸即袁霸 林即常林 照即董昭

遂古堂藏

中領軍中陽鄉侯臣楙中
護軍臣陟屯騎校尉都亭
侯臣祖長水校尉關內侯
臣淩步兵校尉關內侯臣
福射聲校尉關內侯臣質
振威將軍湟鄉亭侯臣題
征虜將軍都亭侯臣觸振
武將軍尉猛亭侯臣當忠
義將軍樂鄉亭侯臣生建
節將軍平樂亭侯臣圍安

楙疑夏侯楙　祖疑郭祖　陟未詳　淩即戴陵　福疑任福　質或疑吳質　題未詳　觸疑魚觸　當生俱未詳　圍即閻圍

衆將軍元就亭侯臣神翼
衛將軍都亭侯臣衢討寇
將軍成遷亭侯臣慎懷遠
將軍關內亭侯臣巽綏邊
將軍常樂亭侯臣俊安寇
將軍高梁亭侯臣禺奮武
將軍長安亭侯臣豐武衛
將軍安昌亭侯臣楮等稽首
言臣等前上言漢帝奉天
命以固禪羣臣因天命以

衢疑趙衢
巽即傅巽
俊疑李俊
神慎禺豐俱未詳
楮即許褚

邃古堂藏

固請

陛下違天命以固辭臣等頑愚猶知其不可況神祇之心乎宜蒙納許以福海內之望而丁卯制書詔臣等曰以德則孤不足以時則膺未滅若以羣賢之靈得保首領終君魏國於孤足矣若孤者胡足以辱四海至乎天瑞人事皆

福郎副西京賦仰福帝居今本隸釋誤作福

先王聖德遺慶孤何有焉
是以未敢聞命臣等伏讀
詔書於邑益懷臣等聞易
稱聖人奉天時而論曰君
子畏天命天命有去就然
後帝者有禪代是以唐之
禪虞命以在爾虞之順唐
謂之受終堯知天命去己
故不得不禪舜知歷數在
躬故不敢不受不得不禪

先王提行　敢字碑作敢今本隸釋作敢萃編作敢俱錯

奉天時也不敢不受畏天
命也漢朝雖承季末陵遲
之餘猶務奉天命以則堯
道是以顧禪帝位而歸二
女
陛下正於大魏受命之初
抑虞夏之達節尚延陵之
讓體所柱者大所直者小
所詳者輕所略者重中人
凡士猶為

柱即枉

陛下陋之歿者有靈則重華必忿憤於倉梧之神墓大夏必鬱邑於會稽之山陰武王必不悦於高陵之玄宮矣是以臣等敢以死請且漢政在奄宦祿去帝室七世矣遂集矢石于其宫殿而二京為之丘墟當此之時四海蕩覆

天下分崩
武王親衣甲而冠冑沐雨
而櫛風為民請命則活萬
國為世撥亂則致升平鳩
民而立長槷官而置吏元
元無過冈於前業而始有
造於華裔
陛下即位先昭文德以翊
武功勤恤民隱視之如傷
懼者寧之勞者休之寒者

前面止
碑陰起

勞萃編
作寒悞

以煖飢者以充遠人以德
服冠敵以恩降邁恩種德
光被四表稽古篤睦茂于
放勳罔漏吞[illegible]裕于周文
是以布政未朞人神並和
皇天則降甘露而臻四靈
后土則挺芝艸而吐醴泉
赤豹麃菟咸素其色雉鳩
燕爵亦白其羽連理之木
同心之瓜五采之魚珍祥

瑞物雜還於其間者無不畢備古人有言微禹吾其魚乎微大魏則臣等之白骨既交橫于曠壄矣伏省羣臣內外前後章奏所以陳敘

陛下之符命者莫不條河洛之圖書授天地之瑞應因漢朝之款誠宣萬方之景附可謂信矣著矣達矣

達字微存上半姑補之

祫矣高矣邵矣三王無以
及五帝無以加民命之懸
於魏邦民心之繫於魏政
卅有餘年矣此乃千世時
至之會萬載壹遇之秋達
節廣度宜昭於斯際拘攣
狹陋不施於此時久稽天
命罷在臣等輒營壇場具
禮儀擇吉日修昭告昊天
上帝秩羣神之禮須禋祭

邵今本隸釋作郡萃編作郎恐非

行字隸釋缺翁疑行字良是今補之

修字微可辨洪脫落今補之

畢會羣寮于朝堂議年號
正朔服色當所以施行臣
謹拜表朝堂歆臣詡臣
朗臣仁臣若臣輔臣忠臣
秋臣衆臣洪臣眞臣休臣
尚臣霸臣郃臣晃臣遼臣
靈臣京臣貞臣洽臣昱臣
夏臣繇臣霸臣林臣照臣
楙臣陟臣祖臣淩臣福臣
質臣顗臣觸臣當臣生臣

魏受禪碑

碑高八尺四寸廣四尺六寸二十二行行四十九字字大一寸二分
今在許州繁城鎮 碑闕文甚多洪氏所有者補之缺者缺之
碑額篆書陽文魏禪表三字金石萃誤刻陰文

維黃初元年冬十月辛未
皇帝受禪于漢氏上稽儀
極下考前訓書契所錄帝
王遺事義莫顯於禪德美
莫盛於受終故書陳納于
大麃傳稱歷數・・・是
以降世且二百年幾三千
堯舜之事復存于今允皇

皇帝抬行平格

挈即契

麃即麓

數下據隸釋缺二字

鵬按當缺在躬自三字未敢補

代之上儀帝者之高致也
故立斯表以昭德●義爲
皇帝體乾剛之懿姿
紹有虞之黃裔九德既該
欽明文塞齊光日月材兼
三極及嗣位 先皇龍
興饗國撫眾烝民化以醇
德崇在寬之政邁愷悌之
教宣重光以照下擬陽春
以播惠開禁倉散滯積家

皇帝先皇皆抬行平格

國臣神臣衞臣愼臣巽臣
後臣昺臣豐臣楮誠惶誠
懼頓首頓首死罪死罪

右公卿將軍上尊號奏隸釋云相傳爲鍾繇書其中有大理東武亭侯臣繇即其人也曹氏父子睥睨漢祚非一朝夕勢極事就乃欲追大麓之蹤竊箕山之節後世果可欺乎又自比嬀汭納漢二女豈碑至今不磨所以播其惡於無窮也當時內外勸進之辭不一此蓋刻其最後一章魏志注中亦載此文有數字不同當以碑爲正碑自造于華裔之後石理皴剝字跡晦昧今世所傳多是前一段耳

隸續云碑篆額二行黑字文廿二行行四十九字先王及高陵兩武王三陛下皆平闕有奐局之紋自陛下即位後十行刻于碑陰陛下亦平闕

顧甯人金石文字記云此文當在延康元年而刻于黃初之後

鵬按延康元年即漢建安二十五年爲時不久故通鑑目錄失書也是碑

凡一千三百五十九字反覆詳盡雖強詞奪理而叙列宏整書法工妙自是魏碑巨觀与受禅表同爲鍾書無疑但每行下截剥落無字者十居其三非隸釋引魏志注參補幾不能讀志注似見此全碑者其所補字前後可以互証故亦以大字書之以便展玩惟洪釋尚缺四字又脱落一字今得舊拓本審補其次幅起句洪釋光昭文德金石記原以爲寔非光字今審拓本猶存半字从𡉚不从𦍌其爲先字無疑若作光昭其下不當復言光被也又吉字下洪補日字其日下缺文脱去今又譔出脩字是碑竟無缺文尚足玩也

臣・・・・・之錫衆兆
陪臺蒙賙鰥之養興遺勳
繼絶世廢忘之勞獲盒爵
之賞禨祿之孤食奮德之
祿善無徹而不旌功無細
而不・・・我士哀矜庶
獄罷戍役焚丹書圖圖虛
靜外無曠夫玄澤雲行冈
不沾渥若夫覆載簡易劉
和允宜乾巛之德陰陽・

無徵萃編作無徵誤

類育物奮庸
造化之道四時之功也寬
容淵嘿恩洽羣彙皇戲之
質堯舜之姿也孜孜業業
邁德濟民伯禹之勞
叡智神武料敵用
兵殷湯之略周發之明也
廣大配天地茂德苞衆聖
鴻恩洽于區夏仁聲播于
八荒雖象胥所

嘿即默
皇戲者三
皇伏戲也

●●和而来王是以休徵
屢集和氣烟熅上降乾祉
下發以珍天闢啓閶四靈
具臻涌醴横流山見黄人
所以顯受命之●●●●
●之期運也異餘甘露零
於豐草豎蠶繭於茂樹嘉
禾神芝奇禽靈獸窮祥棫
瑞者蓂月之間蓋七百餘
見自金天以●●●●●

烟熅即氤氳

嘉祥之降未有若今之盛
者也是以漢氏覩歷數之
去己知神器之有歸稽唐
禪虞紹天明命釐嬪二女
欽授天位
皇帝謙退讓德不嗣至于
再至于三於是羣公卿士
僉曰
陛下聖德懿侔兩儀皇符
照晰受命咸宜且有熙之

照即昭

興地出大螻夏后承統木
榮冬敷殷湯革命白狼銜
鉤周武觀兵・・・・方
之今日未足以喻而猶以
一至之慶寵神當時紹天
即祐負依而治況於大魏
靈瑞若茲者乎蓋天命不
可以辭・・・・・以意
距大統不可以久曠萬國
不可以乏主宜順民神速

敷即敷

承天序於是

皇[illegible]乃回思遷慮商觀庶

徵[illegible]在璿機蓍之周易卜

以守龜龜蓍襲吉五反靡

違乃覽公卿之議順皇天

之命練吉日●●●●唐

典之明憲遵大慶之遺訓

遂於繁昌築靈壇設壝宮

跱圭璧儲犧牲延公侯卿

士常伯常任納言諸節出

機即璣

牧邦君虜・・・・匈奴
南單于東萬南蠻西戎北
狄王侯君長之羣入自旗
門咸旅于位
皇帝乃受天子之籍冠通
天龍袞龍穆穆皇皇物有
異宮上公薦祝燔燎棫樸
告類上帝望秩五岳烟于
六宗遍于羣神・・・晏
祥風來臻乃詔有司大赦

烟即禋

天下改元正始開皇綱闡
帝載殊徽織華器械脩廢
官班瑞節同律量衡更姓
改物勒崇垂鴻創 • 作則
永保天祿傳之罔極

右受禪表隸釋以爲表者表揭其事非表奏也其字則世傳梁鵠書顏真卿以爲鍾繇書劉禹錫以爲王朗文梁鵠書鍾繇鐫字謂之三絕聞人牟準以爲衛覬金針八分書鵰按其隸法方整渾厚与孔庙碑方勁者不同定与上尊號碑出一手當屬鍾元常書魯公之言是也碑稱黃初元年十月辛未即漢獻帝之末年改元延康冬十月廿九日也獻帝以己卯遜位魏王辭讓往返至辛未始受命十一月癸酉奉漢帝爲山陽公據隸釋此碑在潁昌府臨潁縣魏文帝廟今在漢獻帝廟者後人毀魏文像爲漢獻像也嗚呼魏竊漢天下而不能久漢轉得據魏祠祀而久之觀于是碑亦千秋快事㦲

魏脩孔子廟碑

碑高六尺二寸廣三尺五寸五分二十二行行四十字
今在曲阜孔廟同文門
碑額題魏脩孔子廟之碑六篆字陰文三行

維黃初元年大魏受命胤
軒轅之高縱紹虞氏之遐
統應歷數以改物揚仁風
以佐教於是指五瑞班宗
彝鈞衡石同度量秩羣祀
於無文順天時以布化既
乃緝熙聖緒昭顯上世追
存二代三恪之禮兼紹宣

縱即蹤

揖即輯
斑即班

恪即恪

尼褒成之後以魯縣百戶
命孔子廿一世孫議郎孔
羨爲宗聖侯以奉孔子之
祀
制詔三公曰昔仲尼姿大
聖之才懷帝王之器當衰
周之末而無受命之運
生乎魯衛之朝教化乎洙
泗之上栖栖焉皇皇焉欲
屈己以存道貶身以救世

漢平帝元始元年封褒成君孔霸曾孫均爲褒成侯奉孔子祀

姿卽資

之末二字缺洪氏引魏志補入

洪作生乎考魏志作在乎今玩泐文似進退乎

當時王公終莫能用乃追
考五代之禮脩素王之事
因魯史而制春秋就大師
而正雅頌俾千載之後莫
不采其文以述作卬其聖
以成謀咨可謂命世大聖
億載之師表者已遭天下
大亂百祀隳壞舊居之廟
毀而不脩褒成之後絕而
莫繼闕里不聞講誦之聲

時王二字缺洪氏引魏志補入

卬即仰

咨与茲同見爾雅釋詁邢昺疏

四時不睹烝嘗之位斯豈所謂崇化報功盛德百世必祀者哉嗟乎朕甚閔焉其以議郎孔羡為宗聖侯邑百戶奉孔子之祀令魯郡脩起舊廟置百石吏卒以守衛之又於其外廣為屋宇以居學者於是魯之父老諸生遊士睹廟堂之始復觀俎豆之初設嘉聖

靈於髣歸想貞祥之来集
乃慨然而歎曰大道衰廢
禮學滅絶卅餘年
皇上懷仁聖之懿德兼二
儀之化育廣大苞於無方
[illegible]恩淪於不測故自受命
以来天人咸和神氣烟熅
嘉瑞踵武休徵屢臻殊佁
解編髮而慕義遐冥越險
阻而来實雖大晧遊龍以

卅字從廿旁一與世字不同

[illegible]處似深字未敢定

烟熅即氤氲

大晧即大昊

邃古堂臧

君世虞氏儀鳳以臨民伯禹命方宮而爲夏后西伯由岐社而爲周文尚何足稱於大魏哉若乃紹繼徽絕興脩廢官疇洛稽古崇配乾以允神明之所福祐宇內之所歡欣也豈徒魯邦而已哉爾乃感取人路寢之義嘉先民泮宮之事以爲高宗僖公蓋嗣世之

王諸侯之國用猶著德於
名頌騰聲乎千載況今
聖皇肇造區夏創業垂統
受命之日曾未下輿而褒
崇大聖隆化如此能無頌
乎乃作頌曰
煌煌大魏受命溥將并體
黃虞含夏苞商降釐下土
上清三光羣祀咸秩靡事
不綱嘉彼玄聖有邈其靈

遭世霧亂莫顯其榮褎成
既絕寢廟斯傾闕里蕭條
靡歆靡馨我皇悼之尋其
世武乃建宗聖以紹厥後
脩復舊堂豐其甍宇葺葺
學徒爰居爰處王教既備
羣小遂沮魯道以興永作
憲矩洪聲登假神祇來和
休徵雜遝瑞我邦家内光
區域外被荒遐殊方重譯

霧即務

搏拊揚歌於赫四聖運世
應期仲尼既沒文亦在茲
彬彬我后越而五之並于
億載如山之基

魏陳思王曹植詞　梁鵠書
宋嘉祐七年張稚圭按圖謹記

隸釋云魯孔子廟碑宋嘉祐中郡守張稚圭按圖經題曰魏陳思
王曹植詞梁鵠書魏隸可珍者四碑此為之冠甚有石經論語筆法
大饗碑蓋不相遠若繁昌兩碑自是一家亦以為鵠書者非也

石墨鐫華云梁鵠字孟皇学書于師宜官曾孟德愛之王逸少学之梁武帝許其書云龍威雷震劍拔弩張是其書亦可重者此碑結法古質遒健未知果為鵠書否碑後題按圖記与卆史碑同殊不可曉

魏太和景元石門摩崖

石高五尺[illegible]
景元題名三[illegible]

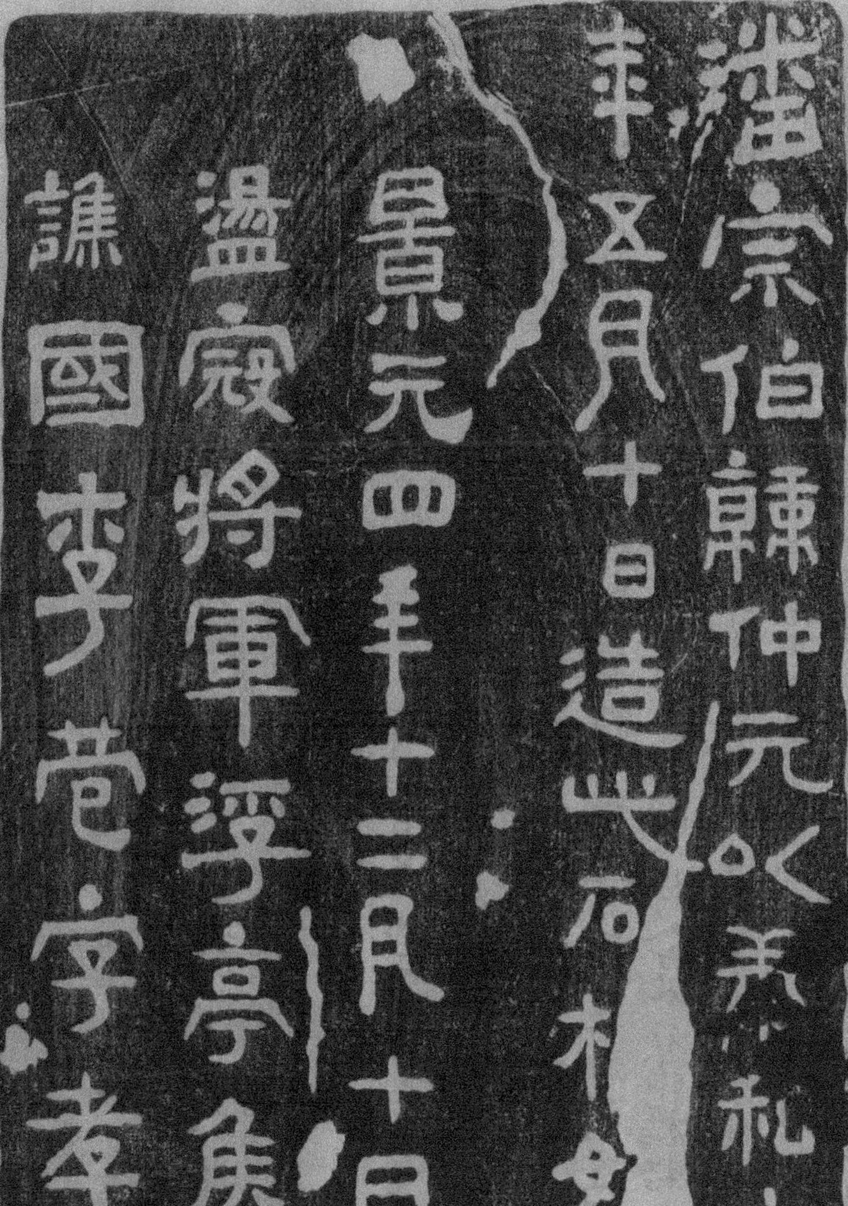
潘宗伯韓仲元以泰和六
年五月十日造此石木安
景元四年十二月十日
盪寇將軍浮亭侯
譙國李苞字孝

釋文

潘宗伯韓仲元以泰和六年五月十日造此石木女 末三字不全

景元四年十二月十日盪寇將軍浮亭侯譙國李苞

字孝章將中軍兵石木工二千人始通此閣道

宋南鄭令晏袤跋云泰和六年魏明帝之六年是歲蜀建興十年

諸葛亮伐祁山休士作木牛流馬故魏人得入褒谷治橋格也元帝

景元四年即蜀炎興元年十一月魏鍾會鄧艾伐蜀劉禪詣降已蜀

皆平十二月魏分益州為梁州褒余閣道於是乎通矣

鴻案泰和有疑作泰始者今觀舊拓和旁禾尚可見非始字也

魏曹子建飛龍篇

在泰安府岱廟環詠亭壁間

晨遊泰山雲霧窈窕
忽逢二童顏色鮮好
乘彼白鹿手翳芝艸
我知眞人長跪問道
西登玉堂金樓複道
授我僊藥神皇所造
教我服食還精補腦
壽同金石永世難老

晨遊泰山雲霧窈窕忽逢二童顏色鮮好（解亦作鮮 此是解字）乘彼
白鹿手翳芝草我知眞人長跪問道西登玉堂金樓複道授
我僊藥神皇所造教我服食還精補腦壽同金石永世難老
此不知何人所書其存于傳帖者不全今从岱廟之環詠亭得
見全文与張平子詩共一石其於隸法未盡合猶章不露唐
人惡派藉稍剔其背謬者亦復可觀其中 芝字仙字俱有異致

黃初石刻

黃初元
年三月
十九日
孫二娘
李三娘
李十三
娘陳九
娘衛十
五娘衛

石高廣不可詳
計二十四行行三字
字大漢尺三寸
半當分作兩段
末段所嵌小字字
大七分

全石記缺此一行

十娘吳一娘爲四造

黃初元年三月廿六日王五娘張十二娘媽九

金石記出此〻诰字上尚存半毋字

此段金石記未載

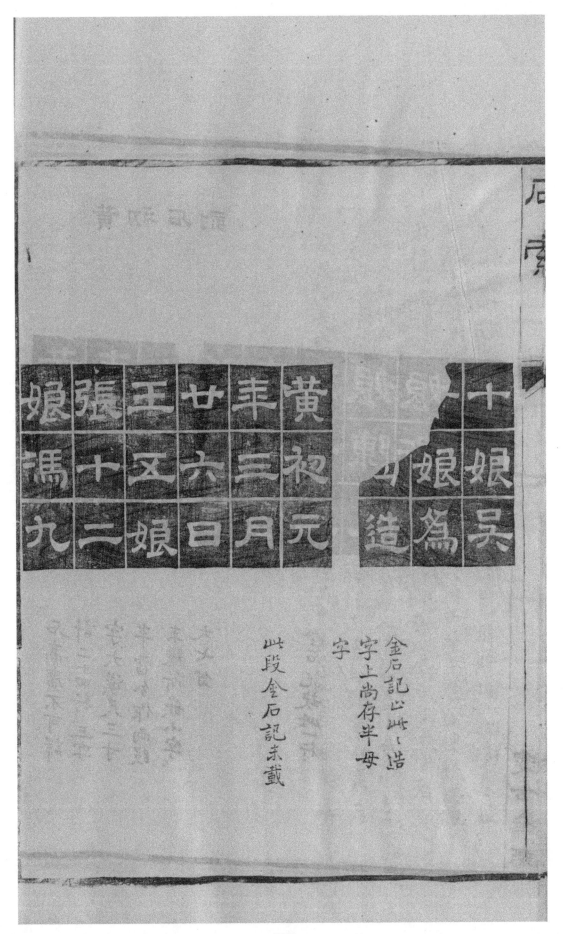

膠州張秀才不羣羣雁以帖見貽其自題云此魏黃初元年艁象人名翁閣學刻于兩漢金石記殘缺數字此完好無缺是翁所見本尚在其後也鵬按此當分兩段前段則孫二娘等七人爲母造後段乃王五娘等七人爲父造年月同而日不同也翁閣學但見其前

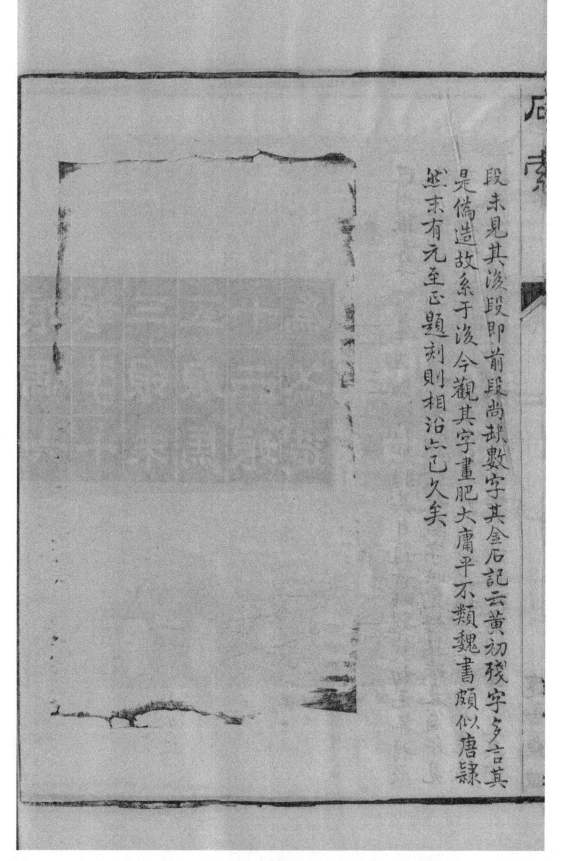

段未見其後段即前段尚缺數字其金石記云黃初殘字多言其是僞造故系于後今觀其字畫肥大庸平不類魏書頗似唐隸然末有元至正題刻則相沿亦已久矣

吳天璽紀功碣

即天發神讖文因石段爲三故俗稱三段碑是刻碣也

宋大漢尺四尺五寸在江寧府學尊經閣下

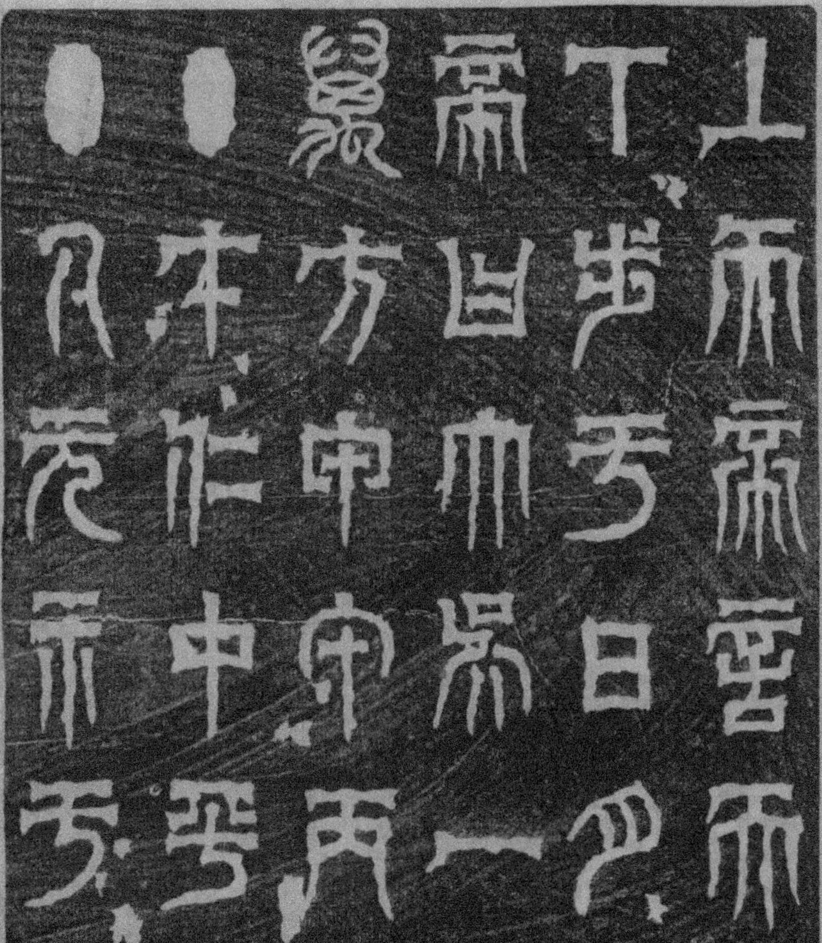

內拓文甚多其缺一字者留一小孔缺兩字以上及不計數者留長孔以別之

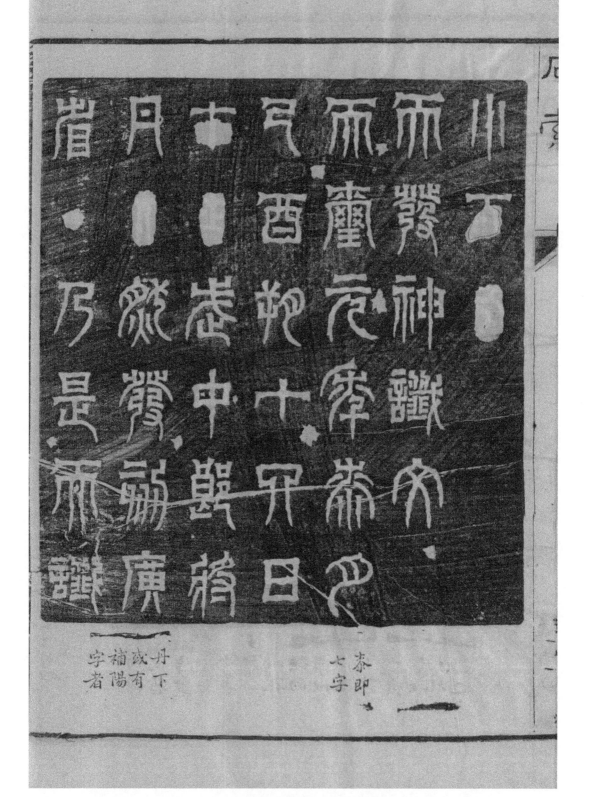

泰即七字

丹下或有補陽字者

石

邃古堂藏

官次夕一日
話譜中書謁衍
大將軍神將軍
關內侯之江費
房衍視爰復世
二家合五十卷
家房與副謁敖

姜下翁補闕字

朖即朗字

蘭臺前有空行

江朱江嘯
瑒東濤賈虎

題記

此宋人題刻在原石上字大二寸許外有崇寧元年石緣題字未錄

予因遊府南天禧寺寺門之外
有石三段半埋於土竊疑以為
天璽元年巖山紀吳功德段石
罔之碣曰觀之果耳人多傳皇
象書稽之實八百十有五季字
雖損缺而尤有完者寺僧求織
護持歲月之久風雨所暴必至

泯滅囙輦置漕臺後圃籌思亭
時辛未元祐六年三月二十六
日轉運副使左朝請郎胡宗師題

釋文

右形如鐘折為三段共二十一行又空二行大吳一行十六字當遺一行十七字餘每行十六字共存二百廿七字中下段缺泐甚多不能悉其缺歟

上天帝言天
下步于日月
帝曰大吳一
才仁中平子
天發神讖文
天璽元年泰
武中郎將丹
眈發𥚃廣省
者十二字以

萬方甲午丙日
人元示于山川
月己酉朔十四日
乃是天讖廣多
泰月廿三日遣

未解解
解文字

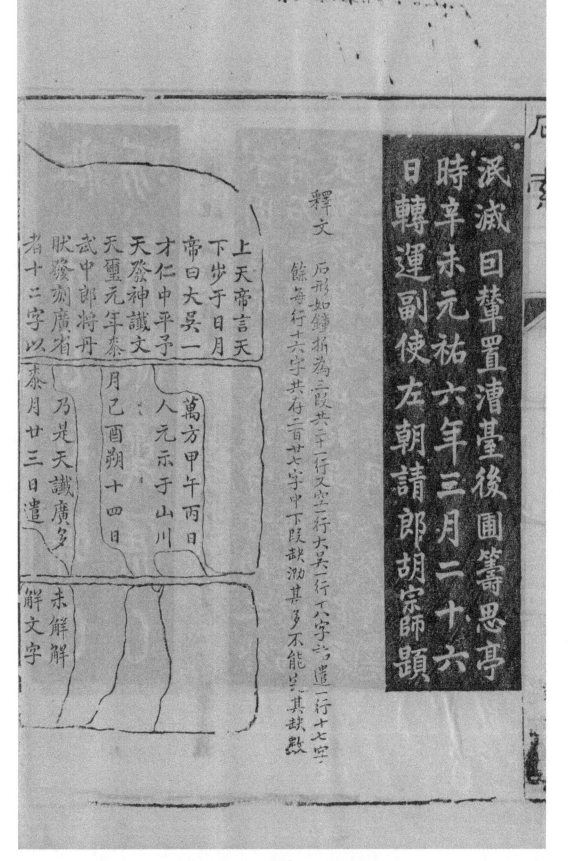

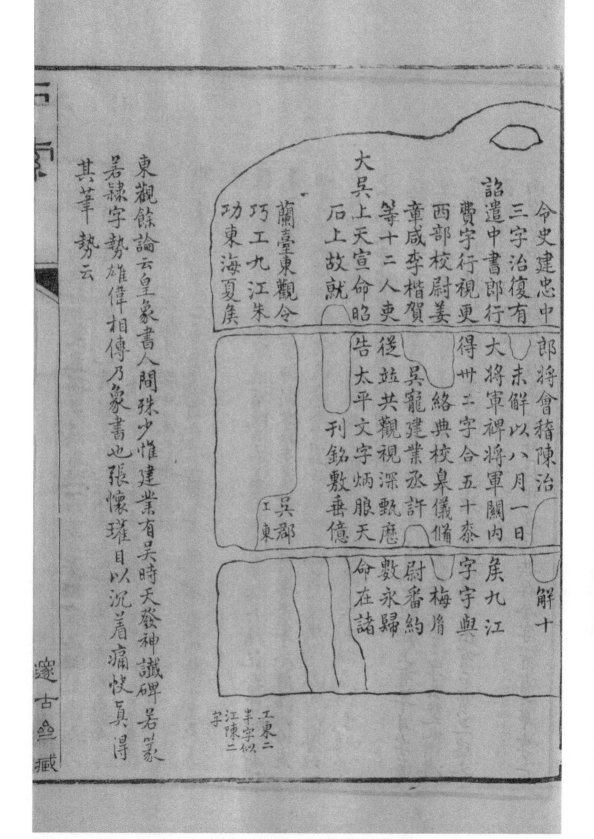

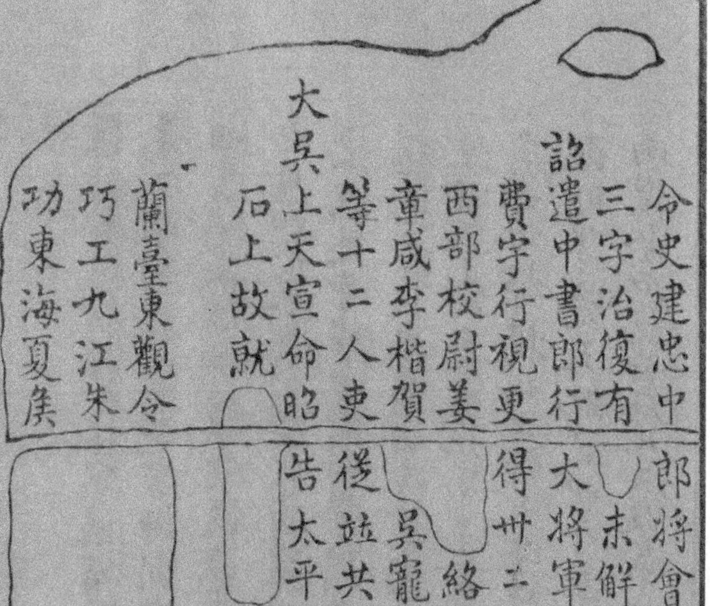

令史建忠中郎將會稽陳治解十
三字治復有未解以八月一日
詔遣中書郎行大將軍裨將軍關內侯九江
費字行視更得卌二字合五十泰字字與
西部校尉姜絡典校臯儀備梅胥
章咸李楷賀吳寵建業丞許尉番約
等十二人吏從竝共觀視深甄歷數永歸
大吳上天宣命昭告太平文字炳朖天命在諸
石上故就刊銘敷垂億
蘭臺東觀令吳郡
巧工九江朱工東
功東海夏侯

工東二字似江陳二字

東觀餘論云皇象書人間殊少惟建業有吳時天發神讖碑若篆若隸字勢雄偉相傳乃象書也張懷瓘目以沉着痛快真得其筆勢云

邃古齋藏

戚光集慶續志云篆書獨步漢末況體兼篆籀宜居周鼓秦刻之次魏鍾繇諸書無論也其石四方面背潤書各八行其文書滿三方而窮其一可識者八十餘字末後別書蘭臺東觀令云云蓋列與事之臣于正文之後華覈為東觀令是必華覈也

明一統志吳後主立碣紀吳功德吳錄云其文東觀令華覈作其字皇象書也

張鉉金陵新志今江寧縣有段石岡蓋舊立碑處據丹陽記晉宋時已折為三段內一石上有胡宗師刻字輦置轉運司籌思亭今府治此石在紬書閣又徙錦繡堂後改臺治此石歆仆于地其一段缺壞蓋為人鑿以它用而不果者第二段有襄陽米芾四字至治年臺掾楊益與訓導李東戚光等移置廟學門內之左

楊士奇東里集云考吳志天冊元年吳郡言掘地得銀上有年月字遂改明年為天璽元年是年鄱陽言歷陽上石文理成二十字云楚九州渚吳九州都揚州士作天子四世治太平始又吳興陽羨山有石寶之瑞又改明年為天紀天紀四年王濬遂入吳矣

兩漢金石記云石凡三段第一段廿一行中空二行共存全字一百有七半字一

第二段十七行中空二行共存全字八十五半字九第三段十行中空一行共存全字二十半字二總計三段存全字二百十有二半字十有二乾隆四十四年秋方綱親到江寧府學尊經閣下手量是石中段為第一石高三尺五寸圍八尺九寸其頂宛然鐘形截去上角者東為第二石高三尺三寸三分圍八尺六寸此石末二東二字乃是半字自此石下削去第三石高三尺六寸二分其圍上闊下束亦以削去之故側出方稜耳上圍六尺八寸三分下圍六尺三寸七分吳山夫云此碑非一石所折今驗其三石之頂為人磨平刻一髙字大于掌而不能泯其鏟鑿之痕是一石折為三無可疑者

鵬按是刻體備篆籀微帶隸勢雄勁踰常真偉制也其每字之横畫首尾如釘頭其起筆有尖下垂在禮器碑題名已有之此更加老横耳文詞殘缺殊甚戚光以為可識者八十餘字王槩以為一百九十六字又增補卅一字自謂貫通可讀但其所補亦有未確處故覃谿先生未能盡信定為二百十二字今將舊拓細繹合泰汪瑤甫縮本取其可遂者又揣其殘畫于八行下段補未字十六行下段補數字十七行昭下補告字天下補命字共得二百二十七字如右其六行日字下金石志以為中字萃編以為壬字姑缺之可也

大風歌碑

碑高一丈一尺八廣四尺四寸四行行八字字長一尺
闊六寸在沛縣今在彭城

漢高祖皇帝歌

大風起兮雲飛揚威加海內兮
歸故鄉安得猛士兮守四方

金石存云徐州志歌風碑在沛縣歌風臺碑有二一豎于東不
知年代西則元大德間摹刻者舊碑中斷東以鐵汪鮫門歌
風臺記云元大德摹刻者邑令羅士學也按此碑不知刻自何

時相傳爲曹喜書亦無所據碑自大德中已經重刻其舊碑即此漢刻亦必唐宋人所爲何近在彭城而歐趙皆不收錄也

鵬按此碑拓本字長徑尺魄力甚大雖剥蝕糜爛而古勁之氣逼人此泉河別駕嚴公午橋得于彭城雲龍山者疑是原刻視予所得拓本字大如椀者胥壞其相傳爲曹喜書雖無可據亦有所自蓋曹喜始作懸針書而莽時貨布又每用懸針庾子山所謂垂露懸針書恩不盡也此以懸針法寫古文體六朝唐宋無其人惟金人黨懷英善此體而筆力不逮故從金石萃編附于漢碑之末

道光元年四月朔日鏤
板于嵫陽署齋於時日月合
璧五星聯珠記之

紫琅馮雲鵬晏海氏
雲鵷集軒氏同輯

碑碣五

晉任城太守孫夫人碑

碑在泰安府新泰縣新甫山下

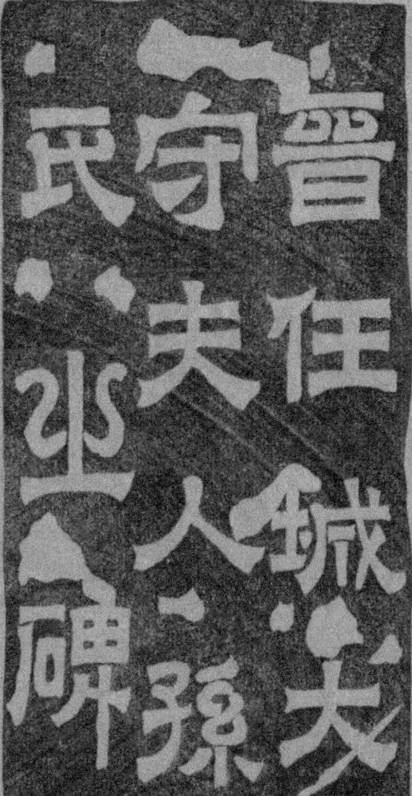

碑額隸書十二字

夫人濟南孫氏之中女也實
曰乃姬其先與魏同姓支別
降族遂以為氏文列卿光祿
大夫建德亭侯以儒雅稱世
濟其休夫人少有淑質純靜
不□其寬仁足以容衆明敏足
以辯物九歲喪母少為父所
見慈撫終哀哀毀坐不易位
雖有隱括傳母之訓又以加
焉父時未立繼室長沙人桓
伯序有寡妻伏氏魏文帝以

中郎仲

先魏支降四字今補凡補識者○以別之降字各本誤作閒

又黃小松釋作网

桓階字伯緒〻序古
用

用妻之伏氏年少有國色文
非所好而顧違尊命莫之能
定夫人謂父曰何不以當同
實辭之父意乃寤文帝詔報
之曰生敬其人死辭其室追
遠敬修違而得道者也父悅
入謂之曰昔臧武仲先犯齊
壯不令與己邑令我不犯尊
而蒙優詔同歸殊塗亦其時
代伯序為侍中又為侍郎屯
為同寮故夫人發之父為勃

齊壯：即
莊字左傳
齊莊公將
為武仲田
武仲以鼠
為喻即此
事

海大守十餘年政化大行孫
寔悅服●●統意時夫人見
●在家止大令留而謂之●
乃感而退雖天之道然事君
不懟●能以●間●●●為
吏部尚書多須老成先帝舊
臣舉出●托必不定君既而
果舉君為侍中夫人恕而容
過窮理盡情為文所異皆此
類也夫人在羊氏淡嚴有器
度承上接下衆皆悅之任城

孫寔各本誤作孫宣又寔下露悅服二字筆尖今並補之

非夫人●●生夫人由此相
師孝謹加之讓勤戰戰臨深
唯恐不逮是以曉姑嘉其淑
婉娣然宗其德音以夫人爲
婦世餘載言無口過行無怨
惡故也●●上感蘊闈●●
●●下唯詩人刑于之言瞻
前顧後率由弗違以御于家
邦終始以孝閒●●夫人之
力●●●●●●二子外子
安期弘括賢●●不奉早亡

上字各本誤作且此段似述任城太守事

期各本作明今玩左旁有其足

子孫皆仁厚振振有麟止
化皆是義形
泰始八年十月庚寅
十二月甲申嗣子廸哀
懷永絕恩深旻極追惟
力齊肅之
訓介歎曰古者鍾鼎紀銘
所以章君父之令德也又有
號謚褒
秋先妣立言立德同之不朽
可没而無稱哉於是乃追而

止即趾

泰始二字尚存形影補之寅下似疾字申下似卒字未敢定

齊各本作不恐誤

紀誦為之辭曰
奐乎文母于秋夫人潛神內
識叟不弥綸和樂色養●●
●●●●●●●●是勤昧
旦●●令問曰新喪難弘多
仍羅●●翼翼小心惟憂用
老●●●●●●●●●●
●惟永世●●物物遺孤辟
踊靡及曰古●●●●咱●
何以吉哀●●●●

碑連額高九尺二寸廣三尺九寸二十行行三十七字連缺文
共七百七字茅編作七百一字脫二空格及末句闕文今正之

此碑晚出前賢未經著錄乾隆癸丑江君秬香鳳彝在新泰縣
張孫莊始搜得之字畫方勁厚重与魏黃初孔廟碑絶肖時在泰
始八年蓋晋碑之最先者其時猶未一統也碑稱夫人幼年事自
是賢而有才者故至今不朽夫人之父未嘗著名授堂金石跋考
諸魏志以爲孫邕者近之夫人之夫任城太守羊君亦未著名竊
未知實事今按碑中有上感慈闈下惟詩人刑于之言御于家邦及
夫人之力云云似述任城孝行由夫人内助之意惟字多磨滅不成首尾
耳碑多剥落經江氏桂氏細意摹擬已不遺餘力今又增出四十
餘字前半文義稍爲通貫又更正數字亦秖求諸髣髴間不敢
謂其必然也後半剥落甚有徑尺無字處則無計可施矣

晉汲縣齊太公表

石高五尺四寸廣三尺一寸廿行行卅字額有太公呂望表五字

石缺二字半今補

齊太公呂望者此縣人號爲師
尚父夫其　　大晉受命　　
　　四海一統大康二年縣之
西偏有盜發冢而得竹策之書
書藏之年當秦坑儒之前八十
六歲其周志曰文王夢天帝服
玄禳衣立於令狐之津帝曰昌
賜汝望文王再拜稽首大公於
後亦再拜稽首文王夢之之夜
大公夢之亦然其後文王見大
公而訊之曰而名爲望乎答曰

臣為望文王曰吾如有所於見
汝太公言其年月與其日且盡
道與言臣此以●●也文王曰
有之有之遂與之歸以為卿士
其紀年曰康王六年齊大公望
薨●考年數蓋壽百一十餘歲
先秦滅學而藏於丘墓天下平
泰而發其潛書●●所出正在
斯色豈皇天所以章明先哲著
其名號光于百代垂示無窮者
乎於是大公之裔孫范陽盧无
忌自大子洗馬來為汲令般谿

依紀年補薨字

乎舊誤釋矣

般即磻

之下舊有壇場●令隨廢荒而
不治乃詣之頃儒訪諸朝吏僉
以為大公功施於民以勞定國
●之典祀所宜不替且其山也
能興雲雨財用所出遂脩復舊
祀守名計偕刊石勒表以章顯
烈俾萬載之後有所稱述其辭
曰
於鑠我祖時惟大公當殷之末
■德方通上帝有命以錫周邦
公及文王二夢惟同上帝既命
若時登庸遂作心膂寅亮天工

德上泐
似灣字

肆伐大商克咸厥功建國胙土
俾侯于東奮于百世聲烈弥洪
般谿之山明靈所託汁雲降雨
為膏為澤水旱癘疫是禳是禜
来方禋祀莫敢不敬歆以介福
惠我百姓天地和舒四氣通正
災害不作民無夭命嘉生蕃殖
[illegible][illegible]遠迹遠用康年稼穡茂盛
凡我邦域永世受慶春秋匪解
無隕茲令

大康十年三月丙寅朔十九
日甲申造

金石文字記云水經注故汲郡治城西北有石夾水飛湍濬急人謂之磻溪言太公嘗釣于此也今其文曰般溪之山般即磻之異文水經注又言縣人故會稽太守杜宣白令崔瑗曰太公生于汲舊居猶存君與高國同宗今臨此國宜正其位以明尊祖之義遂立壇祀又言城北三十里有太公泉泉上有太公廟晉太康中范陽盧無忌為汲令立碑碑于其上此碑正無忌所立其無字作无而自稱為太公之裔孫然則崔盧二姓皆出自太公矣

鶴案此碑已斷裂為二故有缺文在其斷處不可臆度其辭亦多雨淋剝落之痕與筆畫混中州金石志但載其名未錄其碑因字泐難辨也惟金石萃編刻其全文亦細心摹擬未能臻此今鄴縣胡寄雲少尉拓寄善本兩相校勘又增補十五字仍正一字餘尚缺十三字全失形影不能再補矣碑中引用竹書紀年康王六年一節與世傳紀年相合故補入蒐字其引用周志中文王夢天帝一節不見於逸周書人每疑之不知此不似周書之文乃瑣語中文也汲冢所得有瑣語十一篇言諸國卜夢妖怪相書則此夢必在其內矣考晉東皙傳云太康二年汲郡人不準盜發魏襄王墓

或言安釐王冢得竹書數十車其紀年十三篇記夏以來至周幽王接述魏事至安釐王之二十年又易經二篇易繇陰陽卦二篇公孫段二篇國語三篇論語師春一篇瑣語十一篇諸國卜夢妖怪相書也又梁丘藏一篇言丘藏金玉事繳書一篇論弋射法生封一篇大歷二篇穆天子傳五篇又雜書十九篇周食田法周書論楚事周穆王美人盛姬事大凡七十五篇漆書皆科斗字七篇以簡書折壞云云其書雖七十五篇其傳于今者秖竹書紀年穆天子傳及美人盛姬事其逸周書則前已引用之非得此碑安知瑣語軼事乎其穰字不見於說文而衛宏字說與昭卿字指有之蓋許氏時此書未之出也晉人競尚清譚寫行艸古法淪亡是刻在晉初年文詞典雅隸法方整當為晉碑之冠

晉劉府君墓版

石高今尺一尺八寸廣七寸凡五行行十字在偃師武虛谷明府家

晉故使持節都督青徐諸
軍事征東將軍軍司關中
侯劉府君之墓君諱韜字
泰伯樹孝處士君之元子
也夫人沛國蔡氏

武虛谷億偃師金石遺文記云石爲土人掘井出之已廿餘年棄置民家乾隆癸卯余自杏園假之而歸度不過二尺餘上銳下齊作圭

形無年月可考字皆完好無缺劉君官不為卑肰于功狀竟無所鋪敘古人之不溢美尤為可貴如此

潛研堂金石文跋尾云石僅三尺餘予題為墓版文未知是否也軍司之名不見于晉志而紀傳亦嘗見之文帝紀帝奉天子西征是時魏諸王侯悉在鄴命從事中郎山濤行軍司事鎮于鄴義陽王望傳置太尉軍司一人竊意軍司即軍師晉時避諱改師為司也

晉陸機泰山吟石刻

石高漢尺二尺四寸半廣一尺七寸餘在泰安縣岱廟之環咏亭絳帖作平原內史陸機書

泰山吟

泰山壹何高迢迢造天庭峻極周已遠層雲鬱冥冥梁甫亦有館蒿里亦有亭幽岑延萬鬼神房集百靈長吟泰山側慷慨激楚聲

邃古齋藏

泰山吟

泰山一何高迢迢造天庭峻極周已遠層雲鬱冥冥梁甫亦有館蒿里亦有亭幽岑延萬鬼神房集百靈長吟梁甫側慷慨激楚聲

鳴按此詩刻在絳州帖者只六句云泰山高造天峻極鬱冥冥幽岑延萬鬼神房集百靈長吟梁甫側慷慨激楚聲此刻在環咏亭者十句或是後人從本詩補刻篆法不遠絳州帖而句較全故從其多者縮之雖不知果出於陸但絳帖既云晉平原内史陸機書自必有所本也

梁蕭侍中神道石柱題額

在江寧府朝陽門外三十里花林田間南向

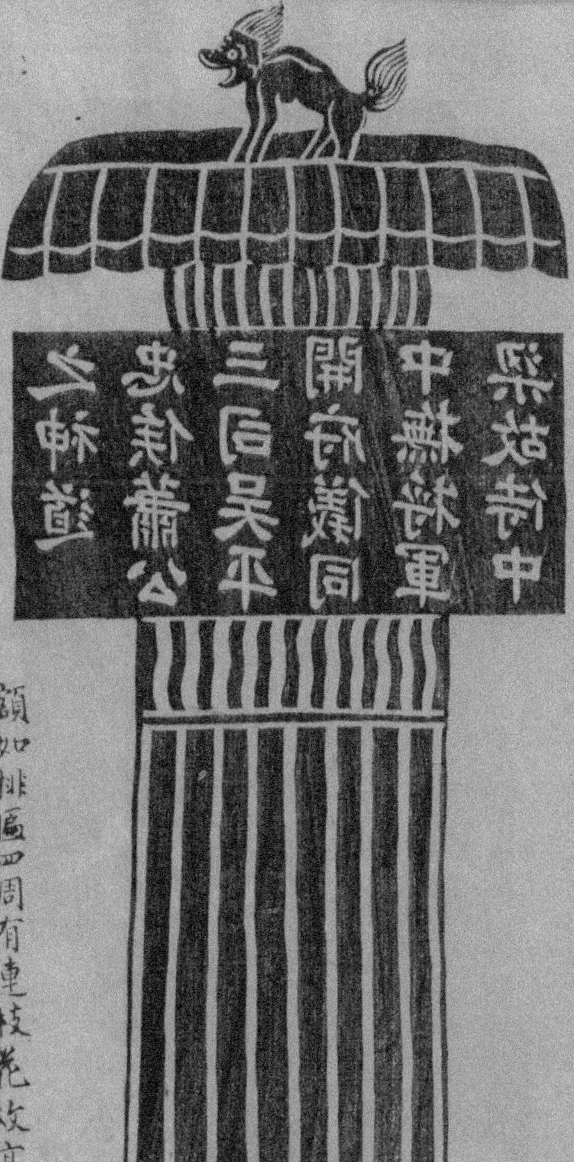

額如排匾四周有連枝花紋高二尺闊四尺中刻梁故侍中中撫將軍開府儀同三司吳平忠侯蕭公之神道字徑三寸反書石柱高二丈周圍八尺

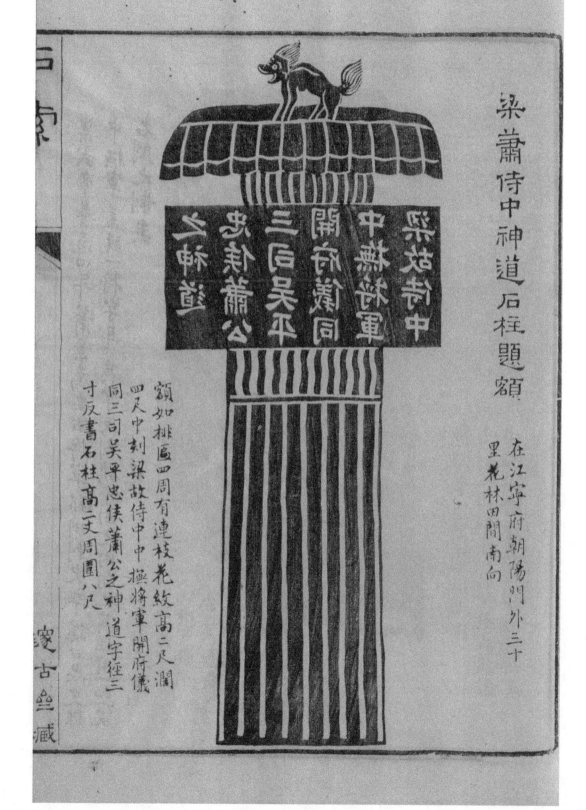

梁武帝普通四年蕭景爲安西將軍郢州刺史卒謚曰忠史作中撫軍盖脫一將字耳 其字反刻欲正面之内向也其柱用一瓦覆石闕之制矣

北魏雲峯山鄭道昭題字

在掖縣雲峯山以下石刻向未
未經人道桂未谷攝掖縣教諭
時親登山巔摹拓其文

此七字在東峯之西面
字徑五寸許以下俱縮本

金石志從黃
小松寄録本
故未載尺寸
此從桂未谷
旗人所售拓
本疑即原拓

雲峯山題字二

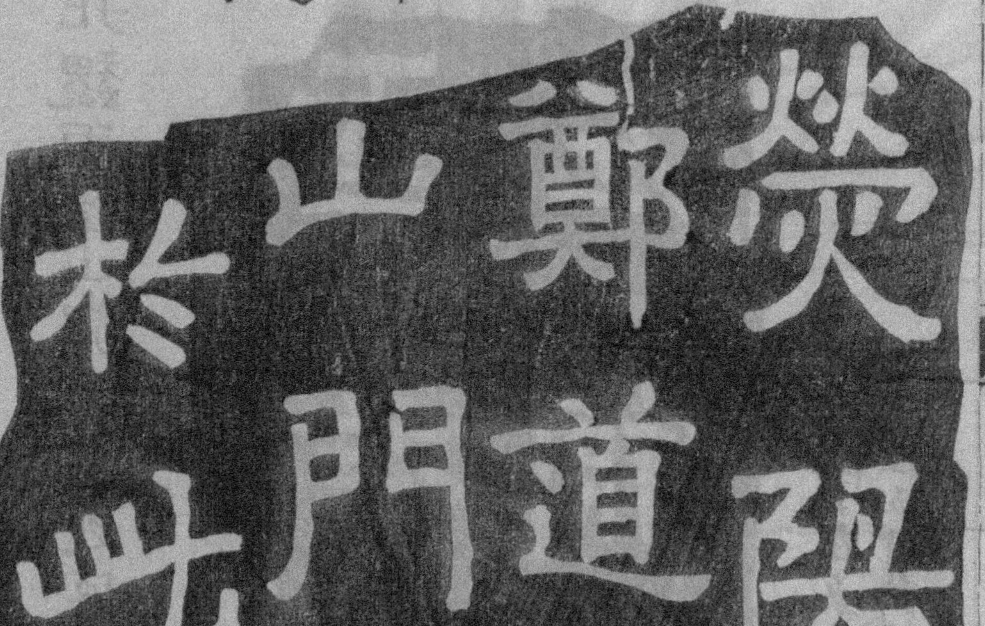

此十三字在東峯面北字大小不等滎陽二字大五寸許止二字二寸許

雲峯題字三

此九字亦在東峯
面北字大六七寸

雲峰題字四

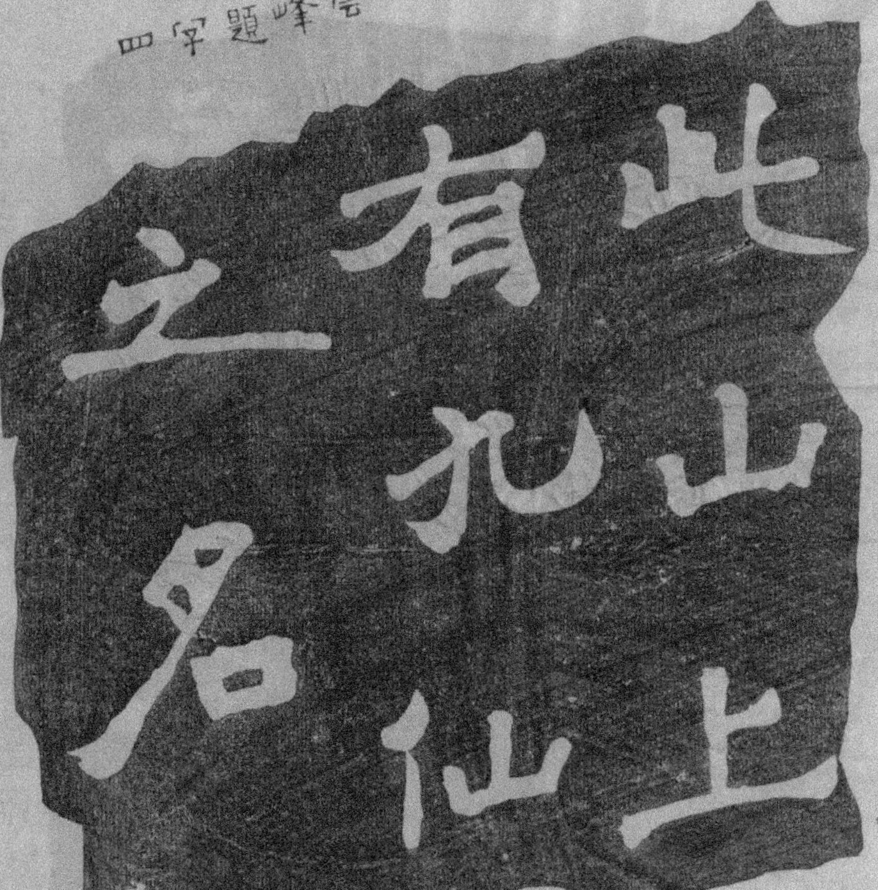

此八字在中峰面西字大三四寸不等金石志脫去上字此外尚有雲峰山之右闕也七字在西峰面東耿伏奴從駕五字在雲峰之陰拓本遺失

雲峰題字五

新出

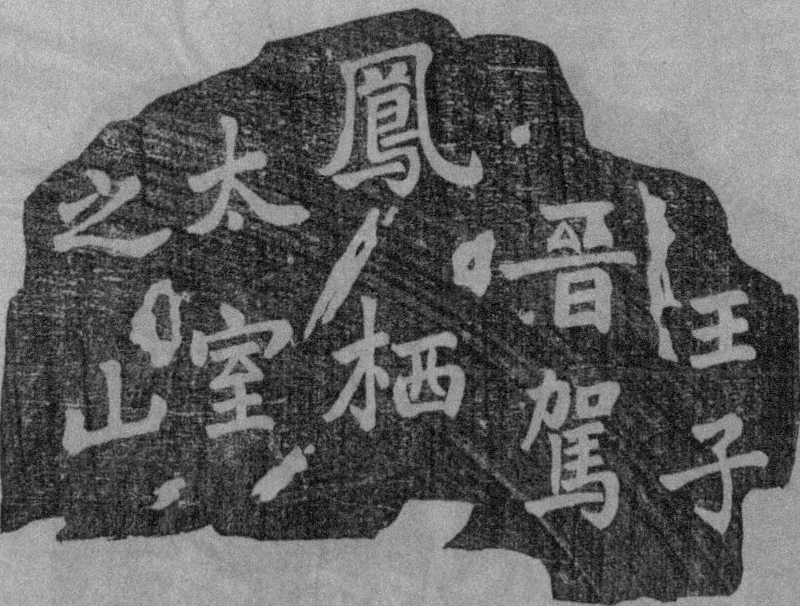

字大二三寸不等鶴按此條及安期生一條皆各志所不載嗜古之家遂未道及道光三年冬余至東萊翟文泉大令爲余言之旋得拓本乃悟此即所謂九仙之名縣志以九峰爲九仙者誤也因補刻之

雲峰題字六　新出

說見上條頃又聞姜姓云此外尚有羨門子駕日一條當登山求之以必得為快耳

雲峰題字七

字大四五寸不等末四字大三寸許金石志云雲峰右闕七字在西峰面東鵠按掖縣志少右闕一條金石志有之尚少栖息於此鄭公手書八字皆未見全拓本今補之

雲峰題字八

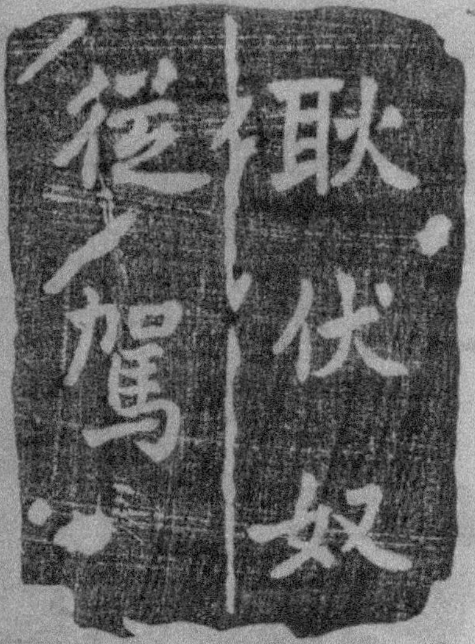

字大二寸許金石志云伏奴五字在雲峯之陰皆桂未谷攝掖縣教諭時親登山頂訪得之伏奴當是鄭公從遊之人

雲峰題字九

題字三行在雲峯之陰石工于仙人疑當時爲鄭公刻石者工字又似匠字不類鄭書姑坿于末

雲峰山鄭道昭飛仙詩石刻　新出

詠飛仙室
巖堂隱星霄
遙檐架雲飛
鄭公乘烟至
道士披霞歸

此詩未經人道其石高廣各尺五寸字徑二寸半鶴按此刻在雲峰山与前詩筆意絕相類蓋亦鄭僖伯所書也鄭述祖重登雲峰山云兩處石詩乃指論經書觀海島二詩言之則此詩即述祖猶未之見矣

又按縣志載高望山在城南十五里奇峰秀特可眺遠其東則筆架山一名文峰又曰雲峰北魏鄭道昭修真于此又東為寒同山光水出焉俗名神山有洞七曰虚皇三清五祖六真長生披雲靈官鐫諸仙石像四十有九山陰有姑洞出石像為元時皇姑學道之所坿錄于此以助登山之興

北魏大基山鄭道昭詩刻

石高八尺廣六尺在掖縣城東二十里大基山

詩五言於萊城東十里
与諸門徒登青陽嶺太
基山上四面及中嶺掃
石置仙壇一首魏祕書
監司州大中正平東將
軍光州刺史滎陽鄭道
昭作

嶺即頂

尋日愛壬素陵月開靖
場東峯青烟寺西嶺白
雲堂朱陽臺望遠玄靈
崖負光四壇周四嶺中
明起前崗神居杳漢眇
接景拂霓裳希徽三四
子披霞度仙房瀟瀟步
林石寮寮歌道章空谷

臺即臺

負字志誤作色

崗即崗

瀟瀟二句志不全

和鳴磬風岫吐浮香泠
〻非虛白鬱〻遠松梁
自余莅東國杖節牧齊
壇秉務惜暫暇遊此無
事方依巖論孝老斟泉
語經疰追文聽淺義門
徒森山行踟躕念歲述
幽衿燭扶菜栖槃時自

泠句志作令口口虞旦誤
壇即疆
踟志作跚誤

我豈云踰行蔵

金石志云右刻首標題及銜名四行詩十五韻九行字徑三寸縣志不載青陽嶺意即大基山支峰也

鷟按此五言詩刻竝非摩厓曾親見之乃刻石立於山頂至今屹然不動亦異事也詩無年月以中明壇歲在壬辰攷之蓋武帝之延昌元年即永平四年之後一年也金石志缺九字誤七字竝補正之

又按北魏分青州置光州領東萊長廣東牟三郡而光州與東萊俱治掖掖有光水出寒同山蓋因光水改名光州也

大基山鄭道昭銘告題字

此太基山內中明岡及四面
巖嶺上嵩岳先生滎陽
鄭道昭掃石置五處仙壇
其松林草木有能脩奉者
世貴吉昌慎勿侵犯銘告令知也

崖高二尺八寸廣一尺七寸正書
五十三字凡五行字徑二寸

邃古齋藏

金石志云魏書道昭傳載其官國子祭酒時三上表請廣人才置博士生員意在崇儒興道及好道棲眞之語今此刻係乘暇來遊為憩息棲止之所慮道俗有毀棄者故為此告誡之詞耳其中大作太崗作崗頂作嶺置作置貴作貴亻从彳皆隨意增損不足為訓鵜按北朝書法大率類此其變體亦相侶其亻旁作彳与彳旁作亻古人不拘初唐時猶用之非不足之訓也此五十三字有雄勁之氣實開顔魯公之先勉作縮本殊難以盡其妙也

大基山中明嵎鄭道昭題字一 以下三種新出金石志未載

石高一尺五寸字大二寸半此三行在中明嵎即五處仙壇之一金石志以為五仙壇皆不傳者未見此耳餘四壇必有文尚未尋得

中明𡶶題字二

其居所号
曰白雲鄉
青烟里也

石高一尺五寸字大三寸青烟里命名亦奇

大基山中明壇鄭道昭題字

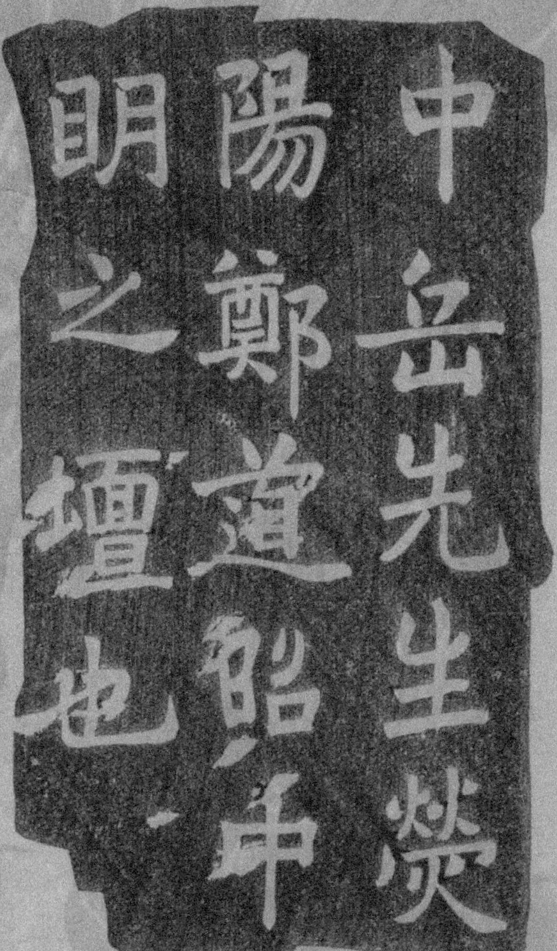

此十四字在下明岡即五仙壇之一
金石志以為今皆不傳蓋未見此耳

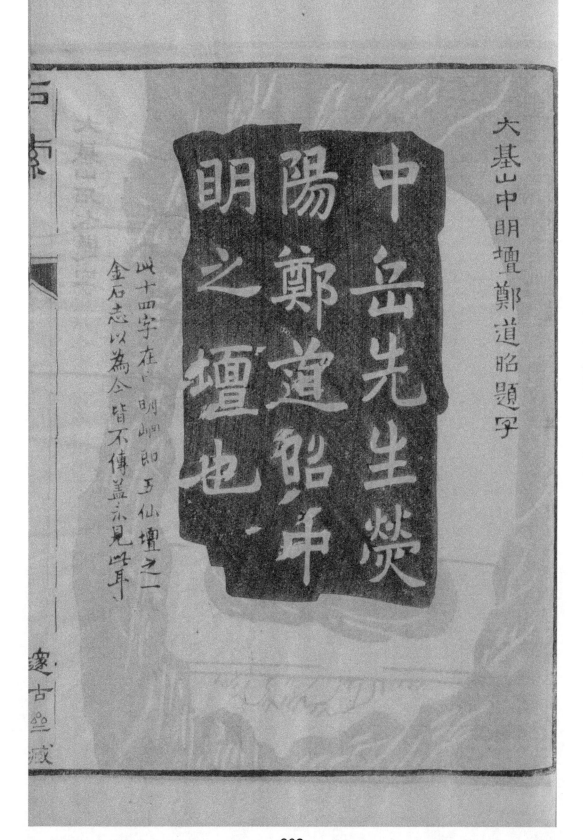

大基山石人題字

中明崗題字三

石高尺八寸字大五六寸不等中明之壇一條桂拓猶有之下二條即未谷亦未見之

此五字極縱橫但云歲在壬辰而無年號翟文泉大令云北魏文成帝興安元年宣武帝延昌元年皆壬辰鄭道昭刺光州在武帝永平中永平越四年改延昌當在是時

鄭道昭觀海島詩石刻

崖高四尺廣六尺在雲峯山之西峯

詩五言登雲峯山觀海島鄭

道昭作

山遊悅遙賞觀滄眺白

沙雲路現仙嶋靈童飛

玉車金軒接日綵紫蓋

通月華騰龍蹻星水𪌍

鳳暎煙家往來風雲道

出入朱明霞霧帳芳霄
起蓬臺栖漢邪流精麗
旻部低翠曜天葩此矚
寧獨好斯見理如麻秦
皇非徒駕漢武豈空嗟

金石志云右五言詩九韻十二行字徑四寸首標題一行字較小右角上微闕筆畫嚴整有力詩多道家語迺鄭公與道俗紀遊之作鵬按所釋沉仙駕當是現仙嶋即觀海島之島將山字屈作山字旁篆書有作嶋者此蓋用之靈章當是靈童〻字末一畫尚明〻可見

東魏天平僧洪寶造像銘　在河南

夫雲真玄廓妙絕難測非言莫能宣其音非像無以表其狀言宣三六之教像跡四八之瓏豈不潤玄沖漠魏々惟擨者哉是以務聖寺檀主張法壽能於五蓋重羅之下挈斷恩愛塵勞之繒絅於熙平二年捨宅造寺宿顛暫像福不山已穨度法界尋其羅絡情苞聖境自非籍因積劫莫貴累世者孰能鼓茲容闕顛行者焉息榮

遷循和行慈仁孝世習精懃志慕幽
寂妙真遐顛刊石建像釋迦文佛觀
音文殊仰述亡考平康奮顛復於像
側隱出无量壽佛福洽法界考妣等
神捨茲質形悉稟淨境同曉薩雲覺
道咸佛
大魏天平二年歲次乙卯四月十一
日比丘洪寶銘

碑上截鏤文佛立蓮臺上旁垂瓔珞碑字九行每行廿七字中以
跡為弥彌為離熟為孰懃為懃洽稟為涵稟皆一時所尚別體也

北齊天保張景暉造像碑

大齊天保
五年歲次
甲戌七月
乙酉朔十
五日己亥
平昌縣人
張景暉為
亡父母敬

大齊天保
五年歲次
甲戌七月
乙酉朔十
五日己亥
平昌縣人
張景暉為
亡父母敬
造弥勒佛
一軀後為
師僧七世
父母皇帝
陛下居家
眷屬普為
法界群生
果登正覺

造弥勒佛
一軀後為
師僧七世
父母皇帝
陛下居家
眷屬普為
法界群生
衆登正覺

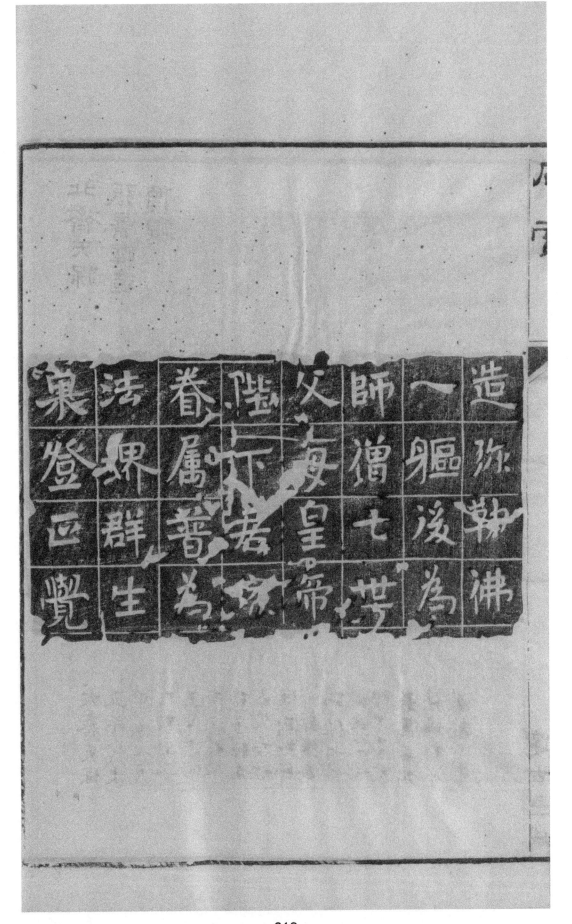

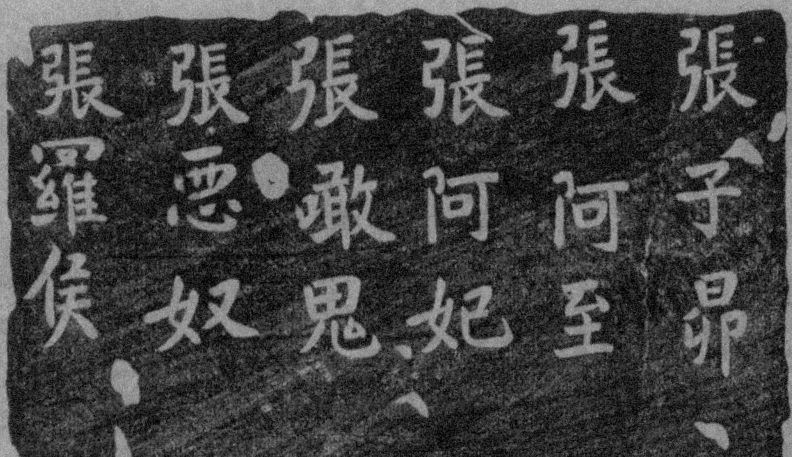

按皇建碑亦有
孫噉鬼可見一
時命名相類也

邃古齋藏

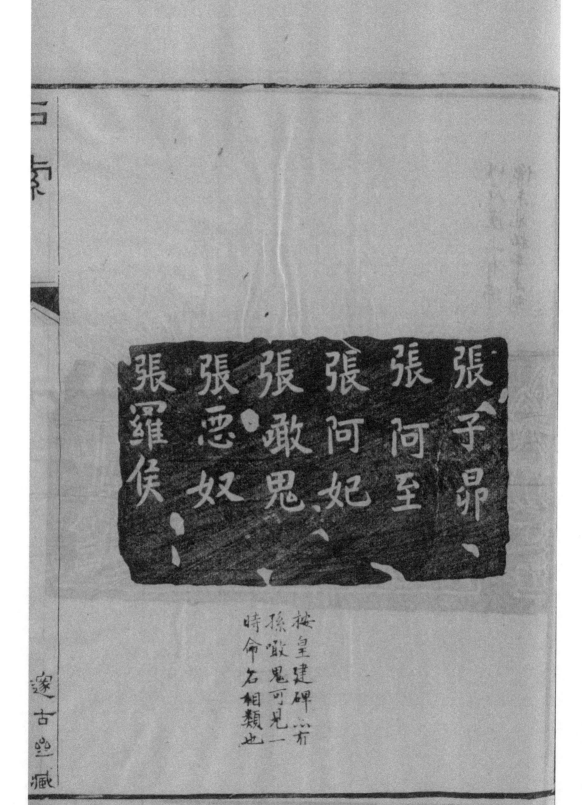

以石座上有佛像未見拓本未刻

倿妻曹
暈妻孫
暈女阿男

山右金石志云天保五年張菓暉造像石座高七寸廣一尺四寸五分在益都縣北三十五里平昌寺今移置法慶寺邑人李南澗段赤亭皆有攷證石凡三面一刻記文十六行一題名六人一畫象并題名六人其中成作戍朔作玥界作堺畫作畫皆異體 鵑按暈即暉字乃移日于首与月暈之暈不同息訓子戰國策賤息舒祺同義憘即喜北魏正光六年曹望憘造象記亦作憘盖漢人喜作憙從心六朝時又移心於其旁也

北齊造銅雀臺石疊門銘

大齊天保八年九
年造銅雀臺石疊
之門百代之後見
此銘者當復知之
將陳驥 軍副程顯
承婁晞 幢主孫悅
軍主董俠 幢主楊曇

北齊天保七年脩廣三臺宮殿至九年竣故此刻云八年九年也後三行人名猶存古刻先上列後下列之式亦攷證者所宜知也北平翁方綱識

蘇齋墨緣

覃谿

此銘刻未収于金石諸家其石之所在及尺寸未可得而詳趙石舫明府凝禧以所得拓本及翁跋見示因摹刻之銘楷兼帶隸法自是北朝體格題名中丞字題即丞字幢主題立石幢之主猶造橋之為橋主造佛像之為佛主為像主也

北齊天保造像碑

大齊天保
十季七月十
五日比丘道朏
敬造盧舍那
法界人中像一
區願盡虛空
遍法界一切衆
生成等正覺

此殘石而文尚全黃小松司馬搨其背以爲硯

王蘭泉先生云此石從濟寧普照寺發土得之石存而像無考矣後轉徙藏於正定佛寺朱瀑泉壇得之以贈黄小松司馬作研材小松又贈偃師武大令虚谷今所見者拓本也按法苑珠林普敬部引華嚴經云盧舍那佛報身如來所王之土復過是數盡十方界非凡所謀故梵網經偈我今盧舍那方坐蓮華臺是碑所稱盧舍那蓋佛名也翻譯名義集盧舍那翻普梵網疏云梵本盧舍那此云光明徧照照有二義一內以智光照眞法界此約自受用義二外以身光照應大機此約他受用義　鴨按兼此二義與普照之名更有合也

北齊雲峰山鄭述祖雲居館石刻

司徒左長史尚
書侍中太子少
師太常卿車騎
大將軍儀同三
司左光祿大夫
北豫州大中正
瀛趙滄冀懷兗
光行正十州刺
史鄭述祖雲居

高一尺三寸餘廣二尺餘石刻十二行行六字字徑一寸四分八分書六十九字在掖縣雲峯山

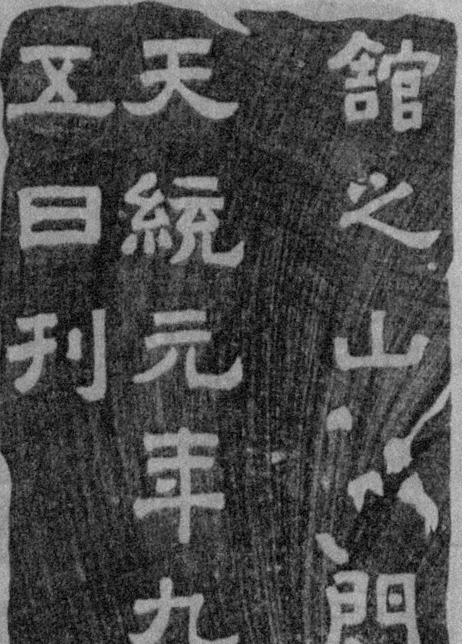

鶚按山字下避裂紋故空一格非山門之間有闕文也

山左金石志云考北史述祖傳云前後行瀛殷冀滄趙定六州事正除懷兗光三州刺史又云重行殷懷趙三州刺史此碑題瀛趙滄冀懷兗光行正十州刺史可補史傳之闕也

鶚按本傳載述祖父道昭齊天保初為兗州刺史時於城南小山起齋亭刻石為記述祖時年九歲及為刺史往尋舊迹得一破石有銘云中岳先生鄭道昭之白雲堂述祖對之嗚咽悲動羣寮今山亭破石皆無可考附載于此又可補兗志之闕也

金石志云石高一尺廣八寸右題云石人名陽歸甲申年造乙酉年成正書十三字分三行字徑寸五分筆法堅勁疑亦道昭所書姑坿于此道昭刺史公碑及雲峯諸詩俱在永平四年辛卯此更在前當為正始

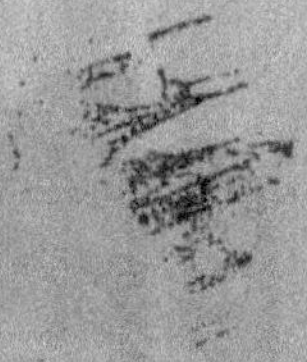

二年也

鴻按此石人像是仙是佛殆未可知抑或係道昭自圖狀貌而付諸石俱無所考但以髯歸命名殊爲奇絕其十三字係北朝隸書志石爲正書非也

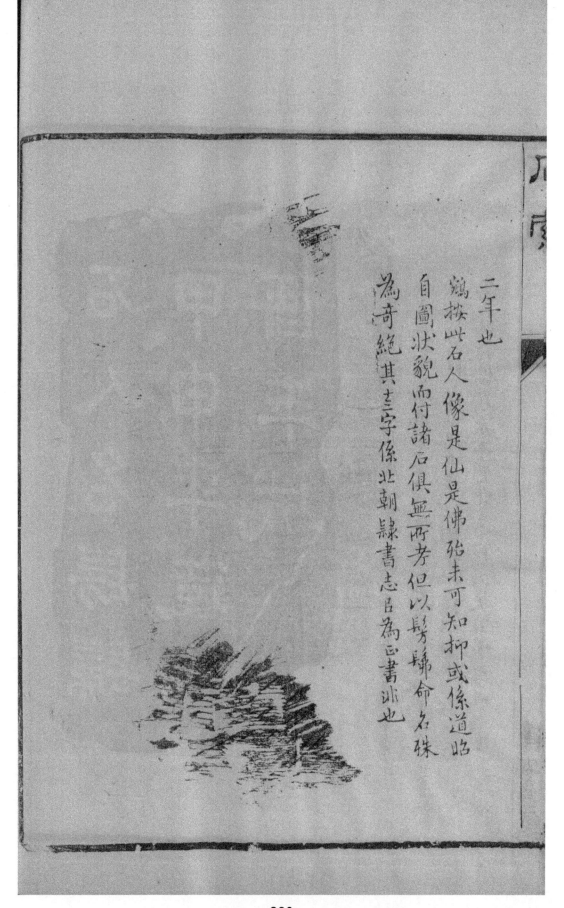

北齊鄭述祖大基山石人題字

石高一尺廣八寸字徑二寸十三字隸書与天統石刻及重遊雲峯隸法無異蓋亦鄭述祖所書金石志以為正書疑亦道昭所書者非也翟文泉大令云石人題字之甲申年為北齊武

成帝河清三年明年乙酉則後主之天統元年也正述祖刺
光州之時志以為正始二年亦訛

北齊隴東王感孝頌

碑橫廣漢尺九尺四寸連額高六尺八寸共二十五行行二十七字在泰安府肥城縣西北六十里孝堂山

隴東王
感孝頌

額書隴東王感孝頌六篆字陽文

遂古盦藏

惟夫德行之本仁義之基
感洞幽明擾馴禽獸清音
帶冰而挺潔縈采映雪而
涼輝根矩定於一丸丘吾
絕於三共開府儀同三司
尚書右僕射尚書左僕射
尚書令攝選新除特進使
持節齊州刺史隴東王胡
長仁肆黃雅俗雄飛威里
入膺北斗執柄端衡出牧

隴東王姓胡武氏以為名者非雌字金石志誤作准

東秦摠條連濟來脫崔林
之屐聊帽買琢之擔視聽
經過訪詢省舊郭巨之墓
馬驤交阡孝子之堂烏翅
衛皀君王愛奇好古歷覽
俳佪妃息奔倫賓僚侍側
辟疑秦鏡炳煥存形柱識
荊珉宋寶遺字所以歛眉
長歎念昔沮澆繸若芊公
登峴還同覽墨飲泉慨賢

皀即阜
王宇萃
編雄

勝之多弊嗟呈德而無紀
蘭溪黨不見松穀城何以
知石于時開府中兵參軍
梁巷之盛三篆隸騎兵參
軍申嗣皇徽學擅藻並應
命旨俱營頌筆以大齊武
平元年正月廿二日擁輿
雕甍裏建庭宇棟刻蒼文
檐栽翠柏廡令千葉之下
彌振金聲九原之中恒浮

玉樹其詞曰
天經地義殿聖通神重華
曾閔萊子樂春時多美迹
世有芳塵齊漢逸士河內
貞人分財雙季獨養壹親
客舍山得兒埋福臻穹隆
感異齊薄貽珍懸車遽落
夜臺弗晨千齡俄古萬祀
猶新朱驂紫蓋撫俗調民
高山遠節景慕縈嚬式溝

不朽永播衣巾
居士慧朗侍從至能州縣其人稱朗公書
者是也 開府行參軍王思尚侍從能文有節操

末行字小蓋附記者

碑後有唐開元廿三年齊州別駕楊傑題記字多殘缺不錄
集古錄云隴東王胡長仁武平中為齊州刺史道經平陰有古冢詢訪耆
舊以為郭巨墓遂命僚佐刻此頌焉考劉向孝子圖郭巨河內温人而水經
注云平陰東北巫山有石室世謂之孝子堂不言何人之冢不知長仁何所據也
潛研堂跋尾云胡長仁武成皇后之兄本傳皆不言為開府儀同三司者缺文
也隋五行志武平四年隴東王胡長仁謀遣刺客殺和士開事露反為士開所
譖死通鑑以長仁刺齊州及賜死俱係之天統五年誤也
萃編云郭巨事見干寶搜神記但云郭巨子野鑿地欲埋兒得石蓋下
有黃金一釜中有丹書曰孝子郭巨黃金一釜以用賜汝於郭巨事蹟未詳
也此碑則云前漢逸士河內貞人分財雙季獨養壹親容舍凶孫云云當
時撰碑必有故籍流傳年久佚之得此可畧見郭孝子之軼事肥城

縣志則云漢郭巨孝德鄉人家貧養母妻生一子三歲母常減食之巨謂妻曰貧不能供親共汝埋子子可再有母不可再得妻不違遂掘坑二尺餘忽見黃金一釜上云天賜孝子郭巨官不得奪民不得取与搜神記不同不知志何所本也

醮按孝堂山石室漢畫象已縮刻前卷此齊碑亦在石室內集古錄因劉向言巨河內人又水經注但云平陰石室有孝子堂不指言何人之冢遂以此碑稱巨墓為疑然此齊去漢未遠頌中引用寔事豈無所本而云然者在河內人未嘗不可遷于平陰而郭巨自得黃金一釜後非其初家貧可比子孫非力不能營此墓者且當時又別無孝子可以當亦即以此為巨墓亦無不可不然則付之無何有之鄉轉令閱者索然矣其隸法光潤而有風致尚不似唐人之肥爛也

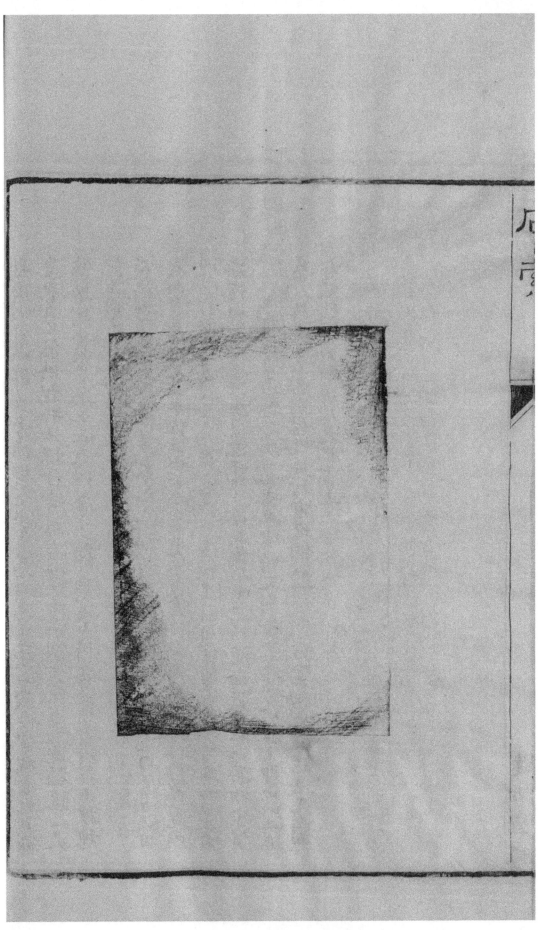

北齊王子椿徂來山摩崖

在泰安縣徂來山映佛巖

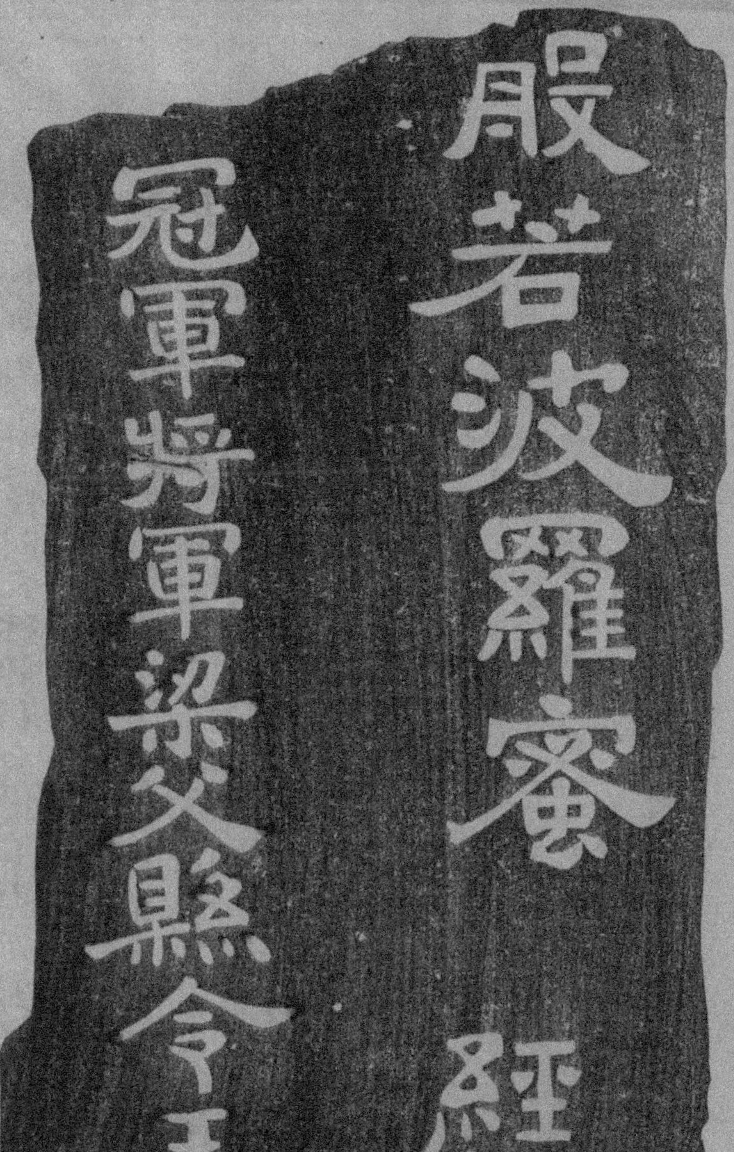
般若波羅蜜經主
冠軍將軍梁父縣令王子椿

遂古盦藏

此摩崖石高漢尺七尺有奇廣四尺四寸大字濶一尺五寸小字一尺或三四寸不等其第一段刻文殊師利白佛言云云不錄此在第二段刻般若波羅蜜五字甚大其下有经王二字無解金石志及萃編俱以為經主今拓本明是王字或上一點磨滅耳次行冠軍將軍梁父縣令王子椿或即經主姓名子椿二字雙行蓋限于石也梁父縣漢晉屬泰山郡北齊時改泰山郡為東平郡縣仍屬焉王子椿時為縣令加冠軍將軍之爵也萃編云石在徂来山大悲庵東南二里映佛岩㡽下白石如屏石面寬平大字深刻泐者無几黄司馬易親至其處言之甚詳

徂來山摩崖二

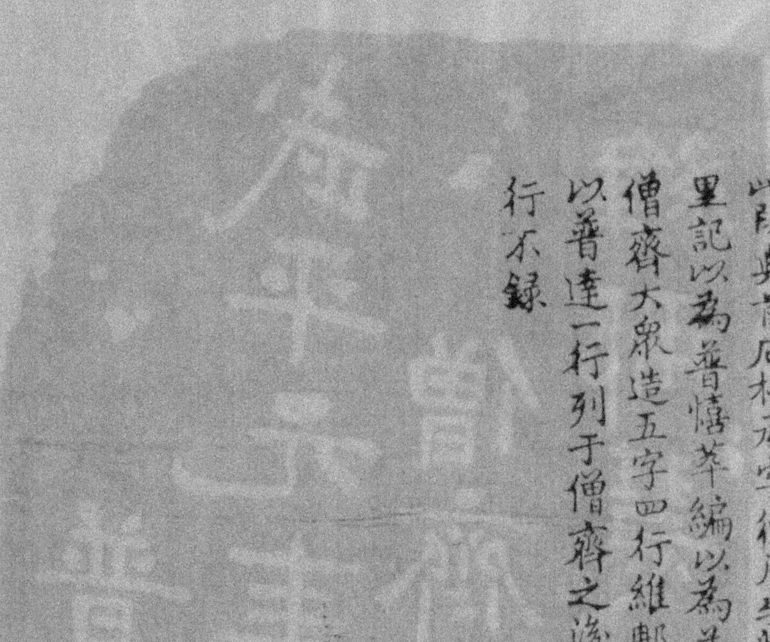

此段與前石相承字徑尺或數寸不等第一行普達二字下有泐痕道里記以爲普憘萃編以爲普喜皆非也第二行武平元年四字三行僧齊大衆造五字四行維那慧遊四字金石志以維那爲淮那萃編以普達一行列于僧齊之後亦誤此外尚有彌勒佛阿弥陀佛一幅六行不録

北齊臨淮王像碑

碑連額高漢尺一丈六尺四寸廣六尺八寸二十九行
行五十八字在青州府城西北瀼水橋之文昌祠

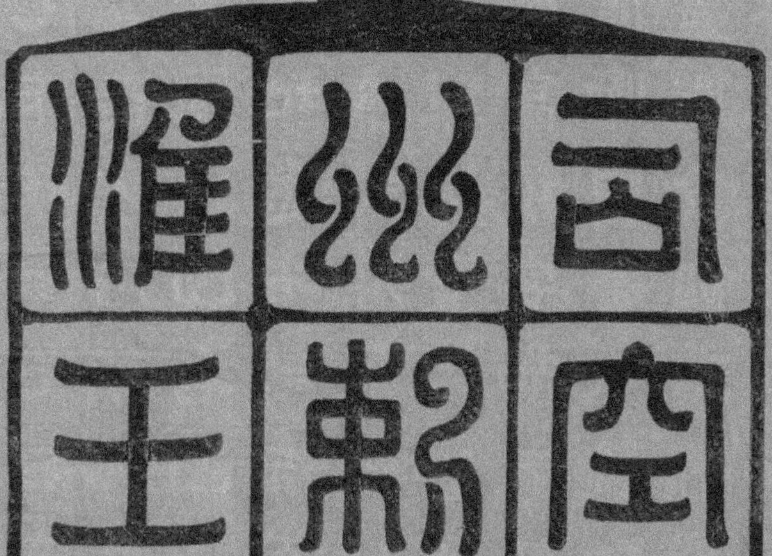

額題司空公青州刺史臨淮王像碑十三字陽文篆

大齊武平四秊歲次癸巳六月
乙未朔廿七日辛酉建
竊以万川朝海大海終自為陵
五雲出山名山久而為礪謂天
謂地悠有時而蒭毀日乎月乎
並無救於盈數縱陰陽莫測夷
夏彝從奮六響而遠馳蜚九翼
而高視安知衆苦鱗萃五衰波
屬儵與豪風競馳俄將葉露俱
盡假令餌瓊髓飛王觴燭日月
駈風雨車騎如雷乘空幸延秊
之第旌旗邊景浮虛造子登之

彝古彝字六下泐邊从萃編補字五

王即玉

岳陸生仙賦僅舉一隅張子真
篇唯明片分皆亦馳於癈興之
術環於起滅之達徐蘿華之驟
殞逼藤根之易絕茲焉㠯外衆
生何限壘碣塵盡所未能量並
驚跲接劒險過累卵電謝迅遽
泡慙儵忽然則莫知其去卒見
其來突風掃而更安毒火焚而
弗爛者而不具八解脫備六神
通慧万善而获蘇超百非而迴
越亦何堪至於此也若夫前聖
後聖天之又天八恒之大醫王

劒險兩字泐今觀僉半字微存補之

获蘇即扶踈

亦何退草編補

十方之大仙主或與定光同字
數極五千或共弗沙等名笇盈
三億雖應現季別王領處乖而
妙力神光規重矩疊並慈雲廣
庇善雨周覃畋智日於重昏燃
慧燈於積暗悲河鼓浪六度之
舩併浮熾宅揚煙三乘之轍俱
轉威靈之大未易等級變化之
奇寔難思議層山納於芥子仍
自嶽岑丘海入於毛穴無妨浩
淼伏闍世之狂鳥彌迦葉之毒
龍波旬覩而喪魂梵志望而辟

笇即算

魄誠最尊最勝莫高於法王但
非滅示滅還共於慈父於是鄴
巖徒朗直木終難虛瞻白鵠之
林誰逢青雀之樹飄令水言功
德永遺波濤山名智慧遂潛峯
粤其緒闡清化於將淪振玄風
於呂隆千李一有非我而誰使
持節都督青州諸軍事驃騎大
將軍青州刺史司空公寧都縣
開國公高城縣開國公昌國侯
臨淮王婁公孕彩中岳摛精大
水龍章外動豹氣傍飛妙質則

臨淮王婁定遠係婁昭之次子

囧若珠明瓌姿則朗猶玉瑩負
將相之奇器懷社稷之高節經
文大德紛綸而備九佩武殊功
雜踏而兼七拂羽則傳風塵漢
抗足則超塵絕影知管樂之為
小識元愷之非大鼓盪於天地
之閒跡龍於雲霞之表排帝
闔而矯首沐皇慈已濯鱗裂
壤分珪早[illegible]無委儀台服褒造
次已之始暎金蟬鄙丁劉於漢
日暫栖鵷沼蔑陳張於晉京嚴
每臾於南宮職頻闢於北斗迩

囧明貌
說文囧
窗牖麗
廔闓明
象形讀
若獷

舊釋帝
門今玩
門中微
露大字
囘致作
闔

文昌而鳳跱入鈎陳而虎眄穆
陵而北負海而西分屬虛危音
中角羽連衽與密雲爭暗旨酒
共溷流競深其鳩曾樂於茲所
尚父經封於此域孔融之見圍
也史慈冒難於都昌表譚之被
攻焉王脩赴禍於高密償丹山
而峭立迴紫城而鬱連敗燕之
勢未淪巨漠之容尚在是爲名
岳實冠諸蕃秉對於茲羲歸親
重故能整旗蓋而辟閭節茄
鐃而下營郎惟始闢而鄉移寵

遂古無

其鳩疑是真鳩

纔彰而俗變三春來動別鼓春
飈九冬不作自懸冬景齊之已
禮導之已德寬大居先威嚴次
後哀恤孤寡誅鋤豪黠傜役既
擴舒軌斯逃持廉作寶目弗視
於金玉匪財而富身詎染於脂
膏遂令祀雀集菀宂蝗避域孝
子与順孫蒸秀節妻共義士相
望凡如此流抑亦衆夥不能備
序敢復略言假細康之行美稷
孟堅之案文阯子虞稱最於區
中梁道作法於寰內持來況我

夥字与說文同今作夥

無不退飛無憤然興嘆類半心
之陝峴喟然垂感切孔父之臨
川悲此有之難拘慨茲生之易
滅常住之因遂植弥陁之願仍
起故海域之間凡諸福地內不
傾益悲展懇誠於是民吏承規
事難捨而能捨表裏蒙化業難
行而遂行何異草遂風偃水從
壹變僧寶因而再盛佛日由其
更懸南陽寺者乃正東之界寺
也既左通闤闠亦右導澗谷前
望崖磐却隣泚瀰層嶨邍於湧

塔秘字齊於化宮足使須達義
其經啓延壽韜其賦頌感致之
極莫與爭先果屈輪輿頻脩禮
謁香宇燃而霧化花分飛而霞
下遂於此所爰營佛事制无量
壽像一區高三丈九尺并造觀
世音大勢至二大士而俠侍焉
廣國道與華胥競高 帝業共
虛空比壯含靈賦命盡植優花
乃具召三心成之百寶白銀之
麗咸寫紫金之妙果圖豪如玄
嶺之旋即之便覩目似四溟之

分上半泐舊釋誤作芬

音下苹編脫去大字

俠即夾字士娶禮婦人俠床

潔驗之猶在毗楞寶冠帶左而
馳耀鉢摩宍髻據右而飛光望
舒之迥處星中須弥之孤映海
外僅堪方此何㠯尚茲時長史
解州寶司馬李元驤別駕宇文
紛鸞治中崔文憲及諸僚佐等
並滄●下莛贊成高義狀鱗波
之適得颾風毛之亙舉恐炎涼
遞從縑竹難存便勒美於貞石
庶永永於乾巛迺作銘曰
駛河難測暗海无邊津梁莫起
燈燭誰燃念念不住苦苦相沿

宍即肉越絕書飛土逐宍

銘曰碑似銘曰想因下文帶銘而誤

邃古亝臧

生猶電轉滅甚雲旋昔往今來
靈仙非一騎龍駕鳳排霄葬日
朝登王樓夜遊瓊室終歸聚散
安知假實常住無我寄在天尊
業苞真俗事斷名言惣峯勸攡
慧浦踈源祂儀或掩像法彌敦
亦有人英翹然孤上似竹千仞
如松百丈帶銘之蕃仁深譽仰
一方饒益千城注想覺花常吐
慈葉恒春誓將調御寧求轉輪
爰脩佛寶於此東秦項光仍射
眉相還陳雙樹結影三蓮接耀

葬即藏

惣疑是聰

亙道光含十方輝眺果名奇特
是稱衆妙樂地在茲焉須達名
福之所暨寧專爲我俾斯含識
俱圓妙果行値嵐風方逢刼火
空餘勝績無騫無墮

蛾術編云元于欽齊乘載龍興寺在益都府城西北隅脩身坊宋碑
云寺即田文宅本唐封演見聞記云青州南城佛寺舊孟嘗君宅有二
大鑊造食供客者啚志寔非孟嘗乃南史劉善明宅耳碑陰金
人刻曰宋元嘉二年但呼佛堂北齊武平四年賜額南陽寺隋開
皇元年改曰長樂又曰道藏唐天授二年改大雲開元十八年始歸
龍興南史劉善明仕宋為北海太守元嘉中青州饑善明有積粟作
粥開倉賑救鄉里豈善明亦事佛故宋呼佛堂後因捨為寺耶且青
州城晉羊穆之始築戰國未有城田文何故宅于曠野乎寺有北齊

八分碑制刻精妙碑陰大刻四字曰龍興之寺蓋唐人續刻

鵬按是碑文詞宏麗洋洋洒洒至一千六百餘言可云美備其隸法亦圓整佀魏晉蓋齊碑之杰出者但有雜用楷字處什之二三未能順目今俱用隸體缩之又叅補数字所缺者秖一字耳拓本係泰安縣廣文曲阜宋子肇輝所貽

北齊尖山韋子深摩崖

大沙門僧安與漢大丞相京兆韋賢
十九世孫州主薄兼治中鎮軍將軍
膠州諸長史行睢州刺史興祖弟子
深妻徐息欽之休兒等同刊經佛
於昌邑之西繹員參山里于時天
降車跡四轍地出踴泉二所故記
大齊武平六年歲乙未六月

右武平韋子深摩崖石高一丈八尺凡三行字大五六寸不等回
不能縮刻故截作七行共九十二字金石志缺州字諸字行字真字今
俱補出惟肖下侶有某日不能彷彿耳孝韋賢字長孺魯國鄒
人其先韋孟為楚元王傅後王戊不道遂去位家于鄒其在鄒詩
云爰止于鄒鬋茅作堂是也自孟至賢五世賢篤志博學受業于瑕
邱江公故今嶧陽猶有韋園年七十餘位至丞相地節三年致仕少子
玄成復位至丞相故鄒魯諺云遺子黄金滿籯不如一經也其子孫
世居鄒魯而韋興祖及韋子深無考惟北齊列傳載韋子粲京
兆人兄弟十三人此子深或其兄弟行也武平六年為齊後主嗣位
之十一年其明年見執于周主矣碑中云天降車蹈四轍地出踊
泉一所者後主本紀武平四年四月癸丑祈皇祠壇壝蕝之內忽
有車軌之轍案驗無人跡不知車所從來始即紀此事歟

北周大象岡山摩厓

右在鄒縣城北崗山上記下尚有數字已泐其後半尚有小佛像〻下有釋迦文佛彌勒尊佛阿彌陀佛等字不錄

邃古堂藏

此即金石志所載崗山摩厓佛經四種之第三石也字五六七寸不等金石志云一刻如是我聞云〻凡十行在大石東面一刻掌恭敬云〻凡五行在大石南面一刻二郎比郎惠暉題名及大象二年七月三日云〻凡九行第八行上有佛象即此石也但比郎之上今拓本無二郎兩字而佛象左傍有經石二字則此即名經石与泰山〻經石峪同矣其施主為鄭思祖之子傳行孝鄭道昭之子侄有述祖嚴祖敬祖遵祖順祖在北齊乹明河清間去此秖廿餘年則思祖當亦述祖等之兄弟行矣

尖山大佛頂摩厓

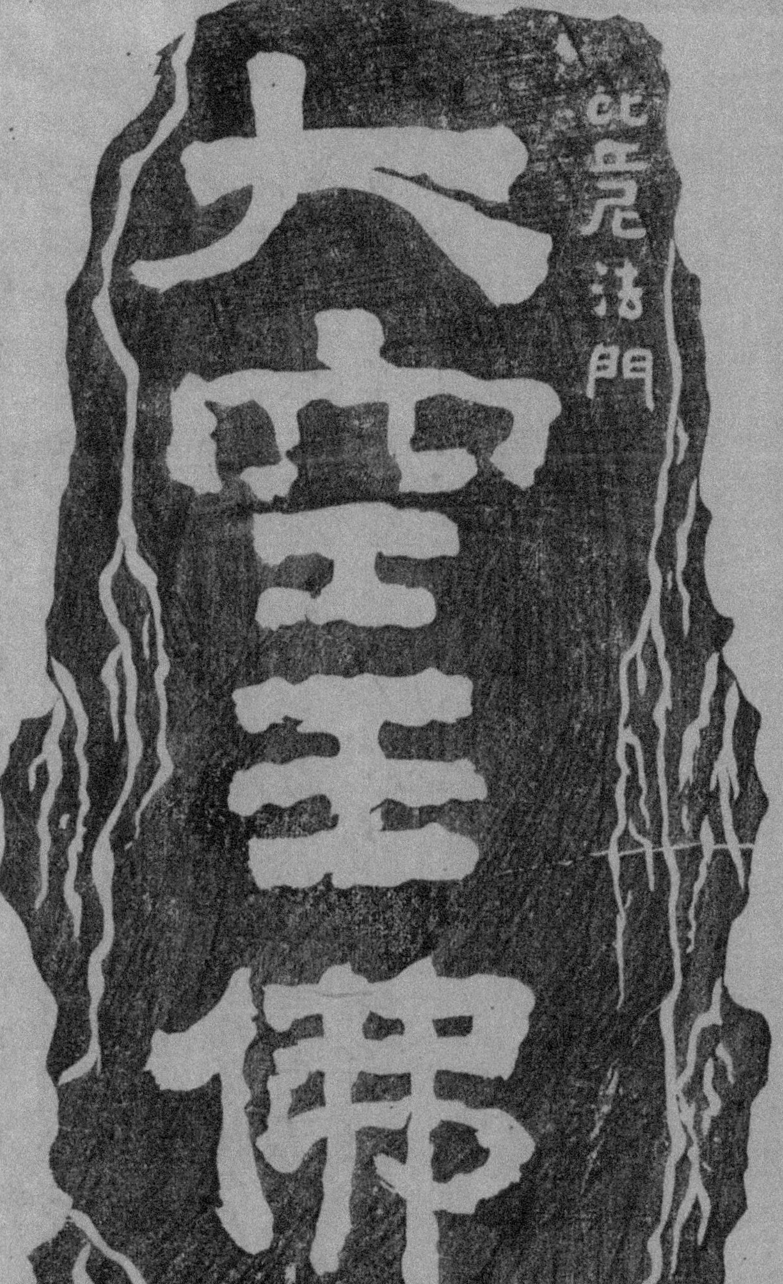

邃古堂藏

金石志云石高一丈五尺廣四尺刻大雲王佛四字徑三尺
餘与韋子深題名相近其土人呼為大佛頂亦因此而名
之也鶴遣工匠上尖山拓取觀之字甚奇偉其大字筆
勢与武平六年韋子深題名相侶知為一時所刻其王
字中畫長其旁尚有小字一行有比邱尼法门等字廿六
下有數字不甚明顯不錄今以漢尺度之大字濶七尺四寸
高四尺一寸雲字濶五尺八寸高五尺八寸半王字濶五尺五寸高
四尺七寸半佛字濶七尺高六尺摩厓大字無踰于此其
石則長二丈五尺濶八尺四寸也

隨刻魏曹子建碑　石高七尺廣四尺二寸廿二行行四十三字在東阿縣魚山

君諱植字子建沛國譙人也濬
源閔九泉競深崇□□□□此
峻自木□輿□戶□有曹興爲其初
建國開基主盟周室顯霸業於
東棍彰茅封於譙邑瓊根寶葉
蒔芳蘭如莫朽軒冕相傳襲縉
紳而不絕此乃備頌典𠕋聊可
稜槩而言矣逮承相晷廼成王
室遵勳隆重位宣上宰受國平
陽自茲厥後鳴鸞佩玉飛蓋交
映祖萬漢司緜太尉公職掌

如讀而
𠕋即冊
承即丞

邃古齋藏

三事迮容論道羙蕭阿衡出任
不亦宜乎父操魏太祖武皇
帝資神龍虎剖判贊呂開基名
須識牒謠徵真人火運告終土
德承歷夏擾圖錄亨有天下驟
改質文馳遷匹翊英雄之氣蓋
有餘矣昆丕魏高祖文皇帝
紹即四海光澤五都負扆明堂
朝宗萬國允文允武庶績咸熙
正践昇平時稱寧晏致黃龍表
瑞驗兆漳濱玉虎金雞恒綸宇
竄王乃黃內通理慍淵含英

武皇二字中碑有空格今連寫

亨即享

氣即氣

竄即[illegible]

內讀中

觀摛稟於自然博慇由於天縱
佩金華以邁四氣抱玉操如忽
風霜綴贍藻於孩采攝酋什於
穗歲尋聲制賦膺　詔題詩詞
彩照灼子雲遙勉於吐鳳文華
理富仲舒遠愧於懷龍又能誦
萬卷於三冬觀十言於晝見手
北山藪思並江湖情辭苑苑菩
巖範之蔚巖林綠藻妍妍如河
冀之照巨海藏庫太官出譽握
促之器者也但祿由德賞頻享
皇爵建府十六年封平原侯

慈印歆

亨邺享

石索

邃古齋藏

十九年改封臨淄侯都不以貴
任為懷亶量清雅自得常閑步
文籍偃仰琴書朝覽百篇夕存
吐握使高據擅名之士侍宴於
西薗振藻獨步之才陪遊於東
閣　黃初二年奸臣謗奏遂貶
爵為安鄉侯三年進立為一王
朝京師面陳濫謗之罪詔令
復國自以懷忠信如見疑抱利
器而無用每懷怨慨頻啓頻奏
四年改封東阿王五年以陳前
四縣封復封為陳王以詭言數

詭即譏

如讀句

薗即園

搆奸臣內興十一秊裏頻三從
都汲汲無歡遂發憤而覺時年
卌有壹即營墓魚山傍羊茂臺
平生遊陟有終焉之所既如年
代夐遠兆瑩崩淪茂響英聲遠
而不絕至十弍世孫曹永[illegible]等
去之輒 皇建二年蒙蕭尊孝
照 皇帝恢宏古典敬立二王
崇奉三恪永洛等于時膺符表
貢函奉照 皇親詶聖 詔比
經竊討皆存實錄蒙 勑報允
興復靈廟饋嗣兹嘗四時受謁

從即從
如讀而
瑩即塋
照即昭
詶即酬
嗣即祠
受即受

邃古之藏

使恭恭嗣子得展衷誠之願梵
梵孝孫長畢昊天之慕遂雕鏤
真容鎸金寫狀庶使卅二相度
永刼而不泯七步文宗傳芳猷
於萬葉者也其詞粵惟王
磬石斯固締緒攸長波連濵瀠
枝帶扶桑分珪作瑞建國開疆
蔥樓菌閣遙邁靈光其一器調高
奇風苹梳朗談人刮舌靈勉曜
掌東閣晨開西菌夜賞枏苹桂
茂玉閏僉響其二聲馳天下遺冠
生民丰驚曠古德重千鈞混之

卅二相者如來有三十二相也
粵即曰見太公碑

苹即華
梳即疏
枏即松
閏即潤

不濁磨而不磷如何壹足萎絨
栝人其三山舟易失曰車難駐臺
謝人間長遵埏路風衰松栢墳
穿狐兔何世何處還成七步其四
迺孝惟艮龐宅洪基竒圖應歷
運合紫微一辭皇闕永背象巍
芬隨日轉響逐雲飛其五
大隋開皇十三年歲次星紀訖

此碑無額在東阿縣魚山之山曹東阿王古墓在焉予嘉慶二十年宰東阿時嘗登魚山見土石中隱隱露出熟麗人曰此隧道也為水冲瀉故露兒童往往拾得舊甓是碑巋然在旁有屋蔽之碑邊微缺數字其中抄摩光澤予徘徊其下久之而不忍去因覓良工拓

淂較它本為善為補百十餘字文較通貫惟是字兼篆隸楷三體雜糅不倫又碑中空格每每不顧文義有一人而隔斷為二者潛研堂跋尾所謂書碑之人不學無術故有此失也予慕子建文才且碑詞時有工麗雋永之句故録之

隋仁壽舍利塔下銘

舍利塔下銘
維大隋仁壽元年歲次辛酉十
月辛亥朔十五日乙丑
皇帝普為一切法界幽顯生靈
謹於青州逢山縣勝福寺奉安
舍利敬造靈塔願 太祖武元
皇帝元明皇后皇帝皇后皇太
子諸王子孫等并內外群官爰
及民庶六道三塗人非人等生
生世世值佛聞法永離苦空同
升妙果

孟弼書

碑在益都縣城南廣福寺高三尺四寸廣三尺五寸十二行々十二字々大二寸額題舍利塔下之銘六字末行孟弼書之上尚有小字兩段々各四行其首段書勅使大德僧智能侍者曇晉侍者善才勅使羽騎尉李德諶次段云長史邢祖俊司馬李信則錄事參軍郎文安司功參軍李浩以字較多不能摹寫於孟弼書之上乃補錄之其字則隸帶楷法此由漢晉入唐之漸猶愈于唐隸之亂挑亂剔故縮刻之張杞園謂其穠勁饒古意以真八分贊之則過譽矣金石萃編脫去次字諸王誤作諸皇潛研堂金石文跋尾云唐沙門道宣廣宏明集載仁壽元年六月十三日立舍利塔下詔書分送舍利往諸州限十月十五日午時同下入石函是歲分送舍利之州凡三十青州与同州々銘相同則諸州皆視此矣王邵撰舍利感應記云青州於勝福寺起墖掘基深五尺遇磐石自然成大函因而用之及舍利將入瓶內有光作上下下即謂此墖也

頃者鶴於京邸又得岐州岐山縣舍利塔下銘其字正書較小其銘文亦同更可記三十州之同此銘矣其字句々少有不同者惟此作元明皇后彼作元明皇太后此作永鄣苦空彼作永離苦因則傳寫之小異耳

嵫陽山摩崖二種

山在滋陽縣西南三十里

此題名二行橫列嵫陽山南嶺之頂面俗名張果老炕字大五六寸此外尚有佛主姓名俱被鑿石者傷殘無年月可考周刻蓮峰其餘似郡縣之崗山尖山摩崖紀秋水明府云僧取單名者在唐以前此北朝時刻石也

題辭

嵫山南迤環如屋斜陽繡出莓苔綠問誰打坐證仙緣混沌初分白蝙蝠佛主摩崖字濃重蓮峰破碎香雲凍我來不見果老儷但見僧萇與僧鳳沙門艷說唐三藏不知此在初唐上崗山之崗尖山尖莖葛倆佛遥相望

此題名在嵩陽山之鳳凰頂此外尚有幽山字頂字鉅字俱極磨泐難辨

唐范洪恩造墖記

大唐神龍二年歲次景
午九月壬寅朔廿五日
景寅范洪恩内外眷屬
等敬造七給浮圖一所
石像三軀女大娘又造
十佛上為天龍八部自
皇帝至師僧父母七代
先亡見存内外眷屬及
法界衆生共同斯福
八月十日起手十月了

景即丙唐人避諱

給即級軀即軀女大娘范洪恩之長女

石高建初尺一尺七寸廣二尺字大寸許在嵩陽縣馬青社之天
齊廟真書碑不勝載曰為嵩邑唐碑故錄之

石

周長安造像石刻

在濰陽縣
石高漢尺二尺二寸半

邃古齋藏

此石如佛龕而缺其左邊中鏤佛像右刻大周長安二年歲次壬寅十二月廿二日按長安二年武則天僭位之十九年也其月日作𠥱☉𠙺合彼時字體右邊未尚有施主二字其姓則全泐名存一直畫不可知矣背面有六十餘字殘缺無首尾其中有水災浩蕩言可涉出理又云橫衢翼〻蕩作蕩衢作衢字畫佀六朝人書此必魏齊間之造橋殘碑唐人取以刻佛像耳且兩面字一橫一直不相合也此石在滋陽牛氏家顏心盦明府攜去今从拓出縮刻之

唐普樂寺僧九定等造像石刻

大唐先天二年九月十二日
僧九定
僧玄朏
僧義隆
僧惠澈
僧真空
等奉為
皇帝
皇后
及師僧父母法界有情敬造
阿弥陁像一鋪
大匠趙守忠
造浮啚近藕則

啚即圖
近即匠

右即后

此石在嶧陽之大寺舊嵌在大殿壁間今亡之矣石如龕狀其中鏤佛象五軀四周刻題記高可漢尺尺一寸五分廣尺五寸五分鵬至嶧時徧尋不得詢之寺僧方知其售於孫淵如觀察不可復見辛巳冬于市肆殘帖中得此拓本即縮刻之以存其制

唐費縣季桓子古井記　在費縣

古井記

天寶九載冬十月尉趙光
乘撿挍造回勒銘云
費城之井昭然道周土壬
舊得石榦今脩徽大易之
不改垂一善於千秋

井面圓甃盈敘深湛莫度其
底臨視兢戰唐賢趙公之銘
土昧已久今洗而扶之以旌
其美紹聖四年丁丑二月丙
辰朔朝奉郎知縣事逢完記

石索

古盧藏

小石一片高漢尺一尺五寸廣一尺一寸半記中銘云土缶舊得蓋叙季桓子事也國語季桓子穿井獲如土缶其中有羊焉使問之仲尼曰吾穿井而獲狗何也對曰以某之所聞羊也某聞之木石之怪曰夔蝄蜽水之怪曰龍罔象土之怪曰墳羊此盖用其事而未明言其人但題古井記而已相傳此石出于季桓子井中後嵌置縣署之壁今胡玉模明府知費事取以為硯仿刻一石嵌于壁非復舊物矣

唐李陽冰城隍廟碑

碑高五尺七寸廣三尺七寸八行行十一字在浙江處州府縉雲縣

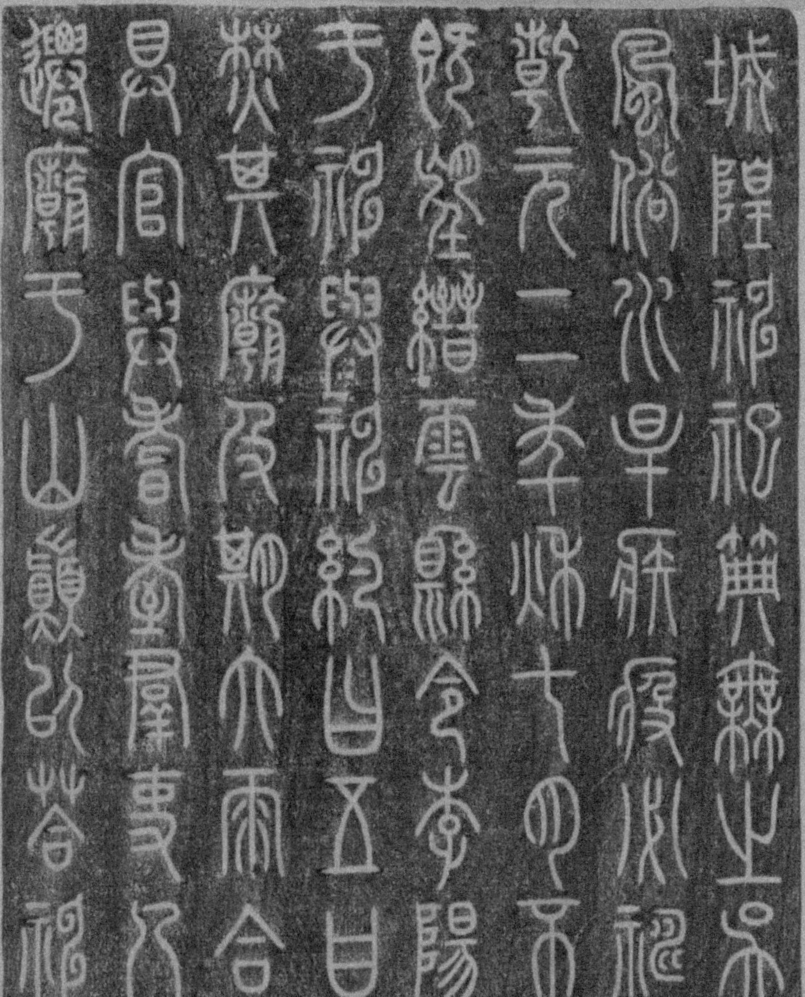
城隍神祀典無之吳越有之風俗水旱疾疫必禱焉有唐乾元二年秋七月不雨八月既望縉雲縣令李陽冰躬禱于神與神約曰五日不雨將焚其廟及期大雨合境告足具官與耆耋群吏乃自西谷遷廟于山巔以答神休

釋文

城隍神祀典無之吳越有爾風俗水旱疾疫必禱焉有唐乾元二年秋七月不雨八月既望縉雲縣令李陽冰躬禱于神與神約曰五日不雨將焚其廟及期大雨合境告足具官與耆耋群吏人自西谷遷廟于山巔以荅神休

集古錄云城隍神記李陽冰撰并書記云城隍神祀典無之吳越有爾然今非止吳越天下皆有而縣則少也

鵬按原碑殘缺此係宣和五年縉雲縣尉周明重勒石者首行之末本缺一首故拓本少一字今人臨本補以之字但既云祀典無之又云吳越有之兩之字不順李監必不如是及觀集古錄作吳越有爾始知爾字致佳蓋歐陽見此時石猶未缺也故亟為改正之至篆法之佳則瘦細而偉勁飛動若神在石墨鐫華已極賞矣

唐元次山峿臺銘石刻

石高八尺三寸廣四尺五寸十五行行十六字在湖南永州府祁陽縣唐時屬江南西道永州零陵郡

下當湖潭其勢陶隮
半也川底蒼蒼戕沉沉營
在浙上石顛勝果之
扁舟為亭堂小奉敬
寶空間松竹掩映軒
戶畢間幽音泠獻古
入盈富饋聞與係泠
時循者乃不能藝高
臺引瞻則影沒山顛
湖畔但頸歌吟引旨

陽逢今取茲石將爲
峿臺蓋非愁怨之所
好也銘曰
湘淵清深峿臺陰森
登臨長望無遠不盡
誰厭朝市羈牽局促
借君此臺壹縱心目
陽崖礱琢如瑾如珉
作銘刻之彰示後人
有唐大曆弍年歲次

丁未六月十五日刻

峿臺銘 有序

河南元結字次山撰

浯溪東北廿餘丈得怪石焉周行三四百步從未申至丑寅涯壁斗絕左屬回鮮前有磴道高八九十尺下當洄潭其勢硱磳半出水底蒼蒼然泛泛若在波上石顛勝異之處悉爲亭堂小峯嵌竇宜間松竹掩映軒戶畢皆幽奇於戲古人有畜憤悶與病於時俗者力不能築高臺以瞻眺則必山顛海畔伸頸歌吟以自暢達今取茲石將爲峿臺蓋非愁怨乃所好也銘曰

湘淵清深峿臺峭峻登臨長望無遠不盡誰厭朝市羈牽局促借君此臺壹縱心目陽崖礱琢如瑾如珉作銘刻之彰示後人

有唐大曆二年歲次丁未六月十五日刻

集古錄云斯人之作非好古者不知爲可愛也然來者安知無同好邪

金石文字記云峿臺銘元结撰篆書大歴二年浯溪銘㾈亭銘亦元结
撰皆瞿令問篆書大歴三年三銘竝在祁陽縣元次山愛祁陽山水遂
寓居焉名其溪曰浯溪築臺曰峿臺亭曰㾈亭所謂三吾者也臺銘
刻在臺之後甚完整溪銘亭銘刻於東崖石上隨石欹斜蘚厚難拓
而篆筆特佳視臺銘更勝別有黄山谷書百餘字
金石存引黄山谷云溪銘李康篆亭銘江華令瞿令聞篆惟臺銘
篆書無姓名又云以字法觀之亦李康篆也
潛研堂跋尾云次山尚有浯溪㾈廎二銘皆瞿令問篆書以地僻蘚
厚難搨惟此銘世多有之雖不著書人姓名當亦令問筆也
鷗案此刻篆法垂畫甚長有古秀之致如百步之百作自厓辟之厓作
涯自是變格其銘中峻字作陖自是古寫萃編乃釋爲陵与盡字
韻不合朝市釋嘲士皆誤今正之

唐龔邱縣庾公德政頌

碑連額高漢尺十尺廣四尺二寸餘凡十四行〻三十字額題唐龔邱縣令庾公德政頌十字碑右題大歷五年九月三日建皆李陽書篆在今寧陽縣治額字係原樣臨碑文縮刻

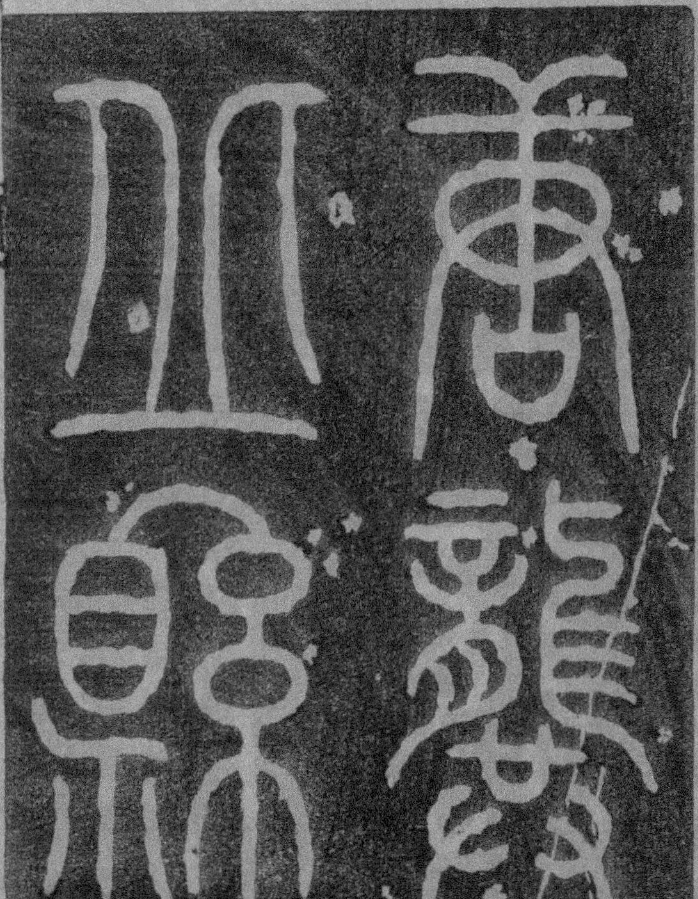

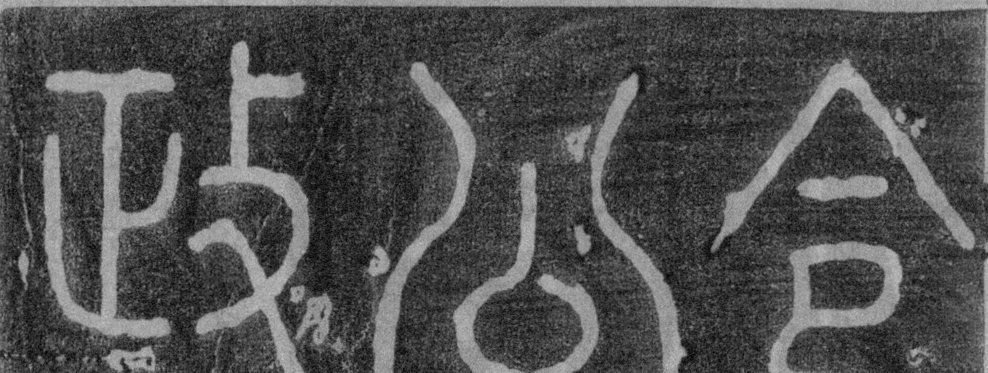

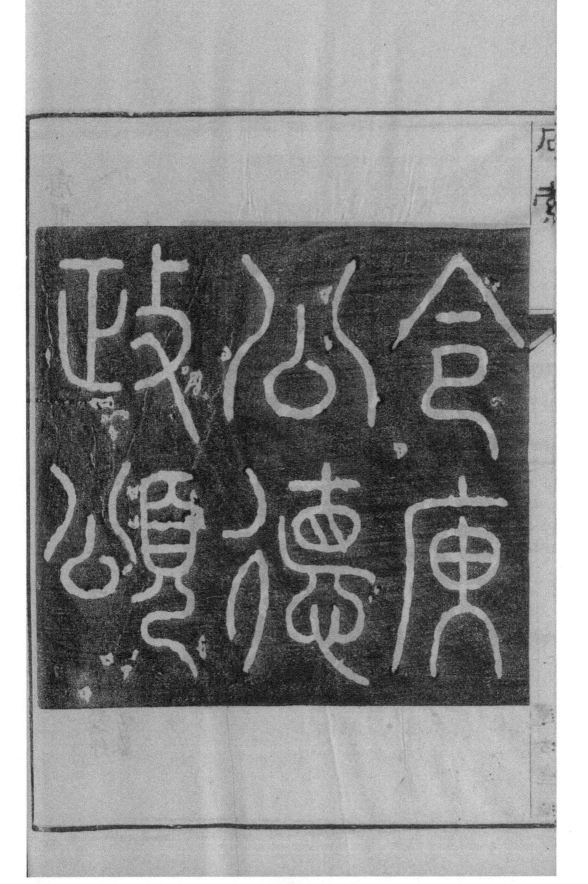

苗巍古之
良宰也
榆次碣之
庚公今
之賢百里
也龔邱
頌之姑無
。能。
。。紀議
者謂庚
公之政尤
美公初
告犀吏曰
昔存宣
憂元元以為
經國致

理先乎令長乃擇
郎官御史出宰縣
邑我自任城尉縣
居五百石非才何
以當之擔務整蘇
疲人秪若明命
迺崇禮讓省刑罰
紓力役闢土田宁

理先乎令
長乃擇
郎官御史
出宰縣
邑我自任
城尉縣
居五百石
非才何
以當之擔
務整蘇
疲人秪若
明命
迺崇禮讓
省刑罰
紓力役闢
土田宁

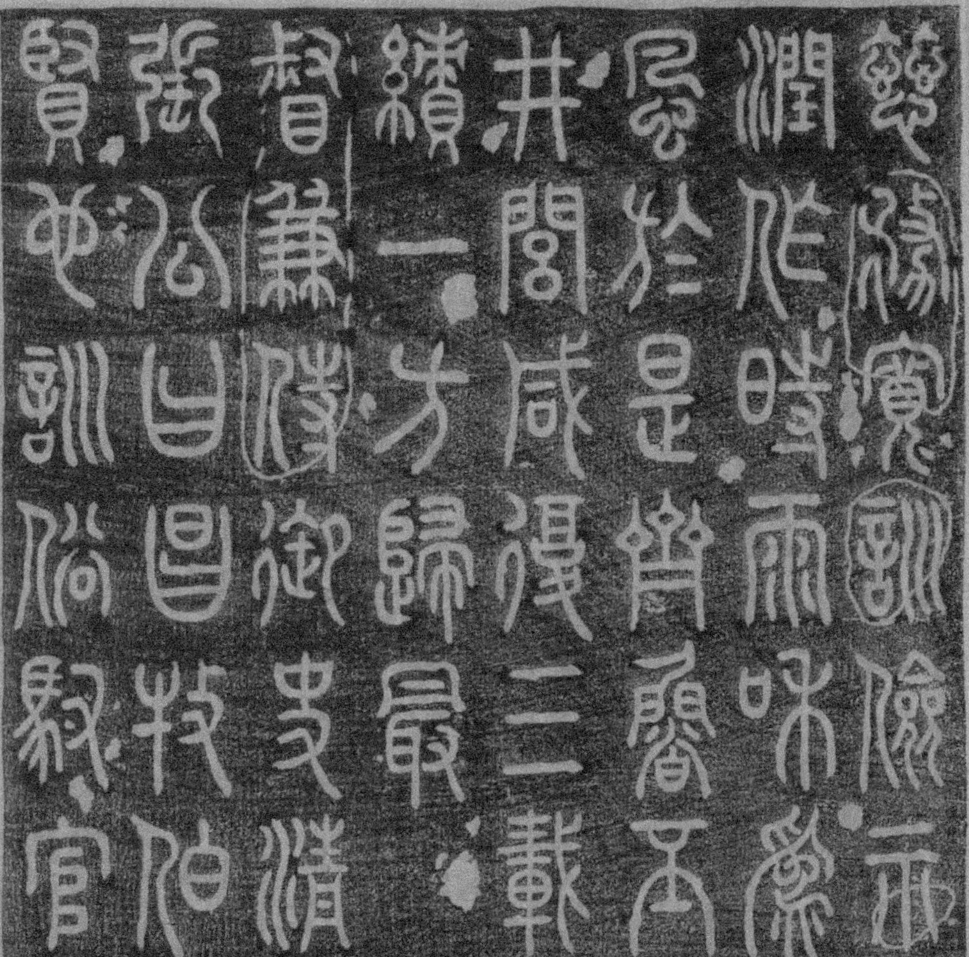

慈務寬訓
儉示德
潤作時雨
和為春
風於是齊
魯丕變
井閭咸復
三載考
績一方歸
最 都
督兼侍御
史清河
張公曰昌
牧伯之
賢也訓俗
馭宮勸

直沮杠述
職之地
類能表之
曰方諸
爽氣日暮
更清比
之松筠歲
寒轉茂
題以上下
之日出
乎羣萃之
表百城
千里畏聲
同歡曰
以伯達之
良牧賞

次孫之茂宰宜矣
公名賁字文明其
先潁川人成周之
時世為掌庚因以
命族公其冑焉公
之孝曰欽嗣為光
州別駕王父曰
元汪為尋陽令

次孫之茂
宰宜矣
公名賁字
文明其
先潁川人
成周之
時世為掌
庚因以
命族公其
冑焉公
之孝曰欽
嗣為光
州別駕
王父曰
元汪為尋
陽令

曾王父曰
師則為
蜀王文學
楷模繼
代龜麟接
武大歷
中邑老彭
滔等三
十五人以
公撫柔
之大咸顡
刻石襃
美申于
元戎元
戎允苍縣
人以陽

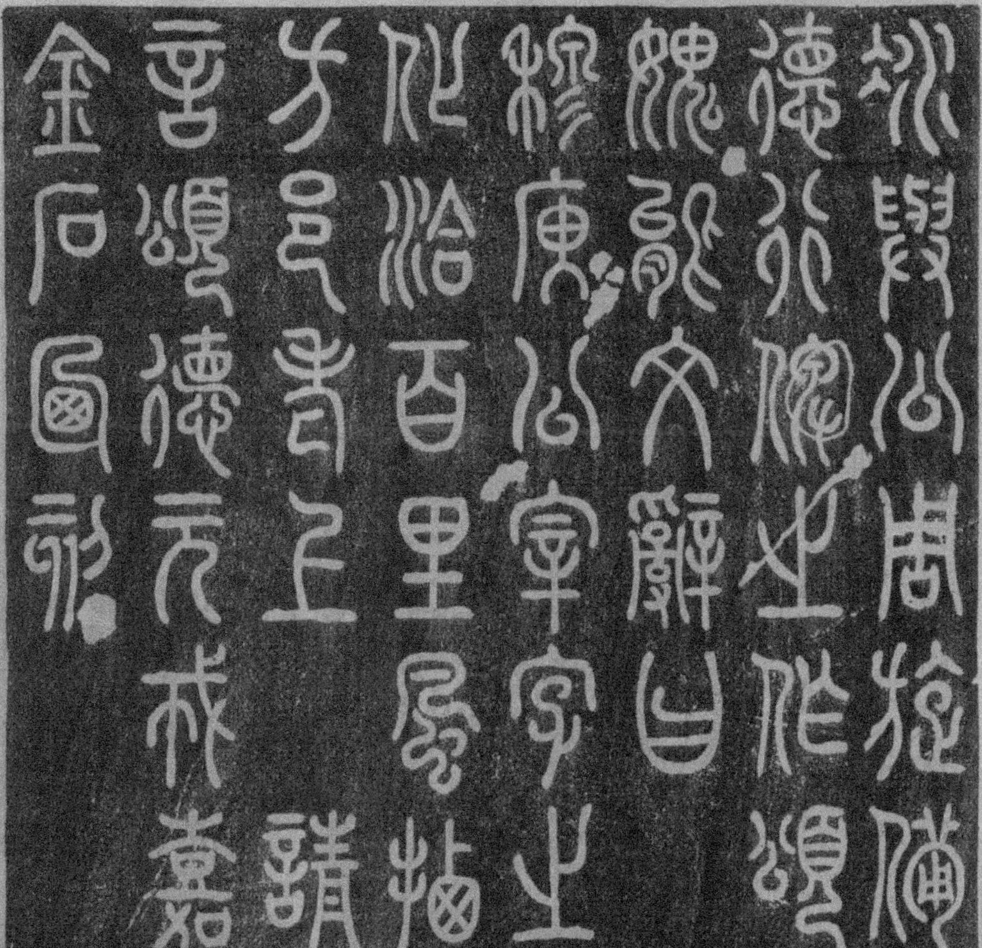

冰與公問
旋備詳
德行傳之
作頌多
媿能文辭
曰　於
穆庚公宰
字之良
化洽百里
風遷一
方邑老上
請願
言頌德元
戎嘉之
金石廼刻

大歷五年九月三日建

此一長行字稍大在碑文之右

碑陰

百姓行頌曰
偉哉賢傑　忠而復烈
化理一城　五府稱絕
蝗蟲避境　虸蚄自滅
涅而不淄　如霜如雪

此段之前有唐大歷五
年官員百姓一行有縣
官給事郎守令于象
等六行頌後有立碑
百姓耆壽彭滔汲龍
等名凡七行共十四行不
備錄但錄其頌以存一
格其書名人則三從金真
鐫匠則張萬迪
後又有金貞元三年吏
民姓名九行亦不錄

右德政碑乃李少温書撰经金貞元三年宋佑之重刻者碑文之末附
追刻承務郎兗州龔縣令林棣宋佑之題記大致言碑已斷壞散亡邑
尉趙珣爲訪於邑人彭鼎家得舊紙本鑿石刻之則宋公之功可與

庚公之政李公之書竝傳不朽矣山東通志龔邱本漢寧陽縣地北齊置平原縣隋以縣東南二十里有龔邱城更名龔邱宋大觀四年避宣聖諱秪稱龔縣金大定二十九年避顯宗諱復改爲寧陽元明以來因之此在貞元三年未改寧陽故宋佑之題記自稱龔縣令也但碑經重刻今下截又剥落漸甚鵬得舊拓本反覆審繹參合沇州府志增補以先乎令誓務整慈務寬訓示德𥊍兼侍百城文頗二十字又孝臣數字惟首行缺三字半其餘竝無缺文較金石志金石萃編所釋不假穿鑿文義通貫其碑陰一面向本嵌于壁內故未經人道今去其甎出其陰字畫完好乃錄其頌言縮刻于後殊覺眼界一新且以起庚公之德政其可頌者非一端而已也

又按萃編缺二十六字因未得善本故句法剥缺讀之未能釋然其縮碑篆文於誓字慈字等秪存其半自是細心處其釋出牢爲之牢釋並爲析甚爲蘇則真字釋文之訛也府志縣志在先少缺字而多訛字蓋得善本而未能細繹者秪取成誦故將姑無一句沕文刪去將尤矣改大矣其曰昌即御史張公之名志誤作曰是文義不順又類能表之誤作數能稱之今觀碑本表字上畫猶存蓋表奏之意其方諸輿氣四句即表語也

猶今所謂出具考語者其云上下之目即其次第謂在上等之下猶禹貢言厥田惟上下也又擬桑誤釋政務風遷誤釋風播蓋不諳篆文之故在萃編已改正之矣姑蘇蔣芍農明府北鴻來宰寧陽即拓出是碑而函見貽因續論之

唐韓詩外傳殘石

石高漢尺一尺三寸廣一尺二寸在滋陽縣牛氏空山堂金石志以為韓詩外傳殘石

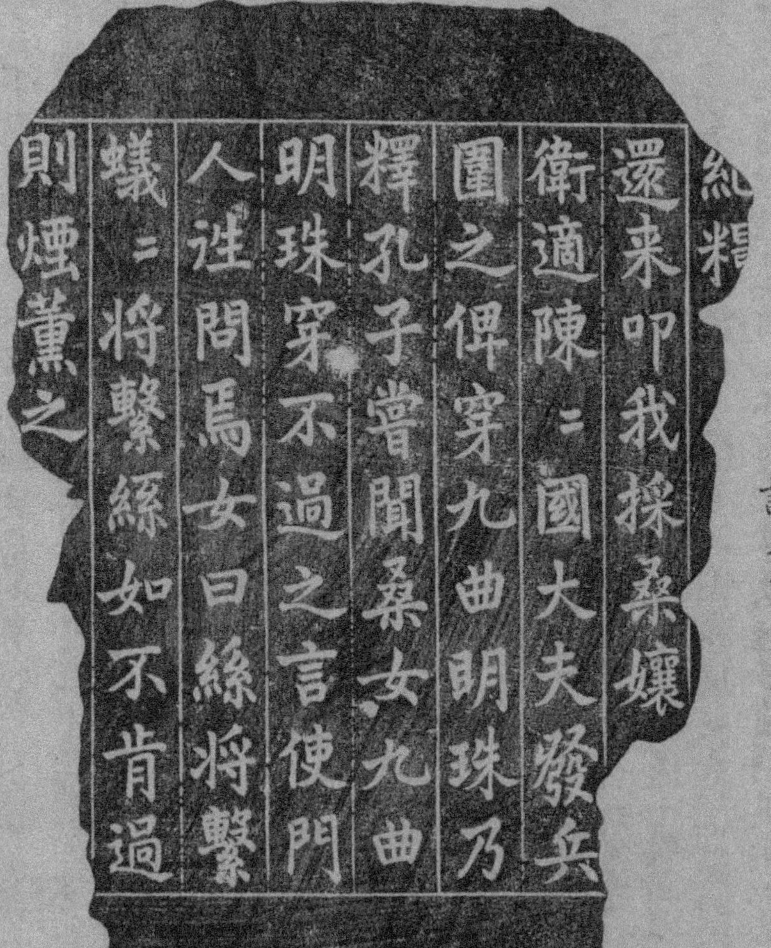
紀精
還来叩我採桑孃
衛適陳〻國大夫發兵
圍之俾穿九曲明珠乃
釋孔子嘗聞桑女九曲
明珠穿不過之言使門
人往問焉女曰絲將繫
蟻〻將繫絲如不肯過
則煙薰之

邃古亝藏

此殘石一方不知起迄山左金石志以為唐刻韓詩外傳殘石予每從空山堂譜
拓觀其背面刻心经字畫细勁真唐人書此刻更在先即以為唐刻可也惟予
載韓詩外傳顛末今本外傳亦未見此文惟馬驌繹史孔子類記引衡波
傳云孔子去衛適陳塗中見二女採桑子曰南枝窈窕北枝長荅曰夫子游陳必
絕糧九曲明珠穿不得著來問我採桑娘夫子至陳々大夫發兵圍之令穿九
曲明珠乃釋其厄夫子不能使回賜返問々其家謬言女外出以一瓜獻二子々貢
曰瓜子在内也女乃出語曰用蜜塗珠絲將繫蟻々將繫絲如不肯過用煙熏之
子依其言乃能穿之於是絕糧七日云々今　佩文韻府全引此文云出説苑蓋有
一事而各記者此碑字句較簡耳又墨客揮麈亦載此事云孔子去衛適陳
子貢子路從道逢採桑娘夫子曰南枝窈窕北枝長婦曰夫子行陳必絕糧
夫子不荅而徐行婦復曰九曲明珠穿不過回來問我採桑娘及至陳果絕粮陳
侯以九曲明珠俾孔子穿々不得謂婦有先見使子貢反而詢之至採桑所婦
無覓矣但見桑間聚泥一蹄尺許又聚泥三子貢曰桑者木也泥者土也其杜
姓即旁復有三其三娘即適樵者過子貢問曰前村可有杜三娘乎樵者荅
曰蘆墻荻渚遶華屋瑶艸臻秀傍粉墻行過小橋流水杜其間便是杜
家莊子貢如其言獲見三娘具述前事婦莞尔而笑曰此無難塗蚩以脂
繫蟻以胥使徐々而度如不肯過重々以煙子貢得其術以告夫子々々如其言得
穿九曲々珠此雖齊東々語然亦人所未聞而婦与樵皆作韻語七言詩何况始
自柏梁也鵬按唐人楊濤有蟻穿九曲珠賦事雖不经其流傳遠矣

後周廣順摩崖四字

在汾寧州晉陽山
慈雲寺石壁

廣順二年

此後周太祖郭威即位之二年也

題止四字廡年兩字徑漢尺一尺中兩字差小字界眞靜之間廡字從二廣併文甚奇亦猶篆文大字作㚘從二大併文耳山左金石志以為廣字从二黃乃書作廡未細視也志又云慈雲寺重修于石晉至周廣順僅十餘年正值鼎盛之時書者無姓名可考不知何為而題也鵜考舊五代史周太祖廣順二年正月以曹英為兗州行營都部署率兵討慕容彥超諸軍入兗州界五月庚申車駕發京師戊辰至兗州城下乙亥收復兗州斬慕容彥超夷其族詔顏衎權知兗州諸軍事帝至軍凡駐蹕八日而賊平近代親征克捷無如此之速據此則廣順二年四字亦摩崖紀功之意耳晉陽山去兗州不過數十里故有此題記也

宋盧縣悅性亭銘

碑高建初尺五尺五寸廣二尺八寸十行行十二字字長三寸額四字在陽穀縣

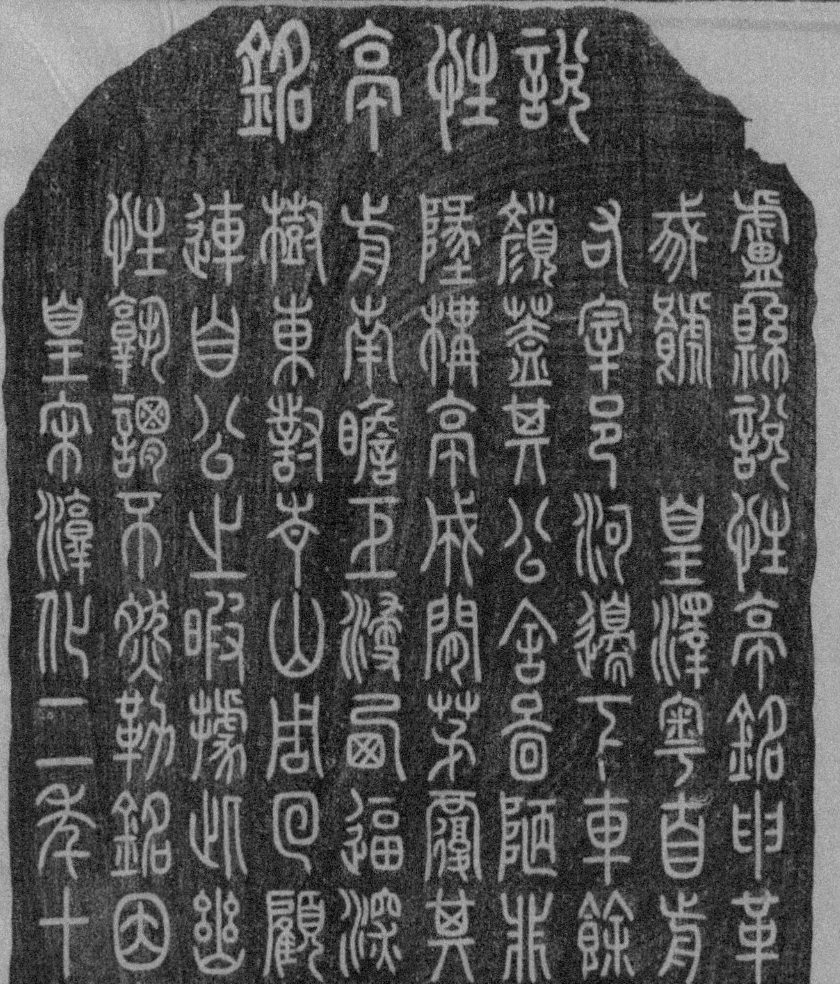

説性亭銘

盧縣説性亭銘中革文并書

我叨　皇澤粤自前年罷秩浙

右宰邑河邊下車餘月曾不怡

顏蓋其公舍畣陋非全俄邐隙

地搆亭成間茅覆其上莎植其

前南瞻巨浸西逼深泉北依綠

樹東對青山周回顧望景色相

連自公之暇據此幽閑命題説

性孰謂不然勒銘因事萬世緜緜

皇宋淳化二年十月廿日立

此碑在陽穀縣東北卅里安樂鎮趙王河東涯之天齊廟前人未
見著錄容有告予者予語于陽穀程明府文泉慮庚二尹林子
覓同日寄至數幅愛其篆法完密因縮刻之

宋蘇唐卿書歐陽公醉翁亭記

碑連額高漢尺十尺廣四尺四寸在費縣署儀門口

額題滁州琅琊山醉翁亭記九字三行

環滁皆山也其西南諸
峰林壑尤美望之蔚然
而深秀者琅琊也山行
六七里漸聞水聲潺潺
而瀉出於兩峰之間者
釀泉也峰回路轉有亭
翼然臨於泉上者醉翁
亭也作亭者誰山之僧
曰智僊也名之者誰太

守自謂也太守與客來
飲於此飲少輒醉而年
又最高故自號曰醉翁
也醉翁之意不在酒在
乎山水之間山水之樂
得之心而寓之酒也若
夫日出而林霏開雲歸
而巖穴暝晦明變化者
山間之朝暮也野芳發

而幽香佳木秀而繁陰風霜高潔水清而石出者山間之四時也朝而往暮而歸四時之景不同而樂亦無窮也至於負者歌於涂行者休於樹前者呼後者應傴僂提攜往來而不絕者滁人游也臨谿而漁谿深

而魚肥釀泉為酒泉香
而酒洌山肴野蔌雜然
而前陳者太守宴也宴
酣之樂非絲非竹射者
中弈者勝觥籌交錯起
坐而諠譁者眾賓懽也
蒼顏白髮頹然乎其間
者太守醉也已而夕陽
在山人影散亂太守歸

而賓客從也樹林陰翳鳴聲上下遊人去而禽鳥樂也然而禽鳥知山林之樂而不知人之樂人知從太守遊而樂不知太守之樂其樂也醉能同其樂醒能述以文者太守也太守謂誰廬陵歐陽脩也

大宋嘉祐七年冬十月
庚寅蘇唐卿立石於費
之縣齋　鐫者

題記

蘇唐卿歐公故人也知費時公已去滁而位相以書請公所作醉翁亭記而篆之立石於費宋嘉祐七年也予以宏治十年春來篆刻土覆徵露其末啓之磨洗乃知顧謂僚吏曰歐名相也蘇名宰也佳章善篆沉二百年而金元人未知是可慨也已遂命衆扛竪於縣儀門之下庶風雨日之不剝落云伊洛楊惠識

此明人題記數行刻于碑額之左旁蓋就其空處識之

醉翁亭記釋文

環滁皆山也其西南諸峯林壑尤美望之蔚然而深秀者瑯琊也山行
六七里漸聞水聲潺潺而瀉出於兩峯之間者讓泉也峯回路轉有亭
翼肰臨乎泉上者醉翁亭也作亭者誰山之僧曰智僊也名之者誰太
守自謂也太守與客來飲于此飲少輒醉而年又最高故自号曰醉翁
也醉翁之意不在酒在乎山水之間山水之樂得之心而寓之酒也若夫日出
而林霏開雲歸而巖穴暝晦明變化者山間之朝暮也野芳發而幽香
佳木秀而繁陰風霜高潔水清而石出者山間之四時也朝而往暮而歸四
時之景不同而樂亦無窮也至於負者歌於塗行者休於樹前者呼後者
應傴僂提攜往來而不絕者滁人游也臨谿而漁谿深而魚肥釀泉為
酒泉香而酒洌山肴野蔌雜肰而前陳者太守宴也宴酣之樂非絲非竹
射者中弈者勝觥籌交錯起坐而諠譁者衆賓懽也蒼顏白髮頹肰
乎其間者太守醉也已而夕陽在山人影散亂太守歸而賓客從也樹林
陰翳鳴聲上下游人去而禽鳥樂也肰而禽鳥知山林之樂而不知人之
樂人知從太守遊而樂不知太守之樂其樂也醉能同其樂醒能述以文
者太守也太守謂誰廬陵歐陽脩也

大宋嘉祐七年冬十月庚寅蘇唐卿上石於費之縣齋　鐫者

鵬按篆刻記中字句與今時傳誦本微有不同其增損一二字處亦大致無殊惟起處釀泉也作讓泉也較今本為優讓泉之取名既佳又與後段釀泉不複後段釀泉為酒蓋釀此讓泉為酒正與上臨溪而漁虛寔相對當時唐卿請歐公之文而篆于石則與歐公自書者無異可以正今本之失也其篆法亦貞美可法惟繁陰之繁不从攵而从攴或是失檢處未刻鐫者之字蓋待勒工名而未之補也

宋范致君登泰山碑

武夷范致君久
慕仙風自楚之
魯遂登泰山以
望八極之表有
宋大觀元年正
月廿三日記于
是碑

后土聖母殿

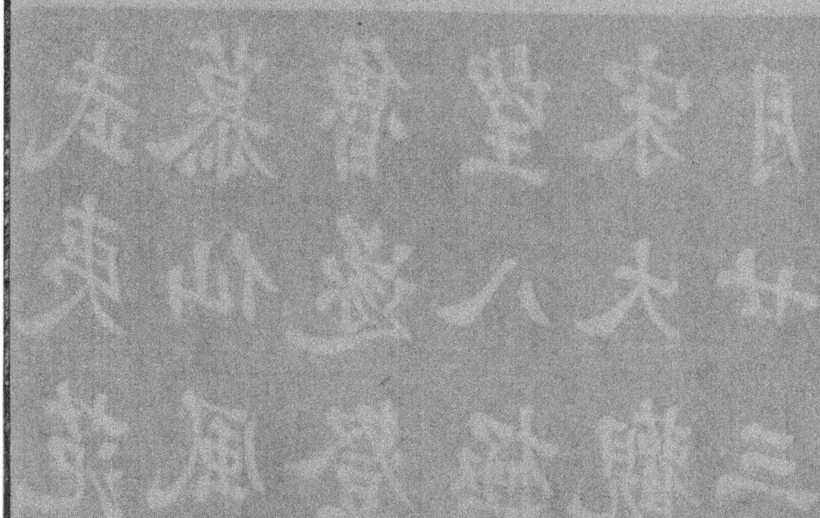

小碑廣漢尺二尺高一尺八寸半在泰山下聖母殿予遊泰山回見殿前西牖下嵌此石遂手拓其大縮刻於此其末行小字后土聖母殿之下尚有數字磨泐不能辨

宋穆氏墓表

墓在章邱縣女郎山碑大小八石今移置文昌祠

穆氏先塋石表

文宗君子河南孫庭孝
諱寶庭孝其字也少學
誠孝志操博通書史尤
明周易老莊之道性沖
淡不樂仕進嘉遯養素
以終其身鄉閭無氣劭
貲賤葬不壽向謂之君
子既寧元年二月五日
殁壽七十三穆民哉齋

河南人唐淑書監寧之
後自其高祖祉爲開封
之君摯其祭從東遊占
籍于此淄之章丘縣服
葬於鄭山之陽以其配
趙劉二夫人祔後四十
年五季當政饑榮子孫
次予既塈勒石寔墓以
藉不朽于洛陽王壽卿

書　曾孫渼模　工任升刻

章丘李隱所篆文石皆
河南郭君校於熙寧丙
辰後三十七年孫渼始
錄其先人宣德手蹟君
遺善議淄陽王書樂石
爲墓志按君諱鎮字伯
或甫少弋而學問[illegible][illegible][illegible]

其所聞也故書曾皇考
實材其子是已家傳天
喜樕妓君傾頎書生未
嘗以文藝爲言隸親啓
饗毀過禮留室號衝厲
生願絕廬字墓側服竟
始亦後衰諱日慟慕涕
泣經其身天高不察季
東宮歿京師殯于中野

之日君述止弗獲圖招
魂葬焉自是歲時與親
舊游集輒悲思不樂焉
吁君隱士也其施設獎
不大見於音觀其內外
修飭不居鄉長善課事
諸泛以本於是財富亢
不發者殆可知已宜德
君名翼蓋君家嗣子

王魯翁嗜篆一以李
監爲師行於四方聞
李監石刻之所在無
風雨晨夜余未識魯
翁見壁題曰是必陽
冰之苗裔也已而果然其
論陽冰筆意從老至
少肥瘦剛柔巧拙妍
醜皆可師承有味其
言之也余嘗戲魯翁
杜元凱左氏之忠臣
王魯翁李監之上

嗣也今世作小篆者凡
數家大率以間架爲
主李氏筆法幾絕
見魯翁用筆可以
酒醇陽冰之家耳
山谷道人黄庭堅

釋文

有宋君子河南穆庭秀諱賓庭秀其字也少卓越有志操博通書
史尤明周易老聃之道性沖澹不樂仕進嘉遯養素以終其身鄉閭
無老幼貴賤莫不愛向謂之君子熙寧元年二月五日卒壽七十三穆氏
世爲河南人唐秘書監寧之後自其高祖徙居開封至君挈其婦益東
遂占籍于齊州之章邱縣孜葬女郎山之陽以其配趙劉二夫人祔後四
十有五年當政和癸巳秋九月既望刻石表墓以著不朽云洛陽王壽

卿書

曾孫渼模　工任廾刻

章邱有隱居篤行長者河南穆君卒於熙寜丙辰後三十七年孫渼始録其先人宣德手蹟君遺善諉洛陽王壽卿以為墓表案君諱端字伯初甫少力學劉毅能尊其所聞尤以孝著皇考賓材其子早以家付而喜散施君傾資奉之未嘗以有無為言逮執喪焦毀過禮臨窆號慟屢至隕絶廬守墓側服竟始去後每諱日孺慕涕泣終其身而哀不衰季弟客死京師殯于中野它日君迎之弗獲迺招魂葬焉自是歲時与親朋遊集輒悲思不樂烏呼君隱士也其施設雖不大見於時觀其內行脩飭而居鄉友善遇事造次必本于厚則蓄而不發者殆可知已宣德君名翬蓋君家嗣云

鵰樓此碑凡八石第一石刻穆氏先塋石表石高漢尺一尺六寸餘廣二尺第二三四五石高五尺八寸廣一尺九寸半六七八石與第一石大小仝刻山谷跋蓋前為穆庭秀碑後為穆伯初碑總名石表前碑之末題曾孫渼模即後碑孫渼蓋對庭秀言為曾孫對伯初為孫也庭秀子為伯初孫為宣德曾孫為渼金石志不察故前碑缺曾孫名

耳末三小石蓋採山谷跋魯翁篆模刻其文非為石表言也此碑
篆法一本少温加之端謹山谷之贊識非虛語朱朗齋云跋語只
贊魯翁之篆而不及穆氏事蹟則此跋不為穆氏石表作且攷宋
史黄庭堅傳庭堅卒于徽宗之三年此碑立于政和三年距山谷
之卒已及十年是山谷未見書此碑也當由穆氏曾孫慕山谷之
譽附刻于石表之後以增重耳

宋朱濟道靈巖詩石刻

石高漢尺三尺廣五尺六字十四行行六字徑四寸末小字二行皆篆文在良清縣靈岩

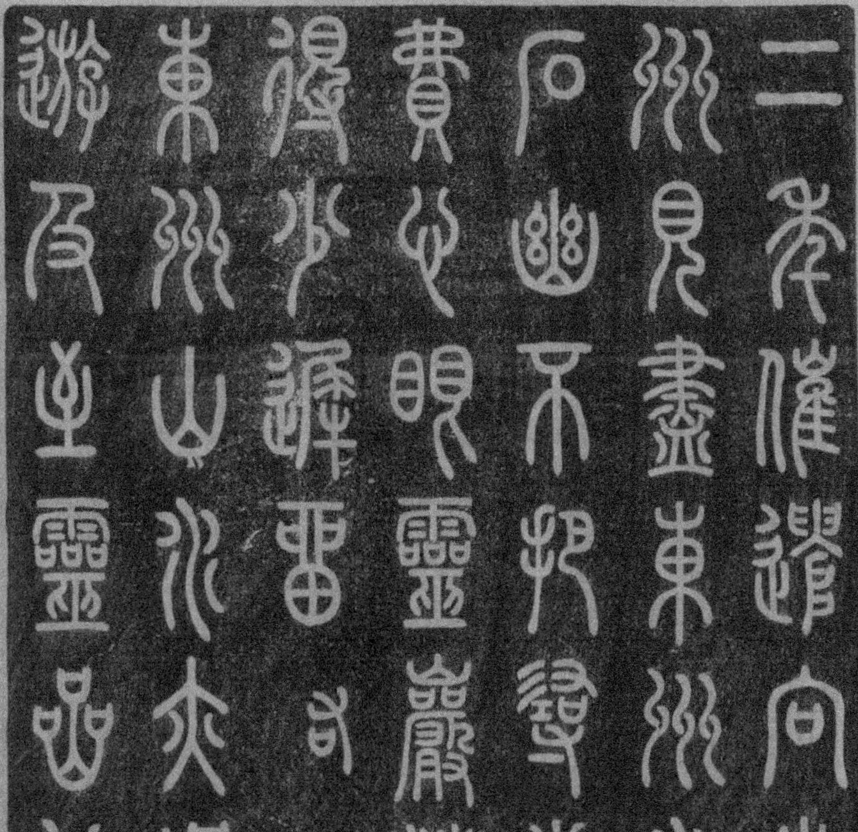

二年催
遣向東
州見盡
東州水
石幽不
把尋常
費心眼
靈岩消
渴少遲
留
右一
東州山
水亦堪
遊及三
靈岩兮

外幽會有定師能指示直須行到寶峯頭

右一

宣和五年二月初九日朱濟道偶書呈如公妙空禪師

碑末尚有小篆云。魏法定禪師乃觀音化身初居靈岩。仰寶峯作釋迦石像良有深旨按縣志法定禪師梵僧也魏正光初來遊建梵宇

金党懷英書杏壇二字碑

碑高漢尺六尺廣三尺字大一尺八寸在曲阜聖廟

門生党懷英書
杏壇
承安戊午五十一世孫元措立石

杏壇

碑側

元貞乙未秌八月上丁日
繪史東原鄧希古拜謁祠下

右側尚有萬歷戊午教諭呂希尚題字不錄

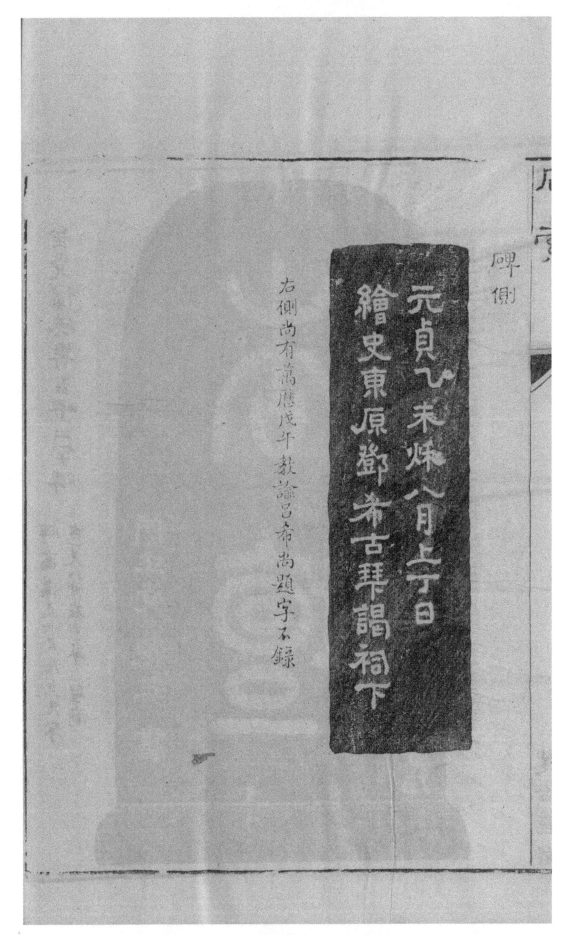

金刻吳道子畫杏壇小影

石高漢尺八尺五寸 聖像高漢尺六尺在曲阜 孔廟之 聖蹟堂

德配天地
道冠古今
删述六經
垂憲萬世
吳道子筆

邃古齋藏

此碑亦未刻年月闕里志云行教像顧愷之筆杏壇小影吳道子筆亦未言何時所刻據楊奐東遊記則此亦明昌二年高德裔刻于奎文閣之東偏門者今石在 聖蹟堂或後人又加摹刻耳

杏壇小影二　石在聖蹟堂

邃古齋藏

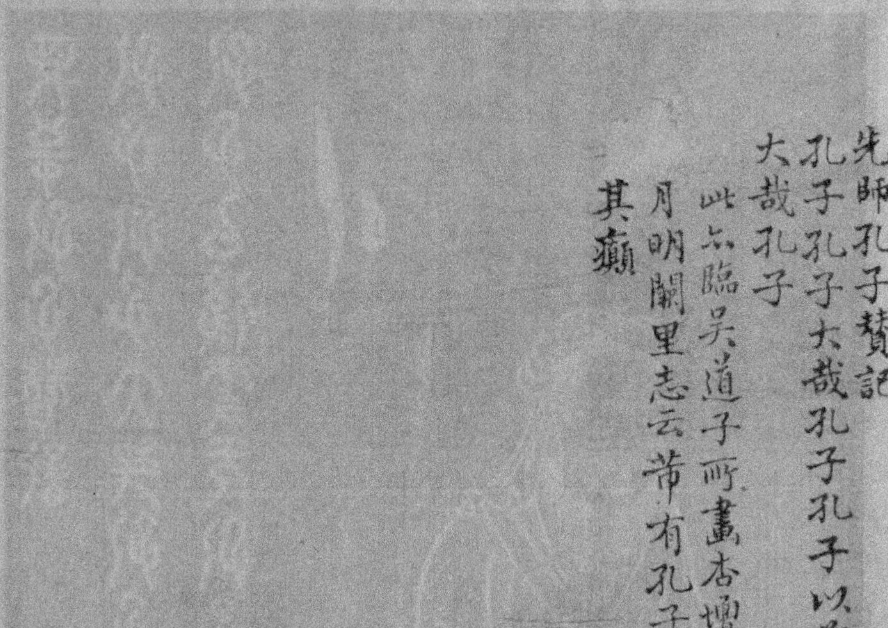

先師孔子贊記

孔子孔子大哉孔子孔子孔子以前既無孔子孔子孔子以後更無孔子孔子孔子

大哉孔子

此石臨吳道子所畫杏壇小影篆刻米元章贊于其前也未載年月明闕里志云芾有孔子贊又有手植檜贊云乃根子執皆酷肖其顛

全刻顧愷之畫闕里行教圖

石高漢尺三尺寸廣二尺二寸 在曲阜 聖廟

真宗皇帝御製夫子贊并序

若夫掄玉 介丘 迴輿
闕里緬懷於 先聖躬
謁於 叢祠以爲易俗
化民既仰 師於彝訓
宗儒尊道宜益峻於徽章
增薦 崇名聿陳 盛德
明祀思形容於 垂教無疆
爰刻鏤於斯文贊曰
立言不朽 令德 偉哉
昭然 人倫之表
素王
帝道之綱 歷功實茂
其用允臧 升中既畢
盛典載揚 洪名有赫
懿範彌彰

石索

邃古齋藏

此碑不著年月下列尚有題賛缺泐不全蓋石久傾圮經明正德二年訓導石政重甃豎于殿中者碑邊題小字二行以紀其事亦未載明勒石之始惟元初憲宗時楊奐東遊記云金明昌二年開州刺史高德裔監修奎文閣之東偏門刻顧愷之行教吳道子小影三像則此乃晉顧虎頭所畫至金明昌始摹勒于石石上段錄宋真宗御製夫子賛以冠之非專為題行教而作也其畫 聖像鬚須少與吳道子畫多鬚者不同論者以此像為真其卻立于後者顏子也一時師先弟後杖履追隨可想見 聖人無行不與之化焉又闕里志云四十七代孫孔傳云家廟所藏衣燕居服顏子從行謂之小影於像最真唐劉禹錫新州廟碑謂堯頭禹耳 華冠象佩取之自鄒魯者即小影也則此像之流傳已久矣

金党懷英書王荊公詩石刻

其一

石高漢尺四尺八寸濶二尺七寸四石如一刻王荊公絕句四首古篆大四寸在濟寧州學宮

烏石岡邊繚繞山紫荊細路水雲間枯花嚼蕊常來往

只有春風似我閒

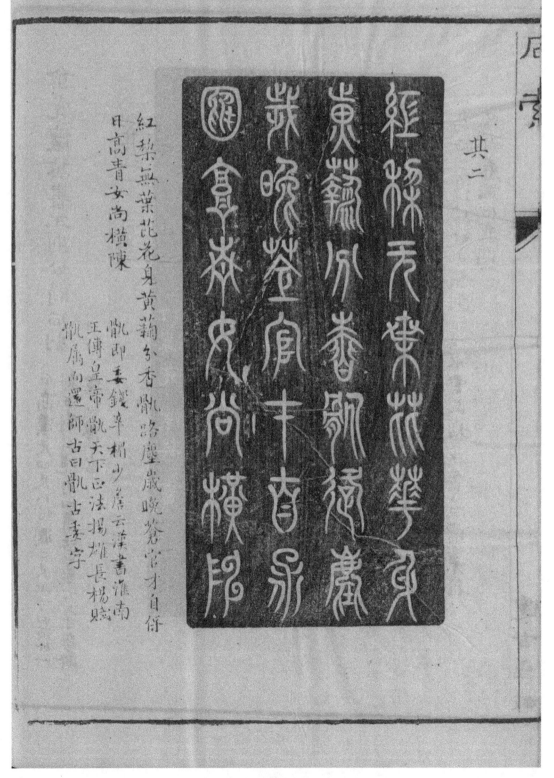

共二

紅棃無葉芘花身黃菊分香骫路塵歲晚蒼官才自得
日高青女尚橫陳

骫即委錢辛楣少詹云漢書淮南
王傳皇帝骫天下正法揚雄長楊賦
骫屬而還師古曰骫古委字

萬事悠悠心自知強顔扵世轉參差移林獨向西風裏卧看蜘蛛紒網絲

紒古結字儀禮將冠者采衣紒注紒結髮古文紒為結又詩毛氏傳象弭所以解紒

其四

松篁不動翠相重日射流塵四散紅地上行人愁暍死那知高處有清風

金石志云竹溪當是承旨自號中州志及金史本傳皆不及之錢辛楣云懷英以篆隸馳名一代此用古文作篆尤精妙可愛

元楊桓書太白酒樓記

方石高漢尺七尺餘廣二尺許四面環刻每面七行行二十八字在濟寧州太白樓後

唐李翰林酒樓記

沈光撰

有唐咸通辛巳歲正月壬午吳興沈光適任城題太白酒樓夫觸強者醜丏而不發秉險者

怗蕕而不進潰毒
者隱忍而不能就
其鍼砭搏猛者持
疑而不能盡其膽
勇而復視其強者
弱之險者夷之毒
者甘之猛者柔之
信乎酒之作於人

帖蕕而不
進潰毒
者隐忍而
不能就
其鍼砭搏
猛者持
疑而不能
盡其膽
勇而復視
其強者
弱之險者
夷之毒
者甘之猛
者柔之
信乎酒之
作於人

也如是翰林李公
太白聰明才韻生
今為天下倡首業
述匡救天必賦之
矣致其君如古帝
王進其臣如古藥
石攄直刃以血其
邪者推義轂以華

也如是翰
林李公
太白聰明
才韻生
今為天下
倡首業
述匡救天
必賦之
矣致其君
如古帝
王進其臣
如古藥
石攄直刃
以血其
邪者推義
轂以華

其正者豈憑酒而
作也憑酒而作者
強非真勇太白既
以峭訐矯時之狀
不得大用流斥齊
魯眼明耳聰恐貽
顛踣故狎弄杯觴
沈溺麴蘖耳一淫

其正者豈
憑酒而
作也憑酒
而作者
強非真勇
太白既
以峭訐矯
時之狀
不得大用
流斥齊
魯眼明耳
聰恐貽
顛踣故狎
弄杯觴
沈溺麴蘖
耳一淫

雅目混黑
白或酒
醒神健視
聽銳發
振筆著紙
乃以聽
明移於月
露風雲
使之涓潔
飛動移
於草木禽
魚使之
妍茂騫騰
移於邊
情閒思使
之壯氣

其聰法其明移於行事強犯時忌其不得醉而死生也當時肯鞭忠赤遍有其人收其選才葬於太白至于齊魯結構陵雲者有限獨斯樓也廣不

其聰法其明移於
行事強犯時忌其
不得醉而死生也
當時肯鞭忠赤遍
有其人收其選才
葬於太白至于齊
魯結構陵雲者有
限獨斯樓也廣不

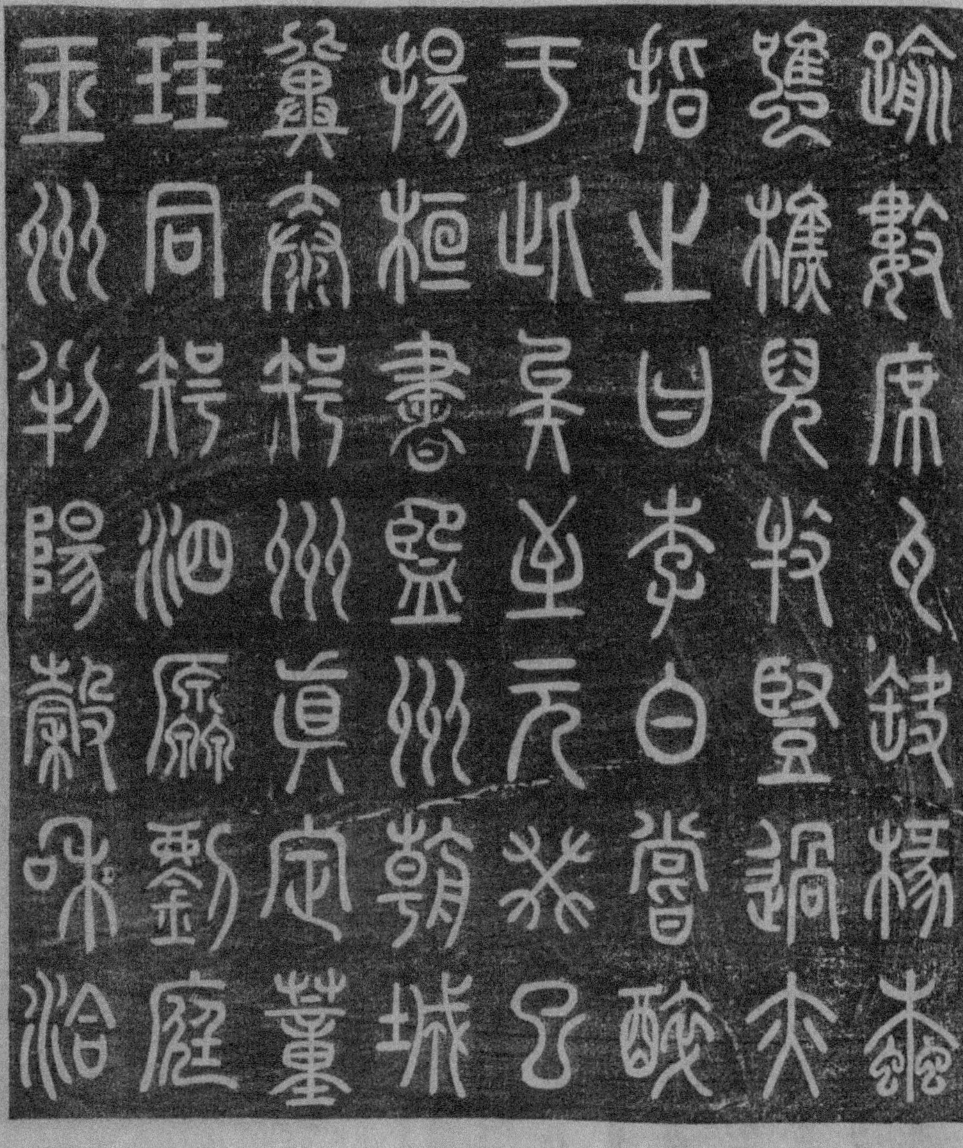

踰數席乙
缺椽壹
雖樵兒牧
豎過亦
指之曰李
白嘗醉
于此矣至
元癸巳
揚桓書監
州朝城
冀泰知州
真定董
珪同知泗
原劉庭
玉州判陽
穀和洽

同立石

石工王謙黃秀等同刊

監修白玉山樓百順豎

同立石

此庴沈光所為記元楊桓以書于石者字大三寸精勁有古法考元史本傳云桓字武子兖州人中統四年補濟州教授後由濟寧路教授召為太史院校書郎遷秘書監丞至元三十一年拜監察御史有得玉璽于木華黎曾孫碩德家者桓辨識其文曰受命于天既壽永昌乃頓首言此傳國璽是刻在至元十三年蓋其拜御史之前一年也傳又稱桓博覽群籍尤精篆籀之學著六書統六書泝源書學正韻大抵推明許氏之說而意加深皆行于世今此碑如太作夽樓作顯强作弜溺作休流作㳅之類皆參以古文大篆〻〻即籀書也所謂尤精篆籀之學也王漁洋秦蜀驛程記謂是大篆自是不誤金石志列之以為紀載之譌未知何謂 鵬向者觀楊桓書學及六書統歎其博

綪每以未得碑拓爲憾嘉慶丙子冬初至任城即尋太白樓而登之其樓在南門譙樓之東樓上摹太白同賀知章飲酒狀此四面碑嶷然在樓後其餘倚雉堞者有十餘碑皆明時人行艸書不足錄予輯石索根柢周秦蒐羅漢魏至唐宋篆刻亦擇善而登得此可爲後勁矣

道光元年四月朔日鏤
板于嵫陽署齋於時日月合
璧五星聯珠記之

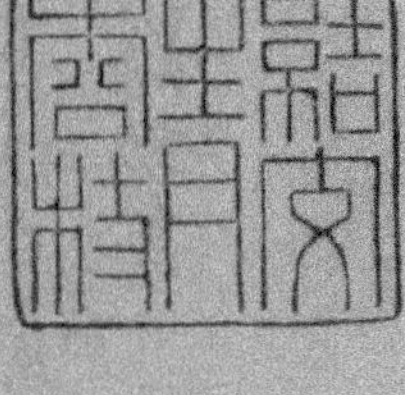

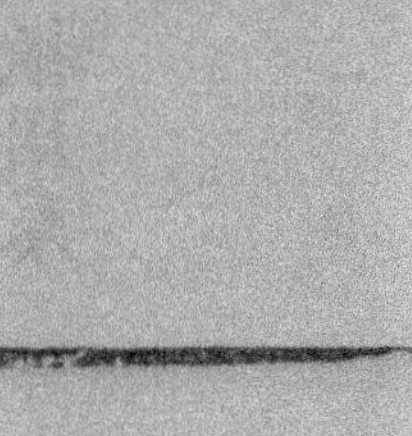

石索六

紫琅馮雲鵬晏海氏
雲鵷集軒氏同輯

瓦甎之屬

陶旊之職列于周官則瓦與甎亦攷古者所不可闕宋歐趙諸家未之掇拾洪氏隸續收漢永平建初等甎文而不及瓦〻無年月也惟元祐六年寶鷄縣民權氏濬池得瓦文曰羽陽千歲為秦武公羽陽宮瓦其事載王闢之澠水燕譚錄外如長安圖志東觀餘論間亦及之近來秋藏日出瓦塼並重故附于石索以瓦甎之屬

邃古齋藏

周豐宮瓦當文

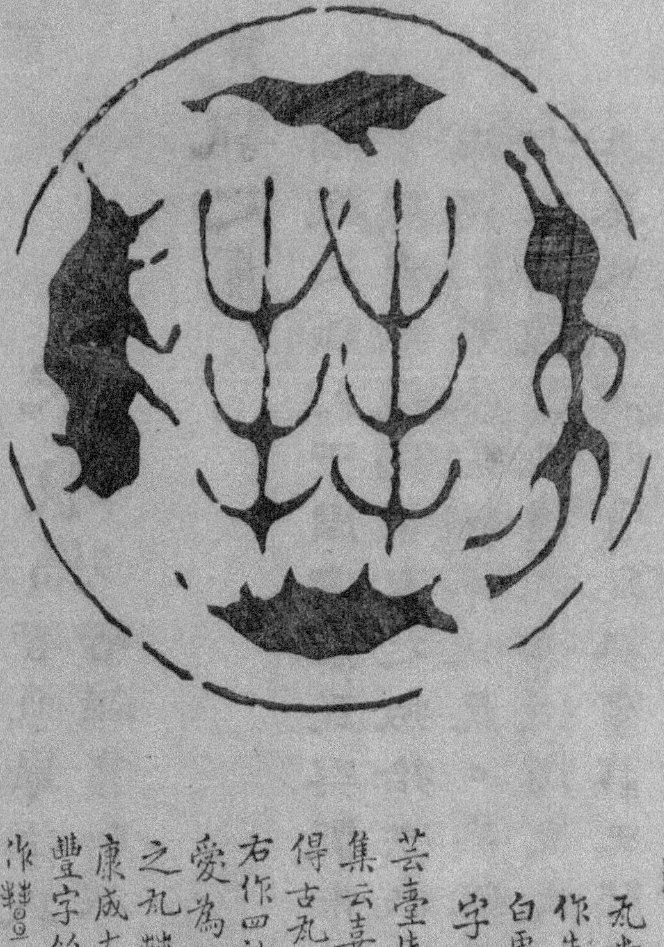

丰丰

瓦當面逕六寸四圍作朱雀元武青龍白虎之飾中有一字曰丰丰

芸臺先生揅經室文集云嘉定錢君既勤得古瓦作丰丰字上下左右作四神形甚奇古奇愛爲之考曰周豐宮之瓦丰丰即聲引鄭康成大射儀注記之云豐字从豆𠁁聲古人豐作丰丰豆無山明可據去桂未谷明府云嘉定錢君東垣拓所藏瓦見惠其文曰丰丰即此

古甎

甎如是高広右各殺其一寸欵陰文二字〻極奇古與漢晉塼文不類其第二字為水字第一字未定或以為周豐宮塼其上係豐水二字此州少尉湯子景濤得之西安姜曉珊以拓本寄者

秦瓦

維天降靈延元萬年天下康寧

涵真閣秦漢瓦當圖說云近時土人得之阿房宮故基

秦漢瓦當文字云其二宋學博錢別駕得于長安市上其一俞太學得於咸陽篆法員渾古妙諸君皆斷為秦瓦嗚按其句法亦類秦小璽

秦瓦

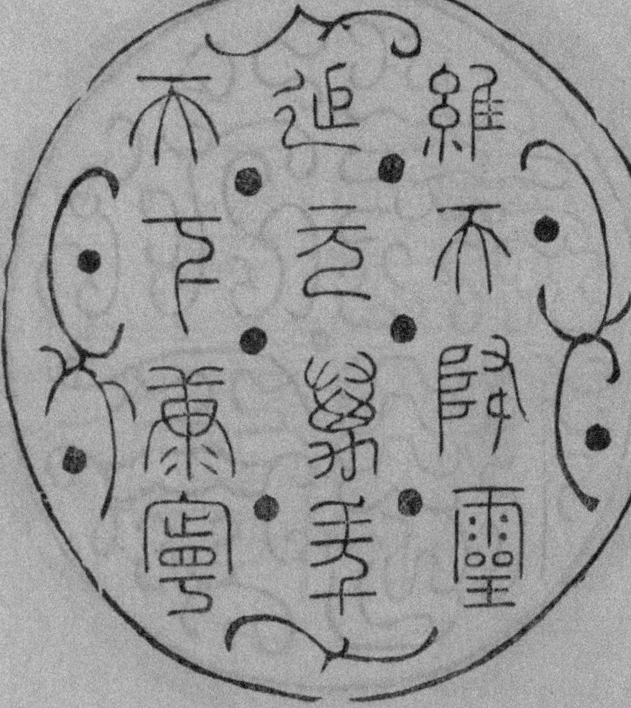

文同前瓦
字畫小異

秦瓦

永受嘉福

申氏以為鳥蟲書疑是迎風嘉祥四字謂是迎風觀瓦非也今觀末一字朗係福字當是永受嘉福四字其文佀秦璽宜定為秦瓦

秦瓦

蘭沱宮當

張芑堂引說文云沱江別流也臣鉉等曰沱沿之沱通用今別作池非是鵰按此當字少一直畫

邃古齋藏

秦瓦

衛

瓦文古貭真秦制也始皇本紀云盡得毒等衛尉竭衛尉之名蓋始于此

秦瓦

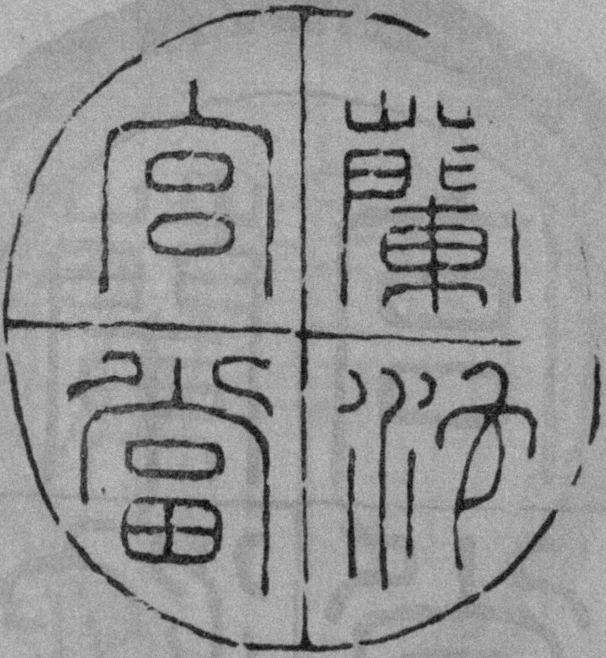

蘭池宮當

蘭池宮在咸陽縣東二十五里始皇三十一年微行咸陽遇盜蘭池此蓋其宮之瓦也當底也所以底定一櫳之瓦當与玉卮無當之當同義桂未谷札樸云秦漢瓦頭有蘭池宮當宗正宮當攷史記司馬相如傳華榱璧璫司馬彪曰以璧為瓦之當也西都賦裁金璧以飾璫李尤平樂館銘棼梁照曜朱華飾當甋案此論甚詳

秦瓦

蘭池宮當

此滋陽縣王秀才光典所貽瓦較它瓦爲大連瓦上截重十餘斤

秦瓦

衛

秦放六國宮室於咸陽北坂此其衛國瓦也或云此漢衛尉卿寺宮門衛士區廬之瓦

秦瓦

衛

瓦仝上兩文少異

秦瓦

衛

同上

秦瓦

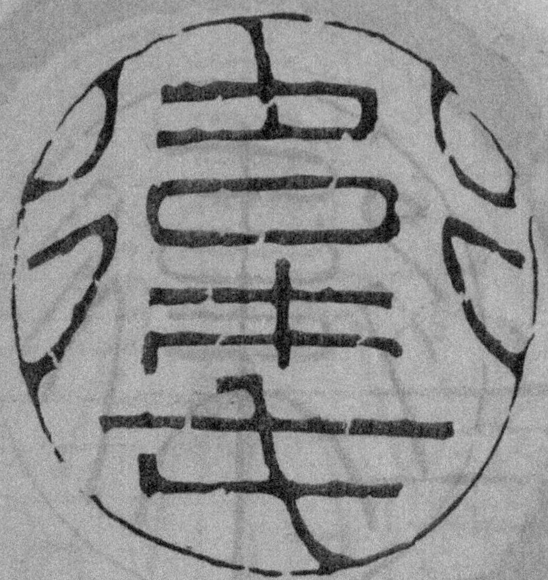

衛屯

桂未谷云衛屯者衛尉掌宮門外屯兵

鵬按史本紀秦二世元年復作阿房宮盡徵其材士五萬人為屯衛則秦時已有衛屯矣西京賦衛尉八屯警夜巡晝蓋漢沿秦制也

秦瓦

與天無極

此瓦極字諸作亟漢鏡亦有之其中心四界線直交內無圓心

史本紀始皇作信宮渭南已更命信宮為極廟象天極此疑即極廟之瓦

秦瓦

與天無極

此与前瓦俱有定、庵收藏印未知誰所藏也

秦瓦

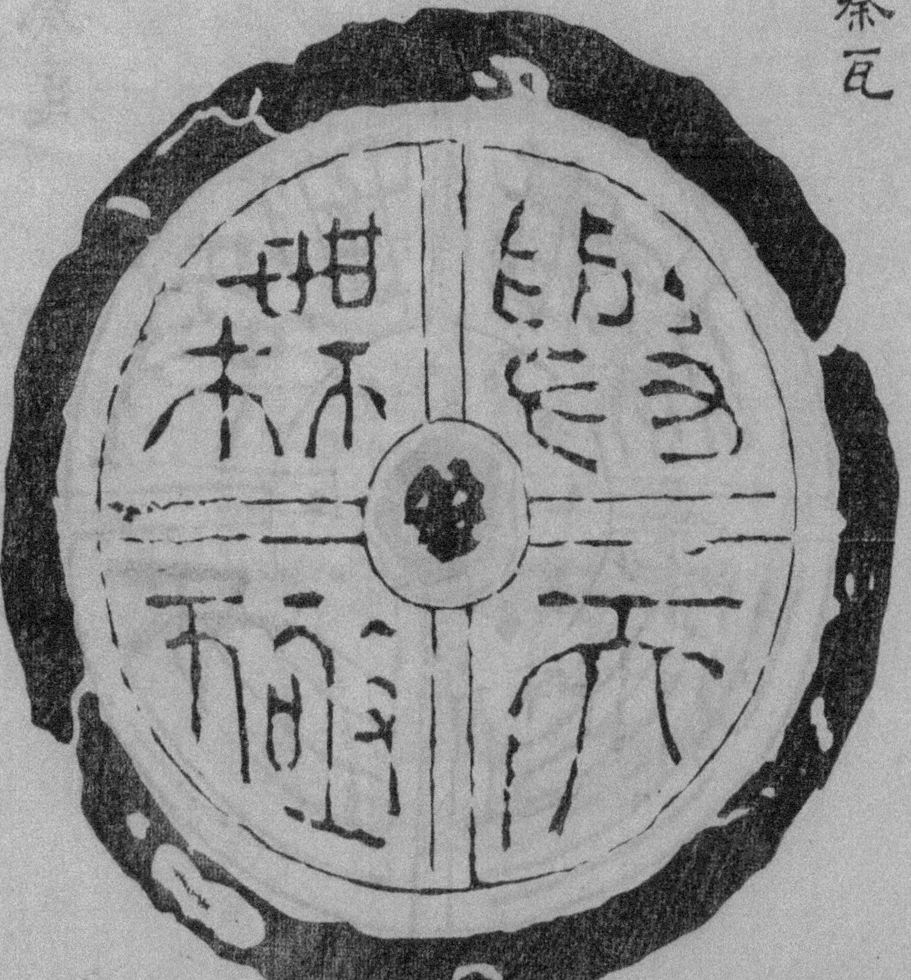

與天無極

申氏地空云瓦出漢城土中雖未詳所施而字體渾朴魄力極大當為漢篆第一品鵬按其語句及字法結構疑是秦瓦

秦瓦

與天無極
說見前瓦

秦鴻臺瓦

延年

下作飛鴻之狀

桂未谷明府云瓦有飛鴻形秦施于鴻臺今從之

鐵術編云延年瓦中作飛鳥形俞竹居所收錢獻之摹刻
諸瓦以為飛鴻延年當是延年殿瓦黃小松司馬亦目之而
未谷先生定為秦鴻臺瓦更覺切合蓋延年所同也鴻所獨
也鴻臺者秦始皇二十七年築高四十丈上起觀宇帝嘗射
飛鴻于臺上故號鴻臺漢惠帝紀四年長樂宮鴻臺災
則此後當不復存矣其延年字篆法亦與它延年瓦異

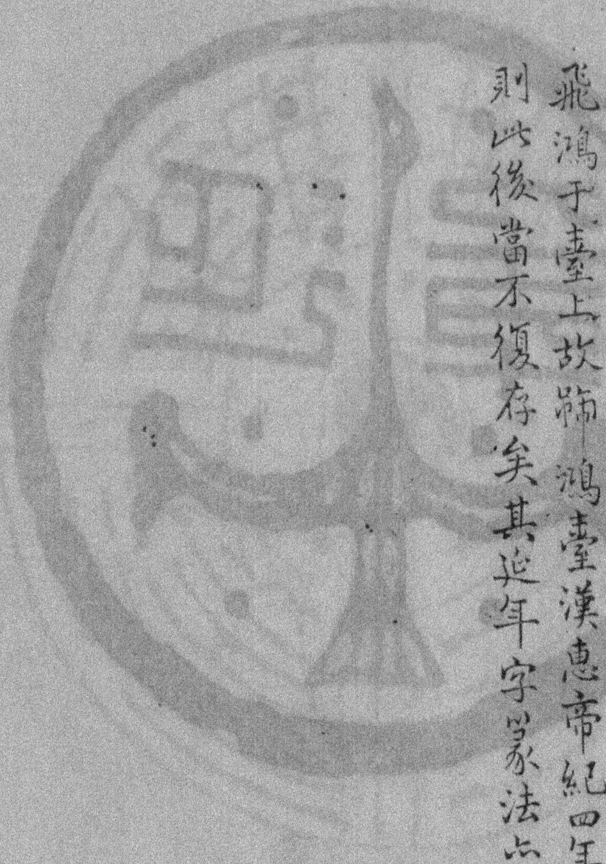

秦鴻臺瓦

秦阿房宮瓦

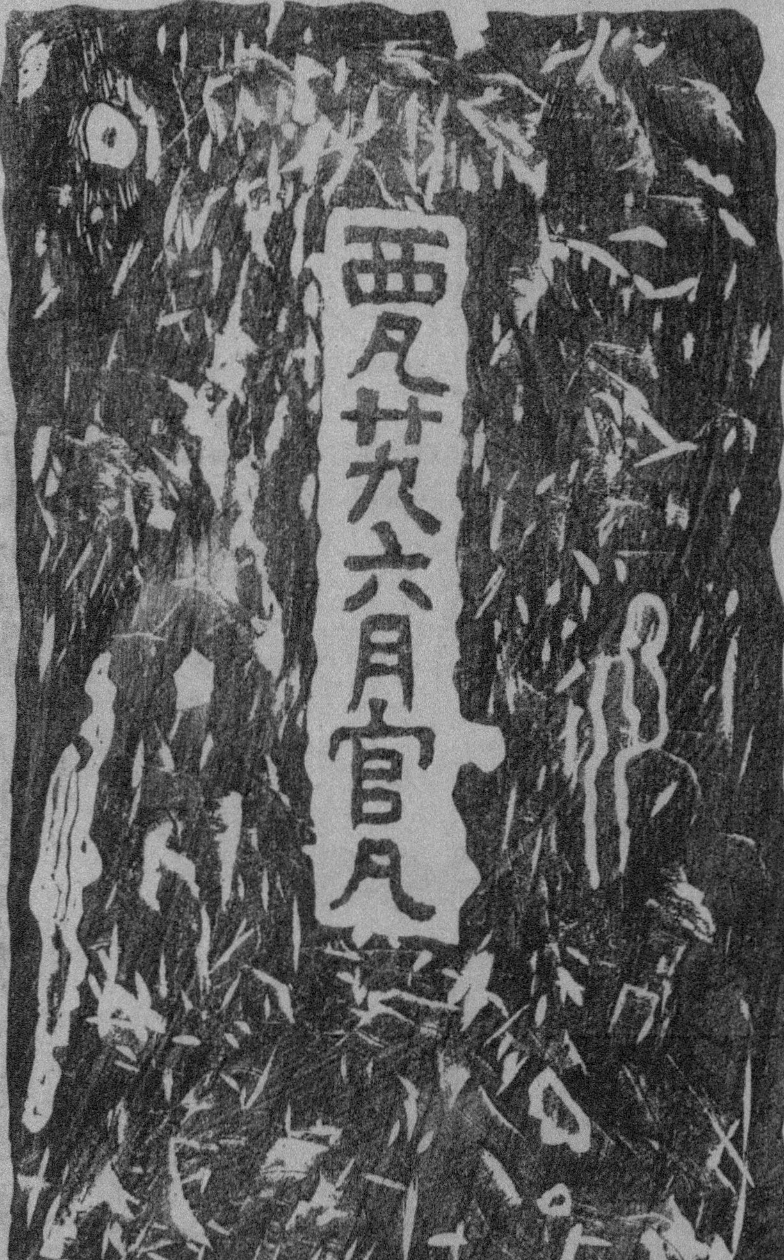

西瓦廿九六月宮瓦

邃古坐藏

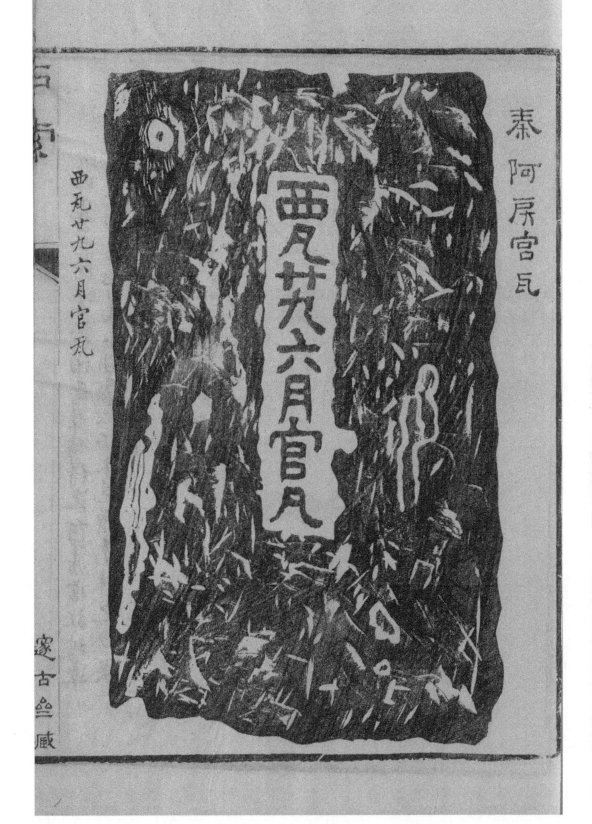

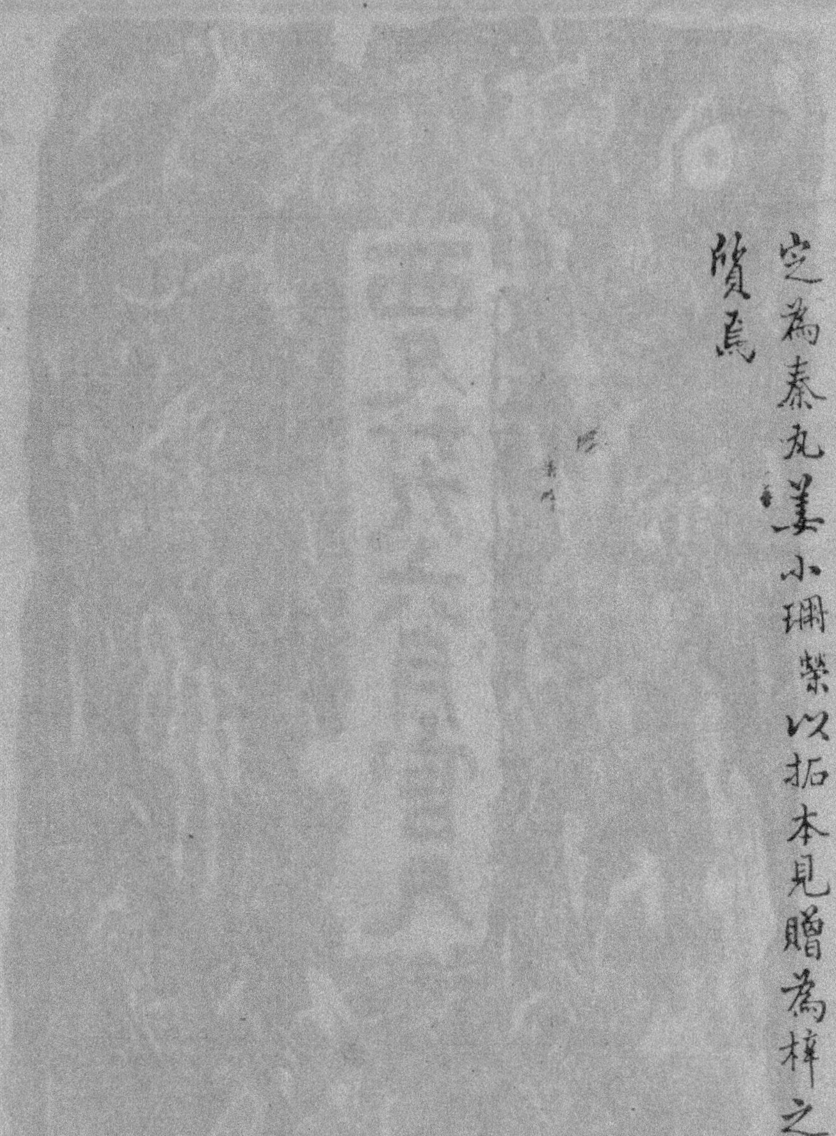

此瓦無所考証湯子景濤得之阿房宮故址遂定為秦瓦姜小珊榮以拓本見贈爲梓之以俟質焉

漢瓦

漢并天下

此漢初并天下時宮殿之瓦在漢瓦爲㝡先向未經人道見素圃所藏桂未谷拓本亦未知瓦所從得按史本紀高祖五年正月即皇帝位於汜水之陽天下大定疑此瓦爲居櫟陽時作也

漢長樂宮瓦

長樂未央

此長樂宮瓦考三輔黃圖長樂宮本秦之興樂宮高皇帝始居櫟陽七年長樂宮成徙居長安城三輔舊事官殿疏皆曰興樂宮秦始皇造漢修之周回二十里也

漢長樂宮瓦

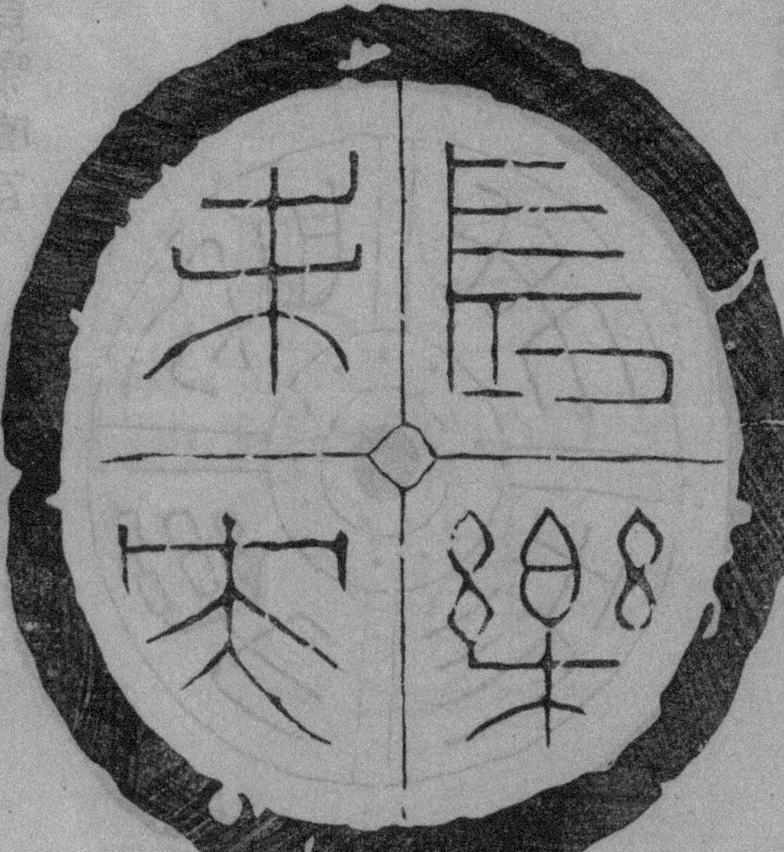

瓦文同上而篆法方勁有勢，用何夢華所集拓本

漢長樂宮瓦

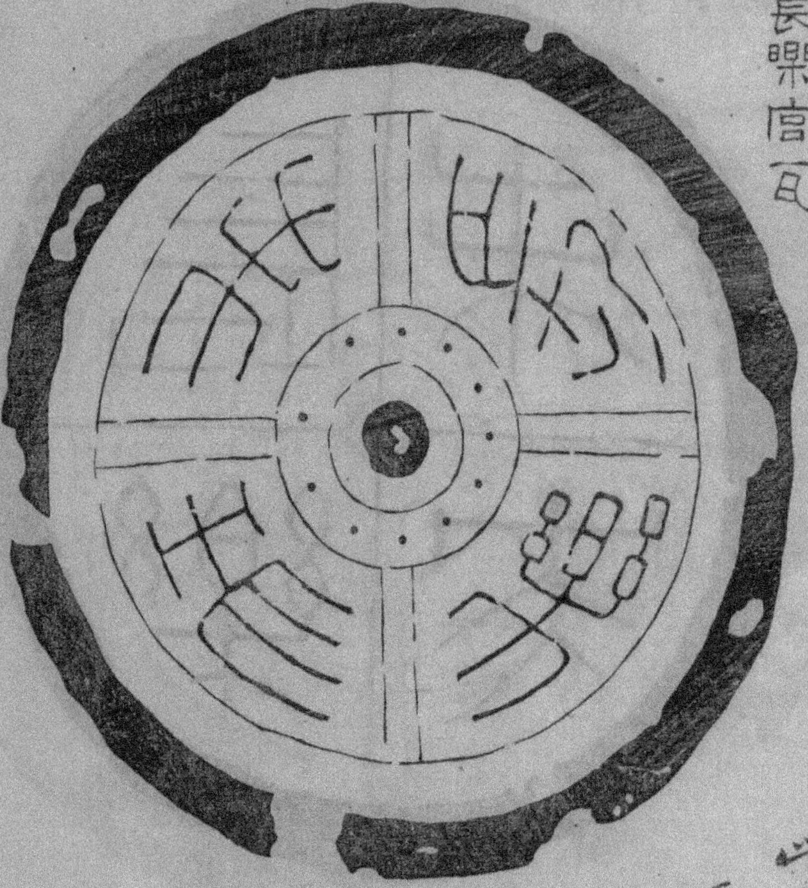

此瓦藏揚州馬秋玉家三十年前見其拓本与此無異

方綱

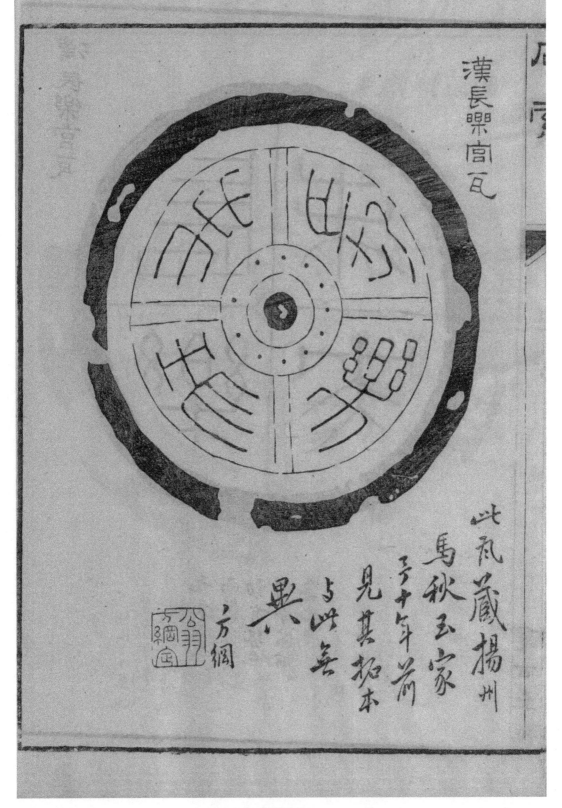

漢長樂宮瓦

長樂未央

此瓦無中心圓輪兩字之四旁繪以雲物

遂古堂藏

漢長樂宮瓦

長樂未央

漢長樂宮瓦

長樂未央

此瓦之〻
庵所藏

漢長樂宮瓦

長樂未央

同上

漢長樂宮瓦

此瓦字大而深有自西安得之贈嚴干橋司馬者

漢長樂瓦

長樂萬歲

瓦亦有長樂二字疑亦長樂宮瓦也

漢長樂瓦

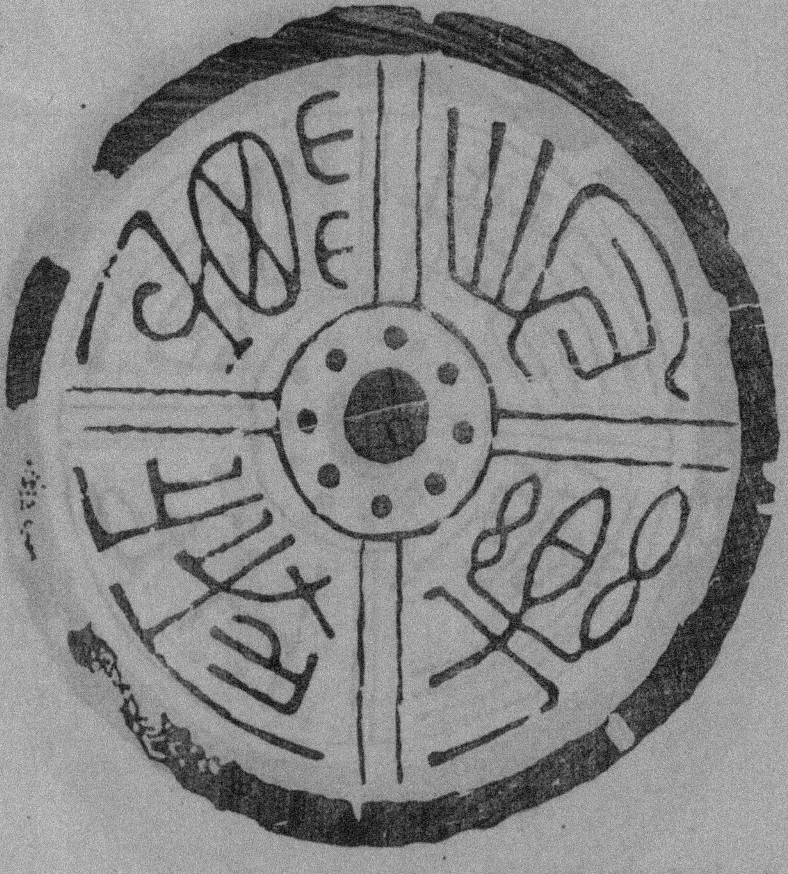

長樂萬歲

此瓦研巳中破幸字畫未損姜子小珊慨肰見貽予剔去塵垢付工匠以銀圍固之完好無跡真可貴也

漢未央宮瓦

長生無極

此瓦漢城中往往有之王子充漢瓦記言未央宮瓦六字此其一也程勉之以為阿房宮瓦

史高帝紀七年長樂宮成九年未央宮成王伯厚云未央在漢城西隅長樂在東隅兩宮相隔止一里

漢未央宮瓦

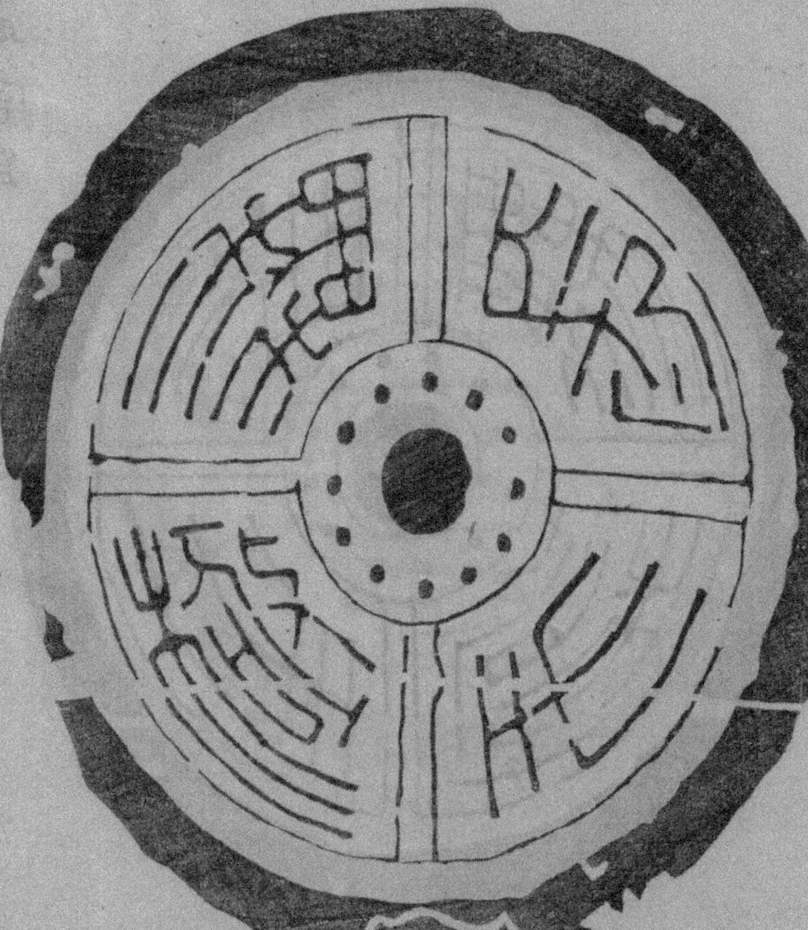

長生
無極

漢未央宮瓦

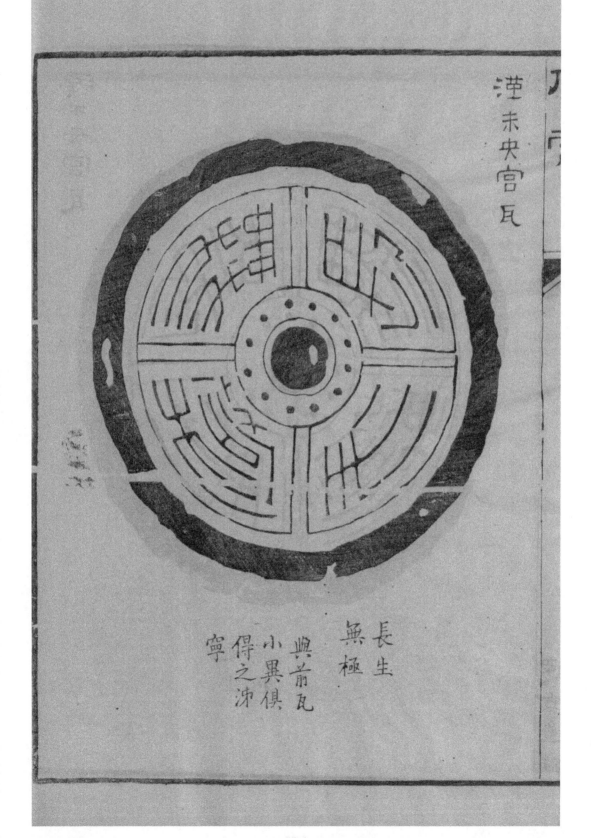

長生
無極

與前瓦
小異俱
得之沛
寧

漢未央宮瓦

延年

葉子東卿志詵云咸陽畊地得之延年二字反文古瓦中僅見者鵬按未央宮正在咸陽其中有延年殿此瓦當是延年殿所用者

漢未央宮瓦

延年益壽

此漢人吉利語

或亦為延年殿

之瓦

漢未央宮瓦

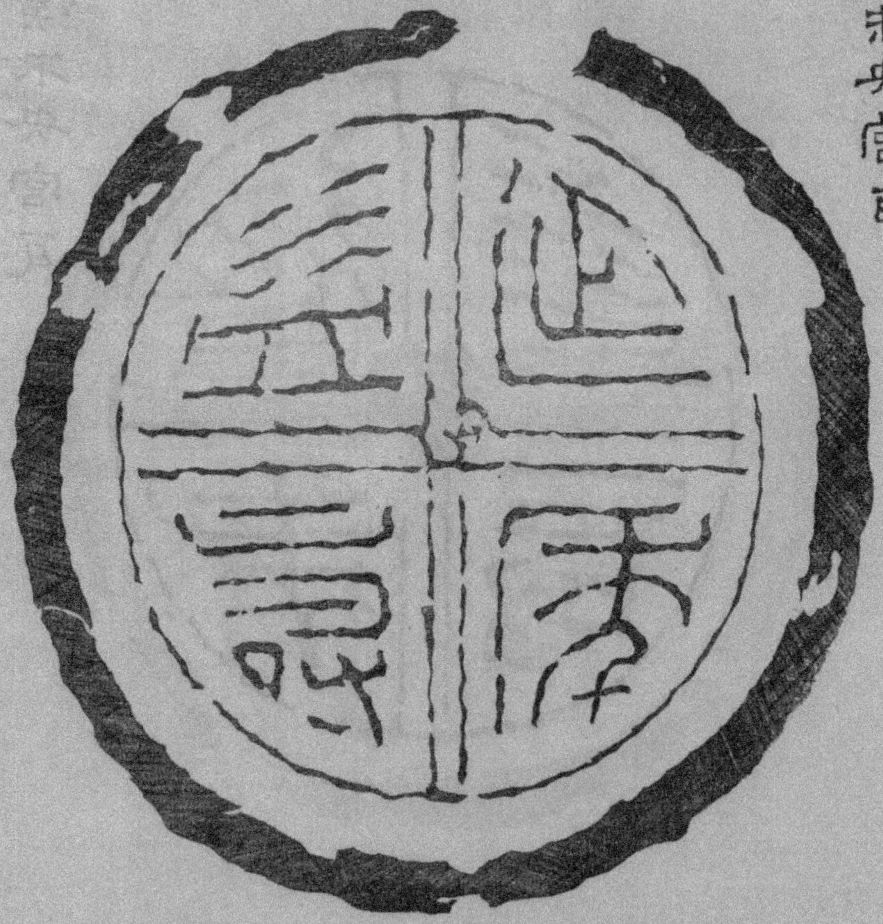

延年益壽

黃圖未央宮有延年殿或即此殿之瓦也

漢未央宮瓦

同上

漢瓦

同上

漢瓦

同上

漢瓦

千秋萬歲

此瓦未知何歷所施三輔黃圖未央宮中有萬歲宮武帝造汾陰有萬歲宮宣帝元年幸此宮神爵翔集此或其宮殿之瓦

漢瓦

同上

漢駘盪宮瓦

瓦為海寧許珊林孝廉槤所藏

駘湯萬年

湯即盪駘盪宮名西都賦云正殿崔巍層構厥高臨乎未央經駘盪而出馺娑洞枍詣以與天梁李善注引闕中記曰建章宮有馺娑駘盪枍詣承光四殿又西京賦云馺娑駘盪燾奡桔桀張銑注曰馺娑駘盪並臺名鵁按三輔黃圖云駘蕩宮春時景物駘蕩滿宮中也此自是宮名非臺名瓦文極古典而有據信為西都舊物也

邃古齋藏

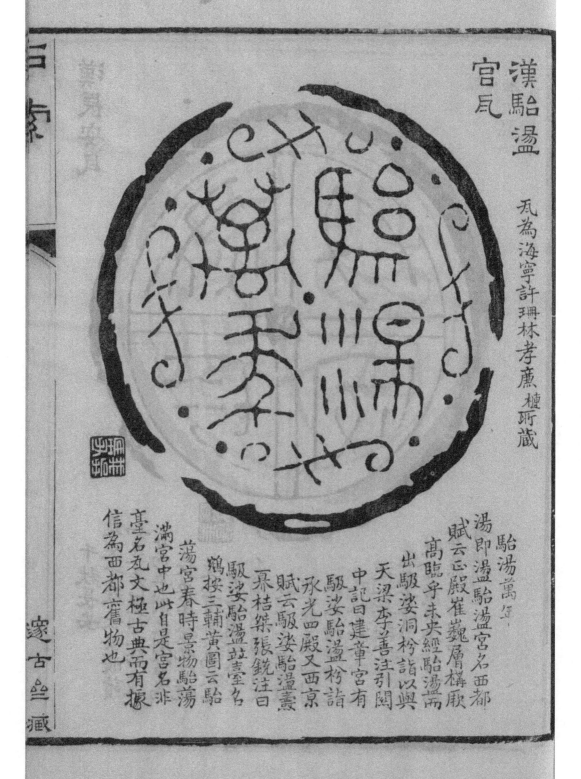

漢長安瓦

千秋長安瓦文千秋長安順讀如是若以前瓦駘盪萬年例之則當爲長安千秋也古鏡文亦有自下而旋上者黃圖云莽分三輔爲六都尉故長安寺高陵以北十縣屬師尉大夫府居此疑是故長安寺瓦漢人無蹈空語瓦文古質亦許子珊林所藏曲阜孔棐南孝廉以其兩拓片見貽者竝刻之

漢瓦

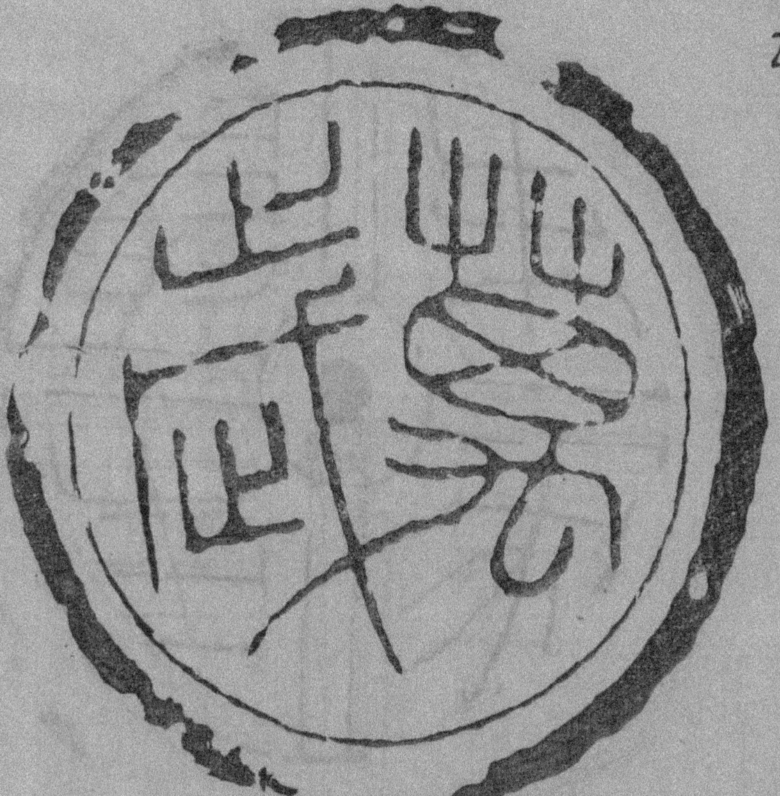

萬歲

黄子東鄉云此黄左田大司農所藏瓦萬歲二字中一畫相交此瓦中僅見者鵬按瓦字較巨當是萬歲宮瓦金石契亦有萬歲塼

漢甘泉宮瓦

長生未央

鵬按瓦中雖有未央二字不得為未央宮之瓦蓋獲于甘泉宮之故地故以為甘泉宮瓦也未央在今咸陽甘泉在今淳化地相去二三百里

漢甘泉宮瓦

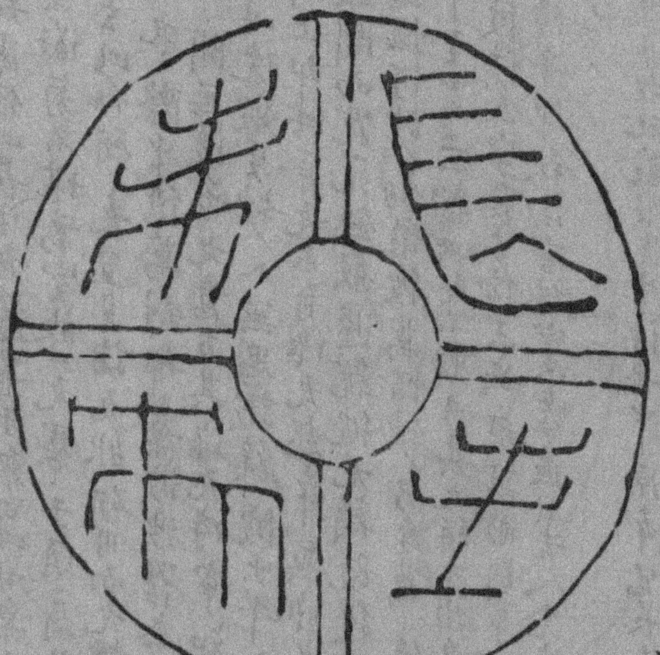

長生未央

倃官林吉人佶甘泉瓦圖記畧云甘泉宮址在今陝西淳化縣治中康熙辛丑予兄同人往遊其地見瓦礫如岡阜多刓缺因憩樹下見有小物墳起者剔之獲此瓦甚完好亟懷以歸孝三輔黃圖甘泉宮一曰雲陽宮秦始皇廿七年作周十餘里漢武帝建元中增廣之周十九里距長安三百餘里宮表有通天臺今去漢二千年宮觀淪沒乃獲此瓦以償好事之願吁亦異矣

翁覃谿先生云新城王文簡歌云通天甚高屹宮表又短衣匹馬躑躅斜陽等句皆謂此文出此記中云康熙辛丑亦誤當是順治十八年

萬季野斯同羣書辨疑云或問昔王子充作漢瓦記言未央宮瓦有曰長樂未央儲胥未央長生無極無所謂長生未央者林子得無偽乎予曰彼未央宮瓦此甘泉宮瓦也

長生未央瓦研歌

漢宮萬〻椽〻覆萬〻瓦而瓦非一狀皆以瓦名者此瓦〻之當銅欄承溜下萬瓦不知處佀此長生瓦〻遂著于衆曰此甘泉瓦也在昔甘泉宮瓦〻相衛護今洒棄游匊不堪為室故一瓦羃于頂一肩背皆暴露復回辭瓦礫場捨身作研去此作研〻之瓦置身諸瓦外研用而瓦體中晝生滅堺皆其作研前及作瓦之際中億萬剎鄉棄彼波羅奈而結善知識故不殘缺壞置諸几席閒無復前瓦意方其作瓦時寧知為研地瓦賤復瓦貴瓦亦了不異以此曉衆生妙入無思議辟彼大千衆通達無生理觀此一片瓦不以作研止即此一片瓦不自作瓦起本無作瓦法与土一非二而融泥塹甓瓦窯乾窯闢而犹泥鑿敲遷就被瓦類既獲作瓦法瓦多難數悉升降日變遷遍恒河沙劫散彼萬恒沙乃至萬〻億其數日短少至萬千百十九十至一十至四三二一獨此堅不動乃具大願力願力汝云何不願生忉利願結文字緣生彼諸文字長生信未央永無離別事一滴研與水聲比簷溜未乾隆辛卯秋侯官林心亥孝廉出吉人先生家藏瓦研乞拓字以贈賦此　諸孟記

此歌見於孔葒谷先生詩冊中原本見長未及道長生未央等字而佀泛詠瓦當者覩愛其通於釋典佀請佀偈略加刪潤如左

漢甘泉宮瓦

長生未央

同前

漢甘泉宮瓦

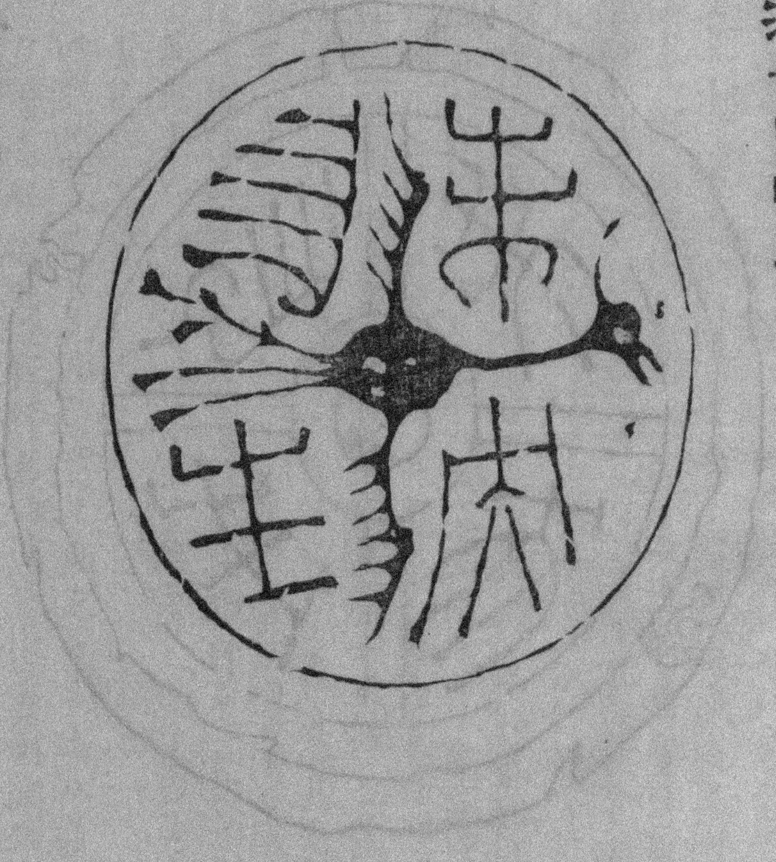

未央
長生
句亦同前字左旋
而反書漢印亦每
有之中有飛鳥橫
貫其間以作上下左
右界線与它瓦異

漢便殿瓦

便一字漢武帝紀云六年四月高園便殿火元成傳云自高祖下各立廟園中各有寢便殿日祭于寢月祭于廟時祭于便殿此當是便殿瓦其字獨陰文

漢瓦

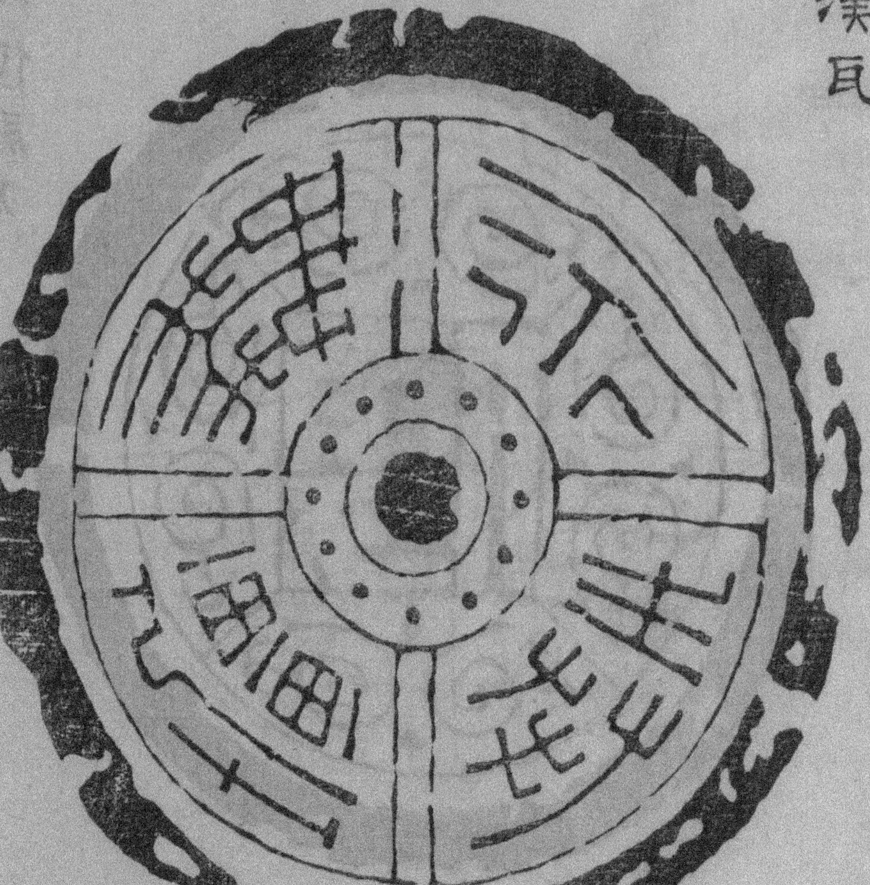

永奉無疆

此廟殿瓦故用永奉字或以為永壽無疆者誤也是瓦為定之〻庵所藏

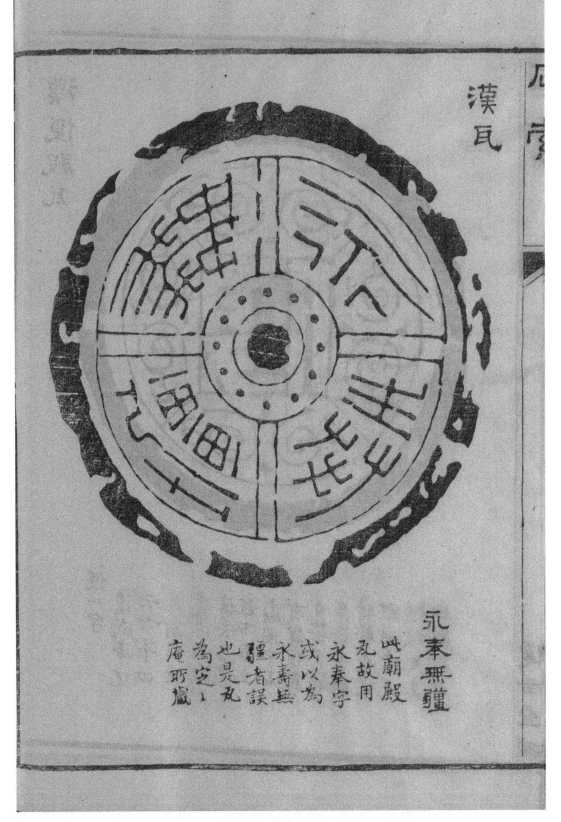

漢延壽觀瓦

延壽萬歲

漢武故事公孫卿言仙人好樓居不極高顯神終不降於是上於長安作飛廉觀高四十丈于甘泉作延壽觀亦如之當即此觀之瓦

漢高安觀瓦

高安萬世

程勉之云錢別駕得此于漢城索漢書侯幸傳封董賢爲高安侯此當即其私第之瓦桂未谷云漢有高安館非董賢第宅瓦今從桂説

漢平樂觀瓦

平樂阿宮

三輔黃圖上林苑二十一觀中有平樂觀疑即此觀之瓦阿宮疑是四隅之宮或以爲秦阿房宮瓦秦作宮阿基旁故天下謂之阿房宮

漢白鹿觀瓦

二鹿甲天下
形
三輔黃圖上林
苑中二十一觀
有白鹿觀疑
即此觀之瓦也
鹿甲天下所
以表瑞

漢瓦

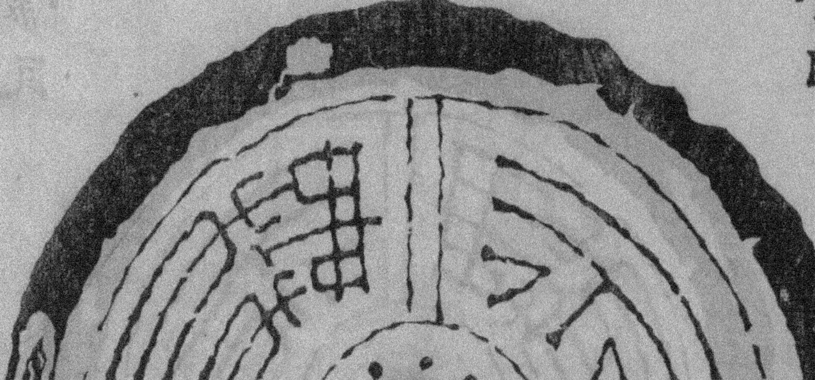

永奉無疆

申氏以為瓦質恢宏異于常制疑為漢宗廟瓦按黃圖載太上皇有寢廟園以及衛思后皇祖悼考皆有廟園廟曰奉明与永奉意相合則以為廟殿瓦可也

漢瓦

永奉無疆
瓦制差小予得之山陰估客

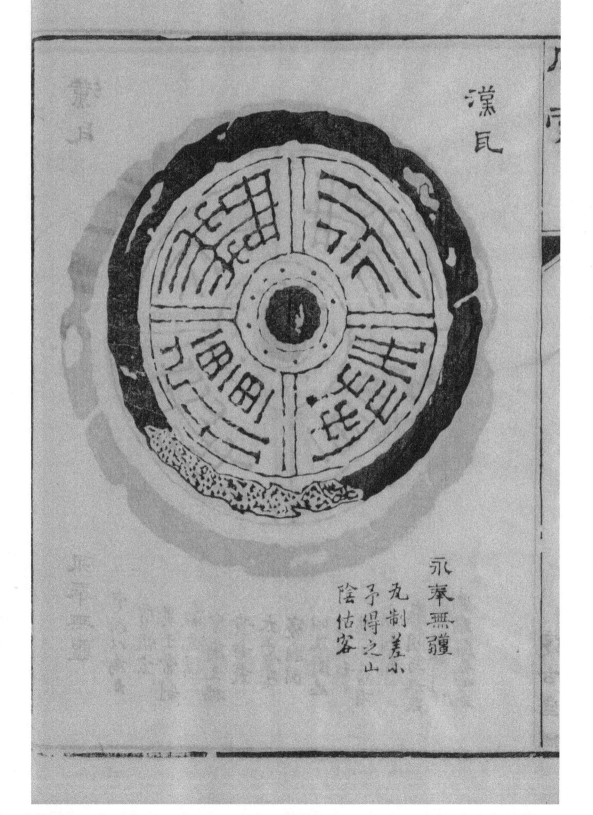

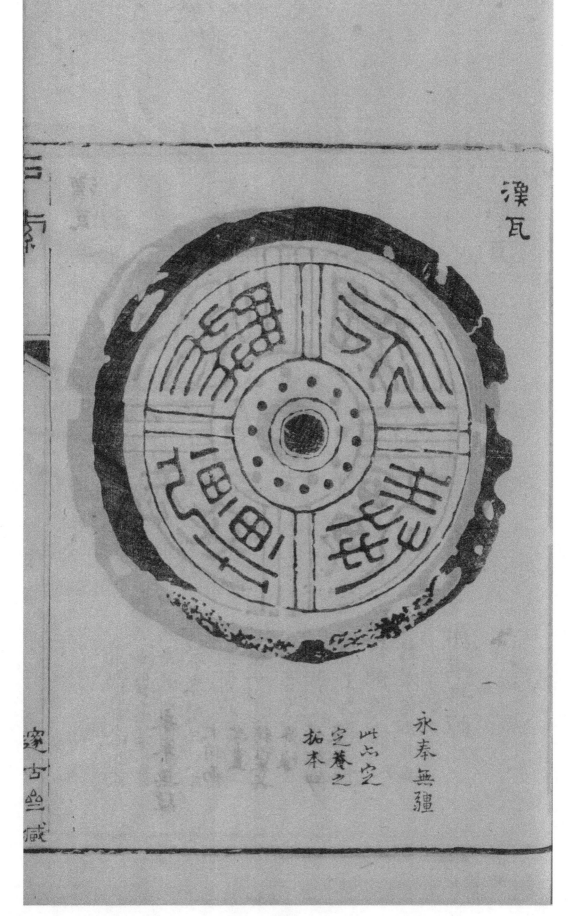

漢瓦

永奉無疆

此亦定定菴之拓本

漢瓦

永奉無疆

文同兩字畫稍變其界線俱作四直

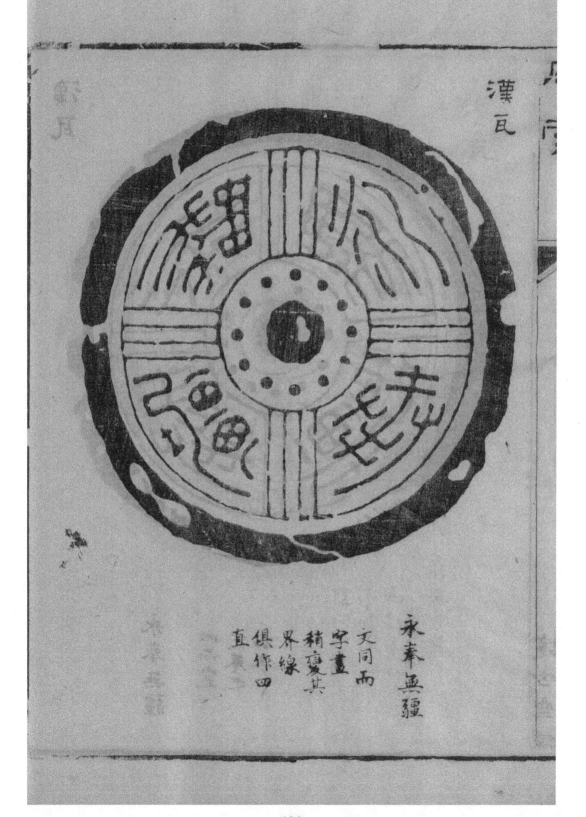

漢瓦

億年無疆

桂未谷云凡瓦皆有輪郭此偶失之耳辛亥九月蹤山拓于分亭朱氏

黃小松云億年無疆或謂是王莽妻億年陵瓦瓦無內郭与它制殊字亦直書非隨勢為之者

漢瓦

億年無疆又一瓦
文同上而差小
此亦失去輪郭
按長安城西出
南頭第一門曰
章門王莽改曰
萬秋门億年
亭此瓦为億年
陵億年亭俱可
要皆莽时制也

漢瓦

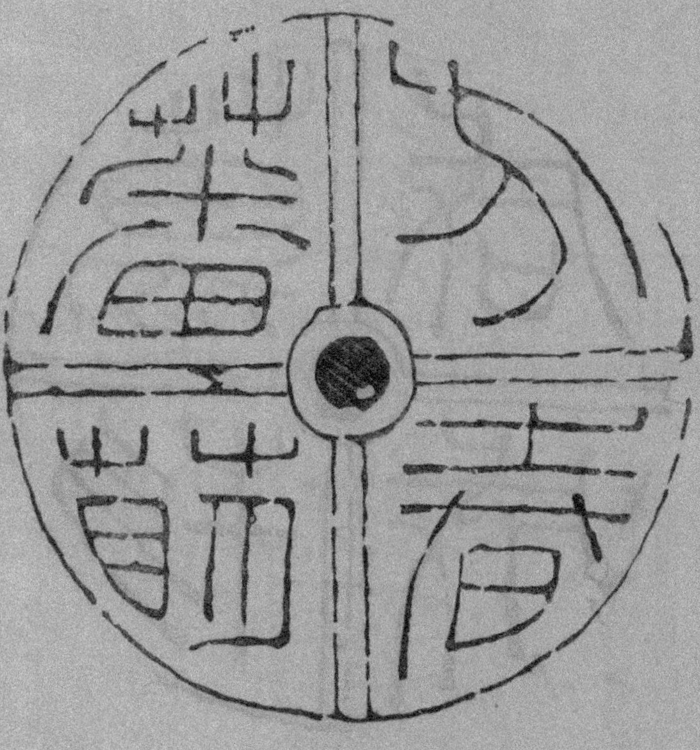

方春蕃萌

未詳所施按東方者春或東宮所用之瓦如太子宮有甲觀畫堂是也又或為甘泉宜春宮瓦

漢瓦

萬物咸成
漢后宮長秋殿瓦也後漢馬后紀注長久也秋爲萬物成熟之初故㠯名焉

漢瓦

狼干萬延

桂未谷云瓦文曰狼干萬延狼干即琅玕也漢書王子侯表皋琅侯遷地理志西河郡作皋狼是也鵬按漢器中琅俱作狼如朱提堂狼洗可証黃圖載竹宮甘泉祠宮也㠯竹為宮此應是甘泉竹宮之瓦

漢瓦

轉嬰柞舍

轉字柞字反書嬰疑即鸚字轉嬰疑即囀字轉嬰柞舍疑即甘泉五柞宮之丸黃畜五柞宮漢之離宮在扶風盩厔宮中有五柞樹因以為名五柞皆連抱上枝覆蔭數畝

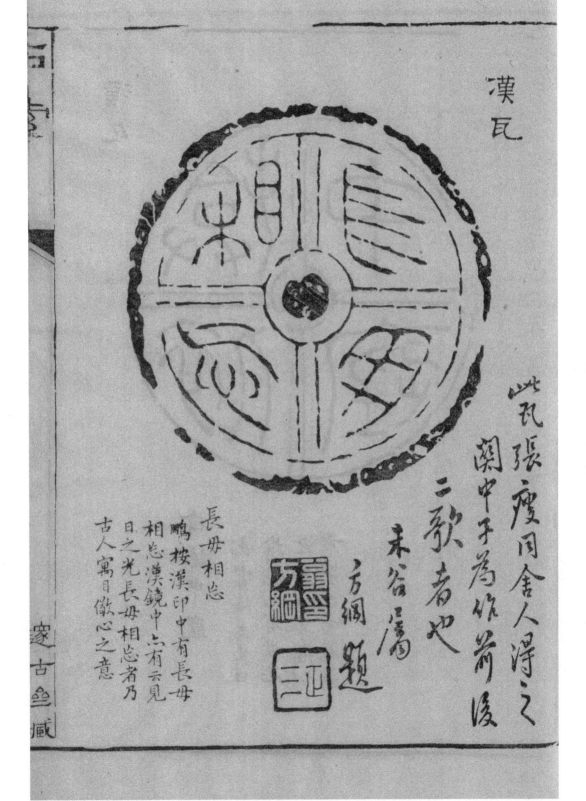

漢瓦

此瓦張度同舍人得之
關中丞為作前後
二歌者也
朱谷屬
方綱題

翁方綱

三正

長毋相忘
鵬按漢印中有長毋
相忘漢鏡中亦有云見
日之光長毋相忘者乃
古人寓目儆心之意

漢瓦

揜依中庭

未審所用其曰揜依亦有毋忘之義曰中庭知有別于宮殿矣

右捹依中庭丸〻見何夢華元錫拓本未有跡釋、鵬疑為
未央宮中後宮丸也黃圖云武帝時後宮八區有昭陽合懽
鳳皇鴛鴦等殿後增為十四位成帝趙皇后居昭陽殿有
女弟俱為婕妤貴傾後宮昭陽舍蘭房椒辟其中庭彤朱
而庭上髹漆切皆銅沓黃金塗白玉階壁帶往〻為黃金釭
函藍田璧明珠翠羽飾之自後宮未嘗有焉據此則中庭
之盛可知其為捹依可想矣

鵬按司馬相如長門賦望中庭之藹〻兮若季秋之降霜亦
可為中庭之一証也又班孟堅西都賦云後宮則有掖庭椒房后
妃之室應劭曰掖庭宮人之宮漢官儀曰婕妤以下皆居掖庭則
其捹依中庭於義亦合亦可知非承明金馬著作之庭矣

漢瓦

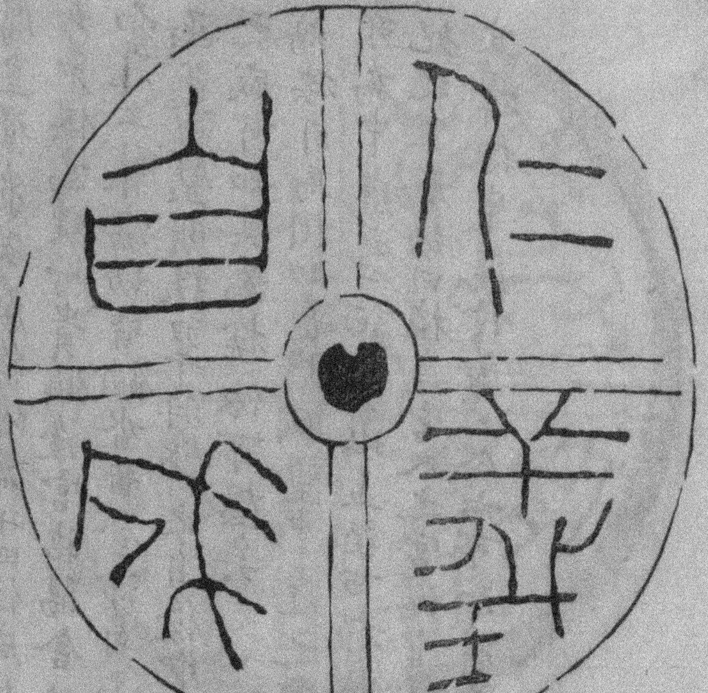

仁義自成

此疑亦宮觀之瓦而無所據不能臆斷按史記秦始皇本紀云仁義不施又云先詐力而後仁義漢其有監于秦而以仁義垂誠歟或云此養德宮之瓦

漢上林苑瓦

甘泉上林
此甘泉宫之上林苑也

漢上林苑瓦

上林

上林秦時舊苑漢武開廣之周袤數百里離宮別館七十餘處此蓋其垣衛所梔瓦

漢上林苑瓦

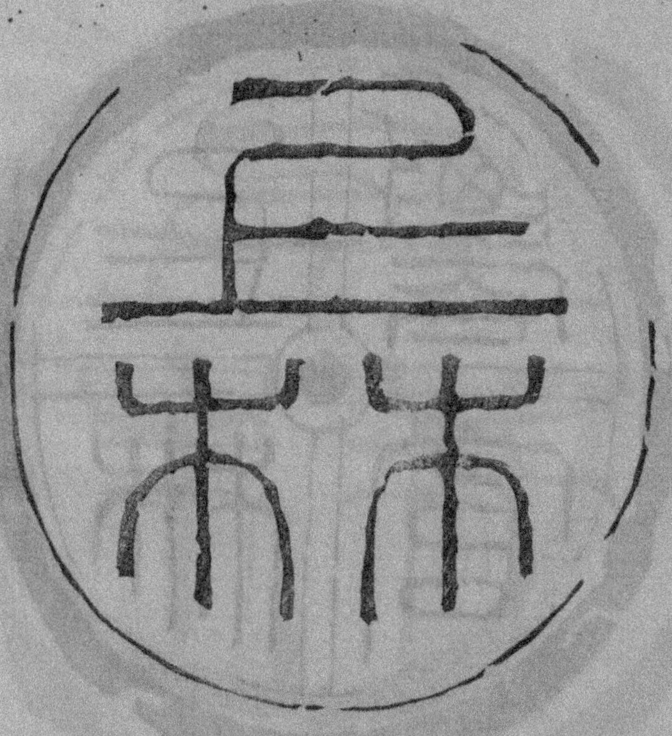

上林二字直書中無界線

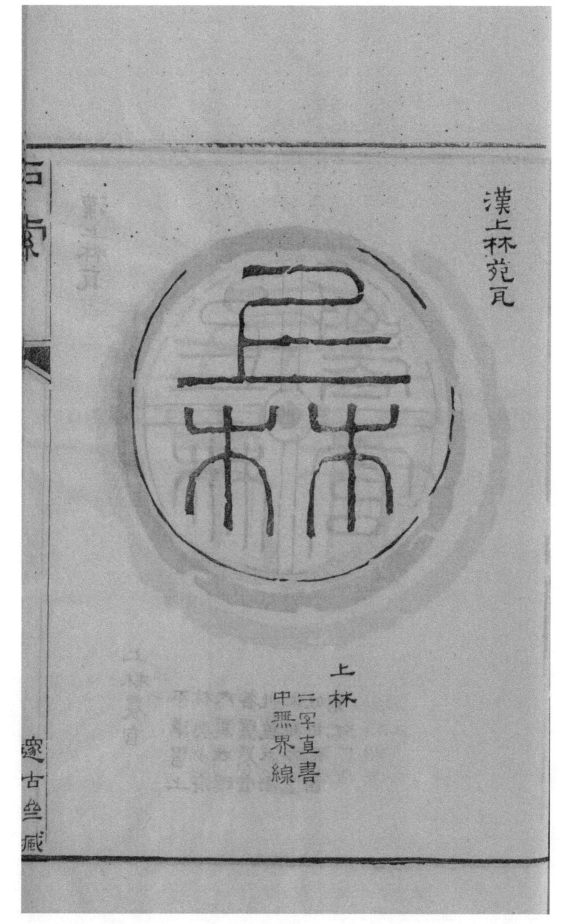

漢上林瓦

上林農官

平準書上林與少府大農太僕各置農官此蓋水衡上林所置以田官田者也

漢上林瓦

上林

此瓦稍大而字畫近邊

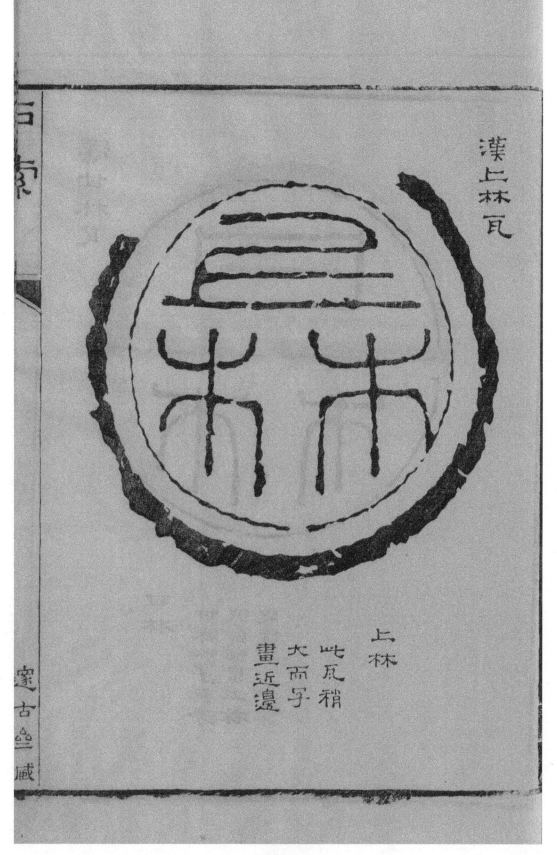

漢甘林瓦

甘林

甘林二字無考
或即甘泉上林
之省

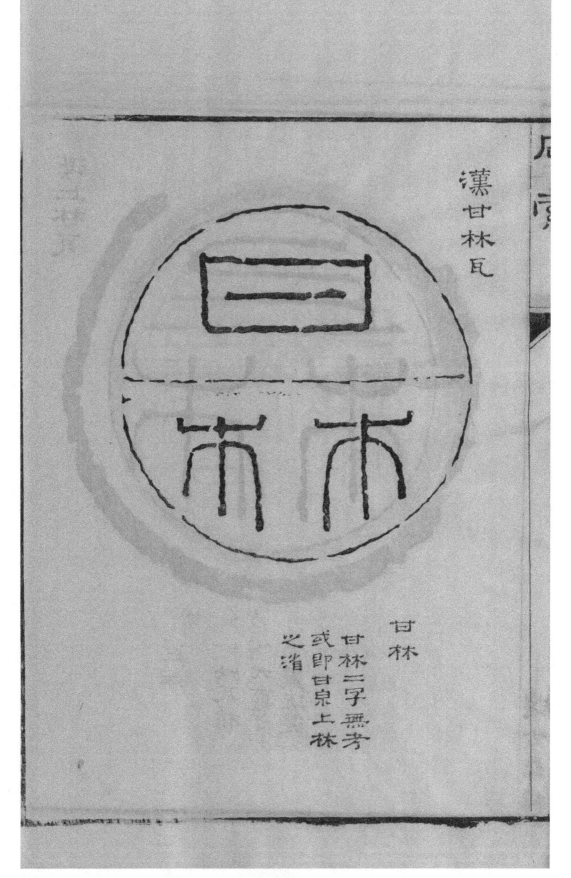

漢半瓦

上林

上林二字橫列內線一層外邊一層俱完備非殘瓦蓋半瓦也上字末畫即借內線用之

邃古堂藏

漢半瓦

延年

延年半瓦横逕七寸強程勉之云錢別駕得自漢城此与上林二半瓦皆非殘乃瓦當中具此一種以適用耳平列延年二字殆即延年殿瓦歟

漢八風臺瓦

八風壽存當

朱排山瓦當記此瓦得之漢城西南土中有益壽存富四字乃益壽館瓦程勉之瓦當文字云歎于長樂鐘室址南檢得一瓦拓出即此文知為八風壽存當乃八風臺瓦也漢郊祀志王莽二年興神仙事以方士言起八風臺于宮中臺成萬金即此又莽更名未央宮曰壽成室更霸館為長存館一時命名相合也

漢樂府瓦

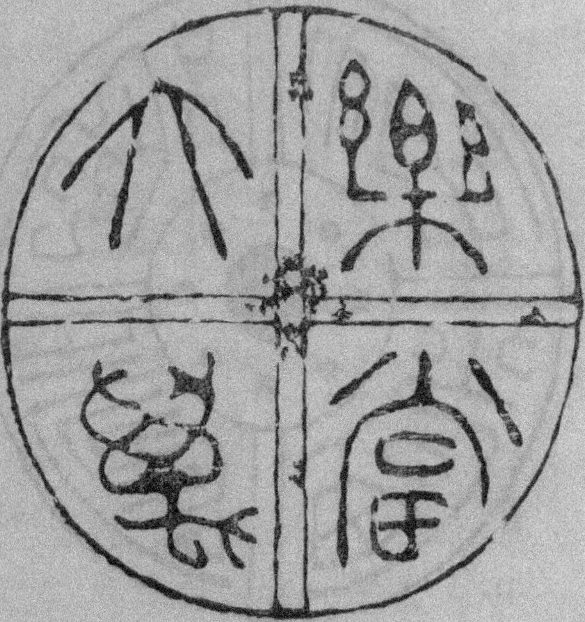

大萬樂當

四字反書俞太學得于汧隴之交古隃麋地程勉之以為神祠瓦桂未谷以為太子樂署瓦鵬案漢志少府屬官有樂府此當是樂府之瓦未谷札樸又云大萬乃漢人習語樂讀為長樂未央之樂亦通

漢瓦

宗正官當

漢百官表宗正秦官掌親屬又周成王時彤伯入為宗正是猶不始于秦也

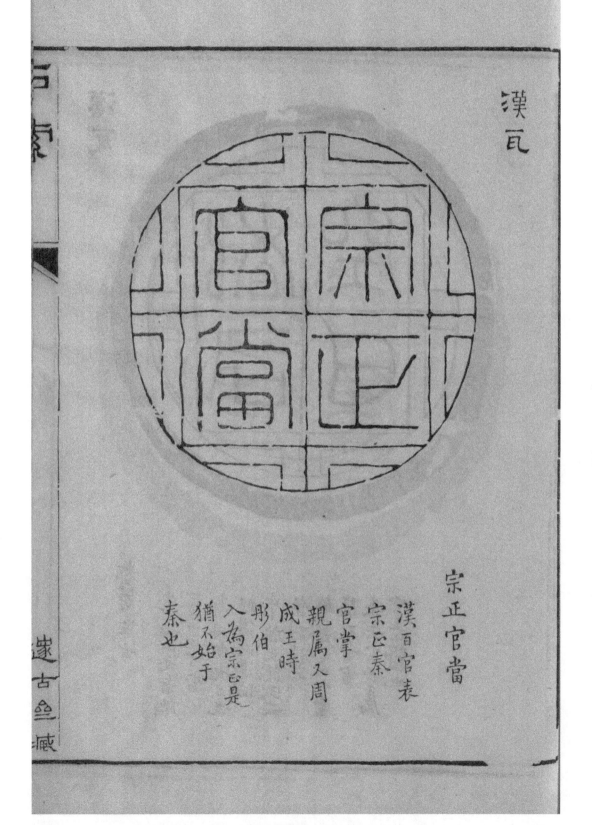

漢瓦

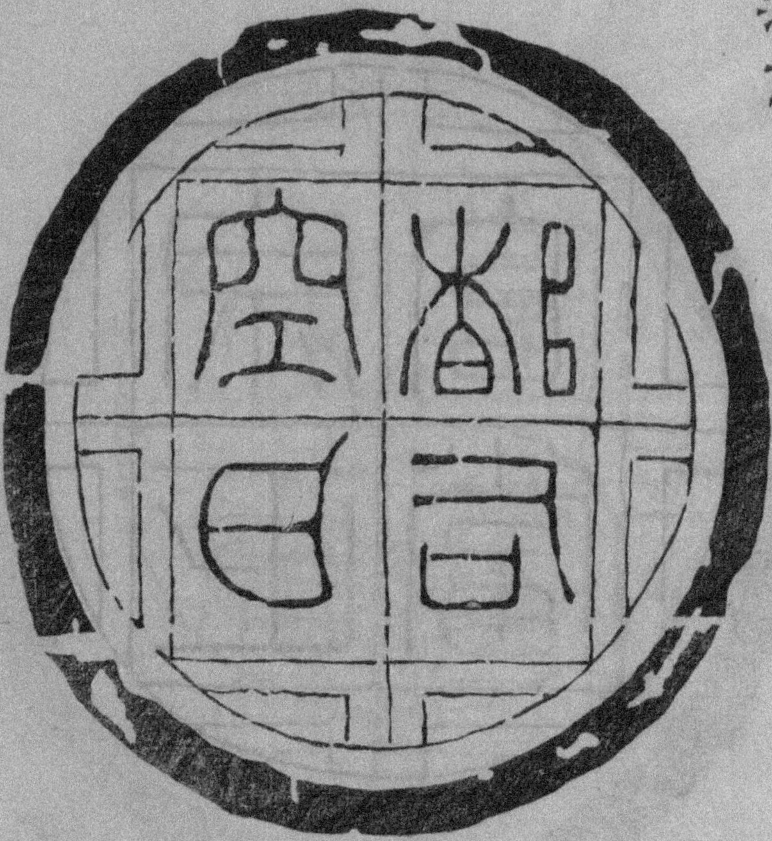

都司空瓦

朱排山瓦當記云宗正官當都司空瓦二瓦竝得之漢城中按史記武安侯列傳劾繫都司空索隱引百官表云宗正屬官主詔獄也

漢瓦

都司空瓦

遯古亝藏

漢瓦

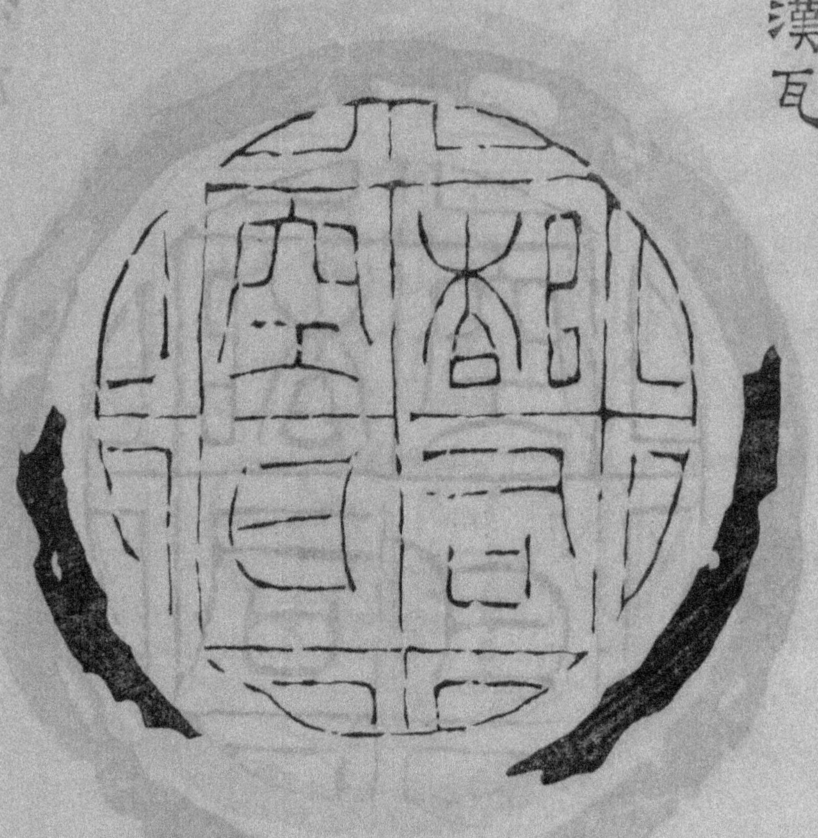

都司空瓦

予見都司空瓦數種拓本皆瘦勁有法與麤板擁腫者不同

漢瓦

右空

百官表少府秦官掌山海池澤之稅屬官有左右司空據此當是右司空瓦也

漢瓦

右將

漢百官表前後左右將軍皆周末官秦因之位上卿漢不常置又中郎有五官左右三將此不云將軍而云右將當是右將署瓦耳

漢瓦

宜富當貴 中有千金二字

宜富當貴瓦面徑五寸六分朱枕山記曰瓦得之淳化縣甘泉宮故基華州史君藏其中一央有文曰劉程勉之秦漢瓦當文字記云宜富貴當中有字漫漶或說之云旁刁爲刘字江鄭堂藩謂是千金二字今從江說

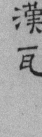

漢瓦

百萬石倉

桂未谷云以石爲稟倉故轉氏有藏書石倉

漢瓦

六畜蕃息

桂未谷云

急就篇云

六畜蕃息

豚豕豬

漢瓦

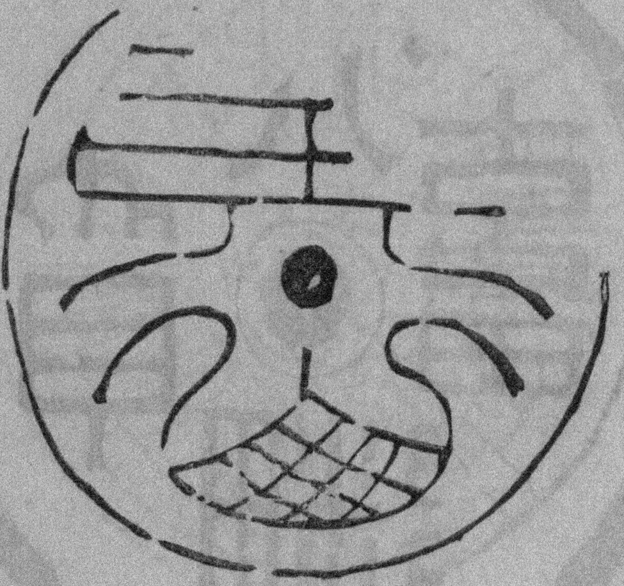

黃山

漢地里志槐里黃山宮孝惠二年起今興平縣治西南十里漢黃山宮是也俞太學得自興平

漢瓦

萬有憙

萬有憙未知所施或謂是官舍通用之瓦漢鏡曰有憙々字亦從心皆古人吉利語說文喜樂也憙說也

邃古齋藏

漢瓦

此萬有憙破瓦

漢冢瓦

萬歲冢當
俞太學于鳳翔
得此瓦文曰萬歲
冢當鵬按隸續
漢汝伯寧塼文云
萬歲舍大利善轉
尌文塼云作千萬
歲署舍洪氏云坿
君篆塼亦謂之萬
秋宅漢人無忌諱如
此〻萬歲冢亦朕瓦當
文字記云冢當萬歲
亦通

漢冢瓦

嵬氏冢舍

此瓦錢別駕得之馬嵬隸書四字曰嵬氏冢舍瓦當文字記云古無嵬姓殆巍字省文武梁祠畫像有巍湯者鵰可取而證也漢游俠傳云原涉以先人墳墓儉約迺大治起冢舍此冢舍之證

漢瓦

宮

此瓦止一宮字未定何宮未知何代

邃古亝藏

漢瓦

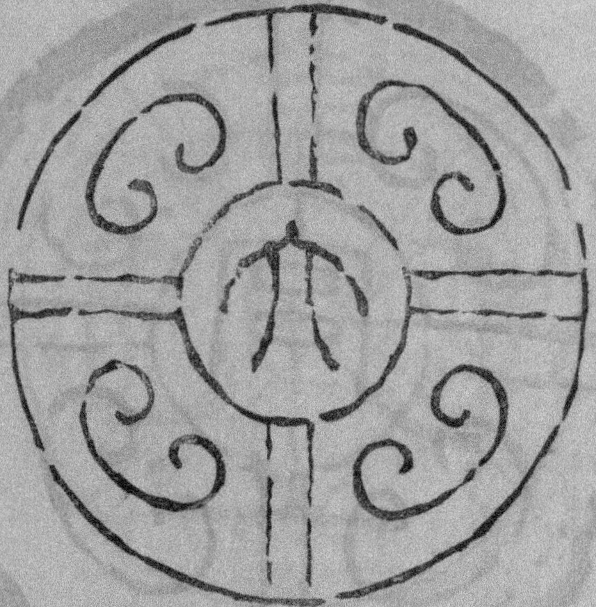

大

大一字瓦翁太學得於漢城未審所在

漢瓦

金

金一字瓦未審何施錢別駕得于漢城瓦當文字記云黃圖有金廄輅軨廄大廄等在長安城內此瓦既出於漢城輪廓小而字不甚美其金廄瓦歟以此類推俞太學所得大字或即大廄瓦也

漢瓦

樂

樂一字瓦未詳所在鳴考少府官屬有樂府又綏和二年哀帝省樂府或是樂府之瓦

漢殘瓦

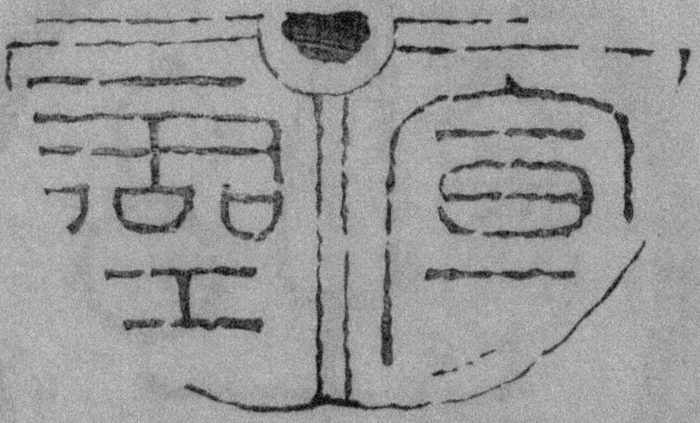

宣靈

瓦存下半截宣靈二字其上截不可知未知何宮之瓦攷漢有宣室宣曲皆与此不合惟首山宮有高靈館為漢武封禪後禮高祖而作則高祖有高靈即宣帝亦可有宣靈矣肰亦無據以俟續考

邃古齋藏

漢竟寧甎

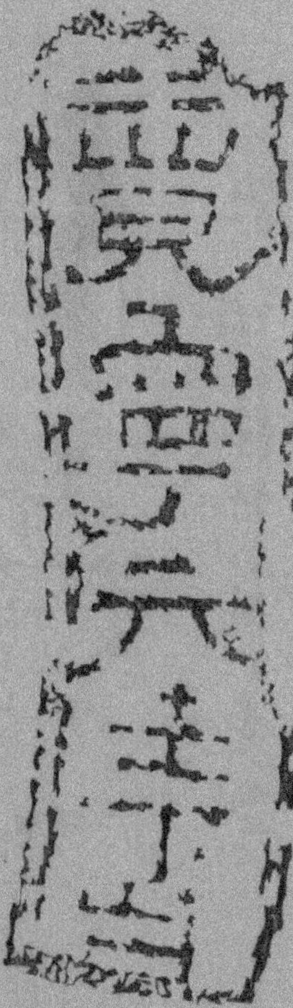

竟寧元年年下有歲字之半以下缺

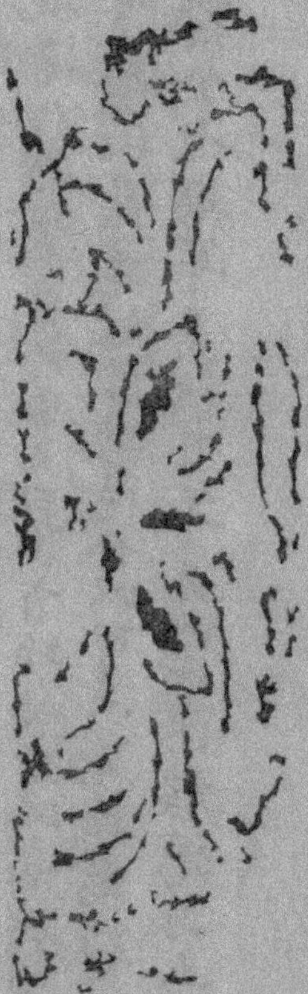

獅首形

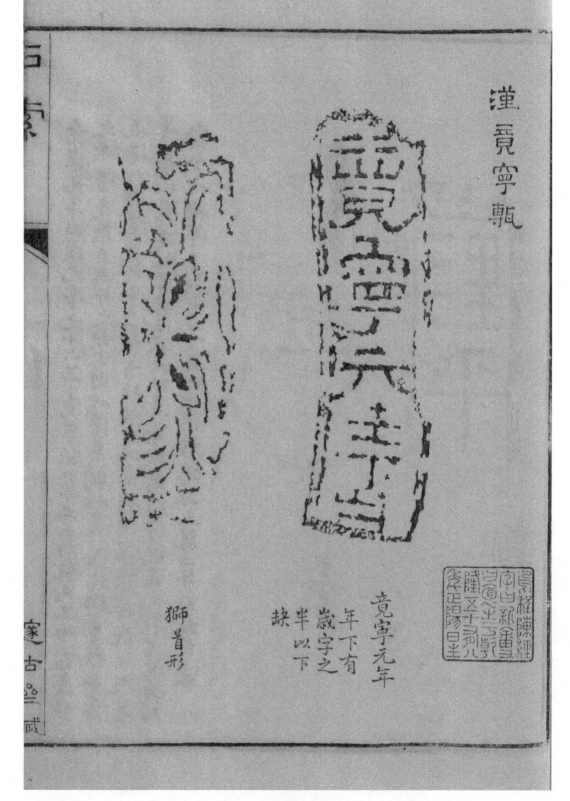

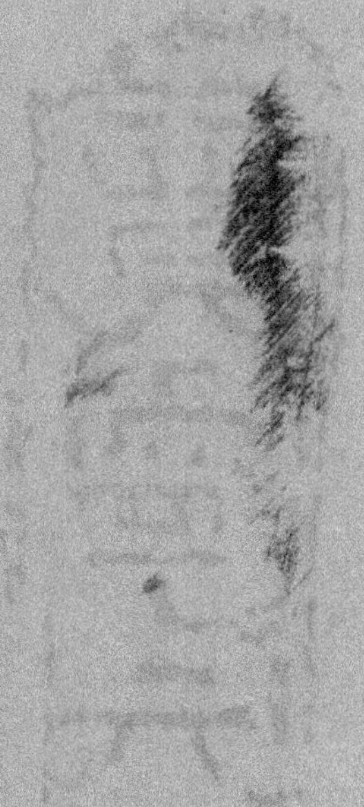

竟寧元年西漢元帝之十六年竟寧秖一年而止此軌元年下露歲字之半當是歲在戊子之缺文則此僅半軌也其一面作獅首形今簷瓦每作此形亦曰獅首又曰猫首殆始于此烏程陳抱之經所藏古軌甚多當以是為冠昔歐陽公以西漢器物為難得況在瓦軌尤易毀而難全瓦無年月軌有年月此西漢軌堪与五鳳二年石竝傳矣

建平甎

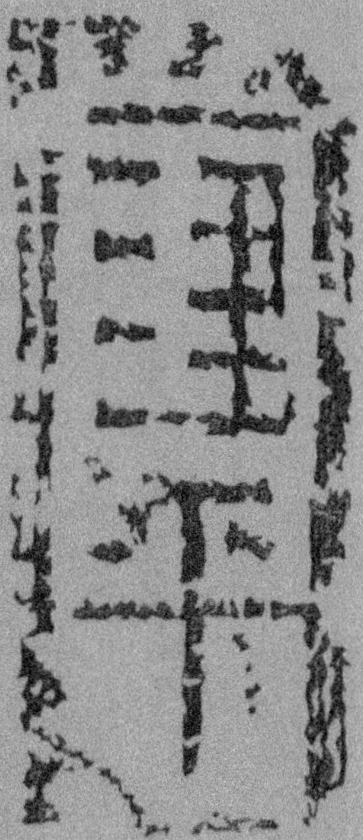

建平

宜

廷尉書
反文

建平西漢哀帝年號磚一面建平二字一面止一宜字一面廷尉書三字文甚簡字亦古真西漢物漢碑每不著撰書人姓名此記廷尉書又一異也但不知廷尉為何人耳

漢永寧甎

永寧元年

永寧止一年東漢孝安帝之十三年也

永建甎

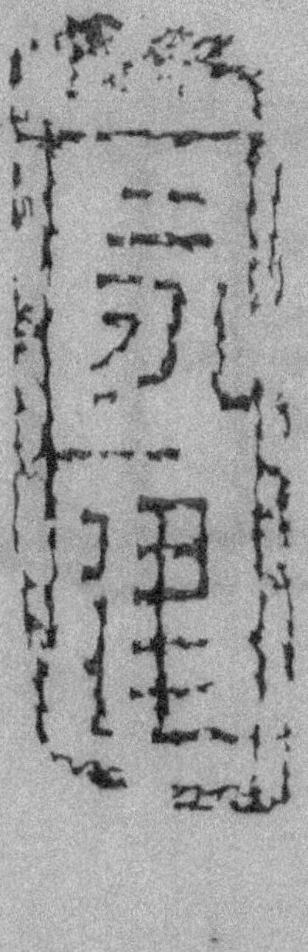

永建

孝順帝年號

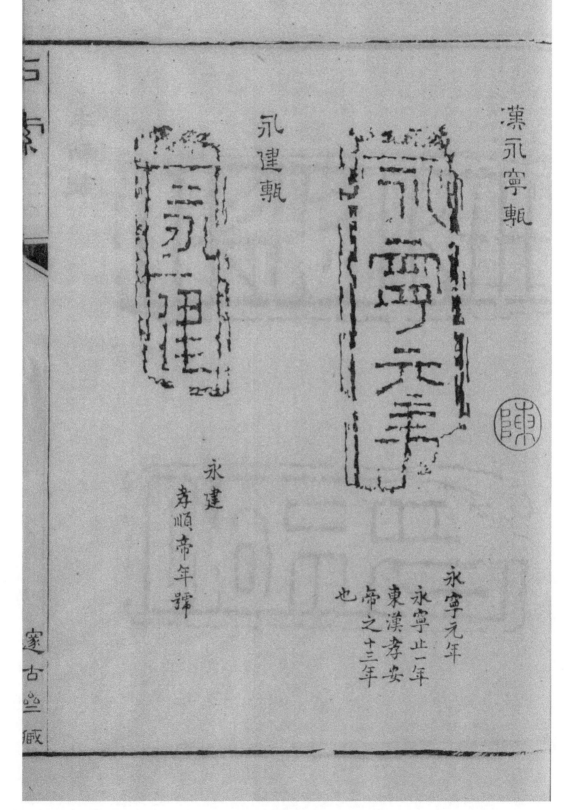

本初甎

一面本初元年歲在丙戌
一面可作則　可字反文又似奇字未定

本初孝質帝年號時年八歲為梁冀所迎立即為所鴆在位祇一年見于金石者絕少此塼亦希有也其本初二字不合篆法但元年丙戌雖本初有之丙戌字又似古字大抵陶瓴土質易于失樣不比范金凡字當以意求之不得斤斤相繩也

中平甎

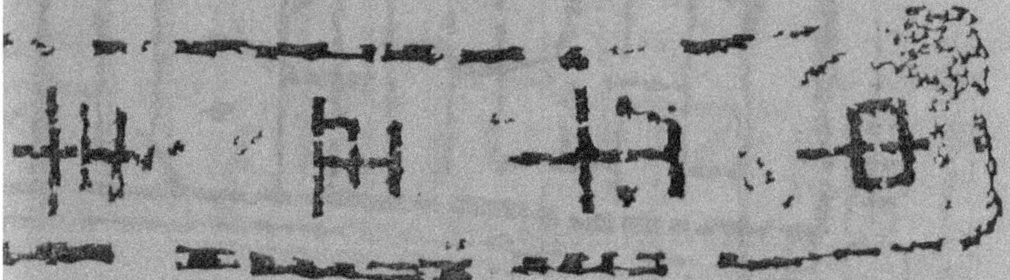

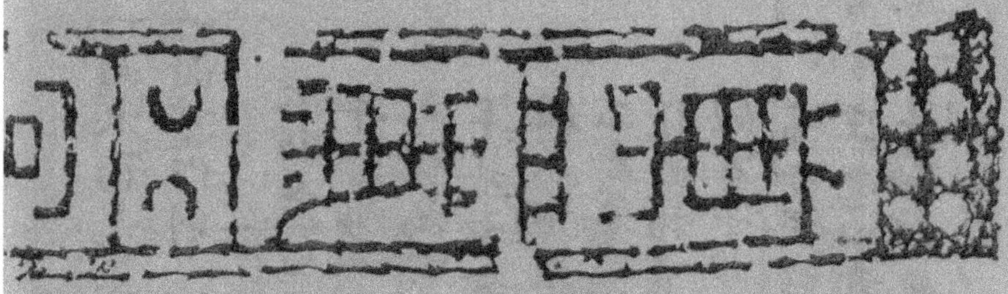

一面中平五年七月中平五年靈帝之二十一年也月下字缺一面萬歲富貴四字中有花文間之

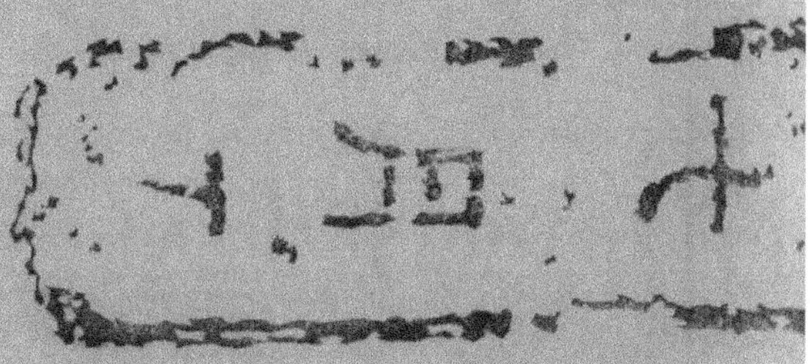

一面似萬歲二字亦以意求之

右甎文有萬歲富貴字每格以負圖方格閒之其萬歲字乃古人通用祝頌語與頌君者無別隸續載漢甎文有建初三年八月廿日汝伯寧萬歲舍大利善洪氏云与曹竑文甎所謂萬歲署舍同或是卜築所用者邯君篆甎亦謂之萬秋宅漢人無忌諱如此〻其証也以上西漢甎二与東漢甎四皆烏程陳抱之藏

漢甎一 縮本

千秋萬歲長樂未央八字貫于四神之中

漢甎二 縮本

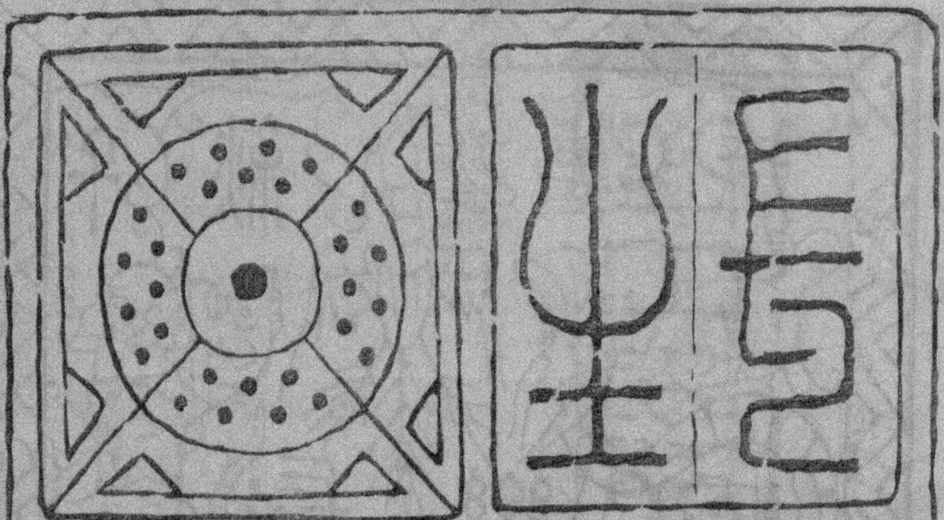

磚分四格二格分寫長生未央四字二格畫雙辟亦金釭銜辟之義

以上二軓係顔心齋明府宰興化縣時濬河得之今制以為几用以庋茶在馬毓泉廣文家孝玉海載開元十二年有司奏脩后土壇掘出銅鼎二又掘出古軓有篆書千秋萬歲長樂未央字是日祠后土太史奏榮光出河休氣四塞祥風繞壇日揚其光云云其塼之篆文八字與此第一軓同可以為證也

漢萬歲軓

萬歲二字軓詳載張氏金石契

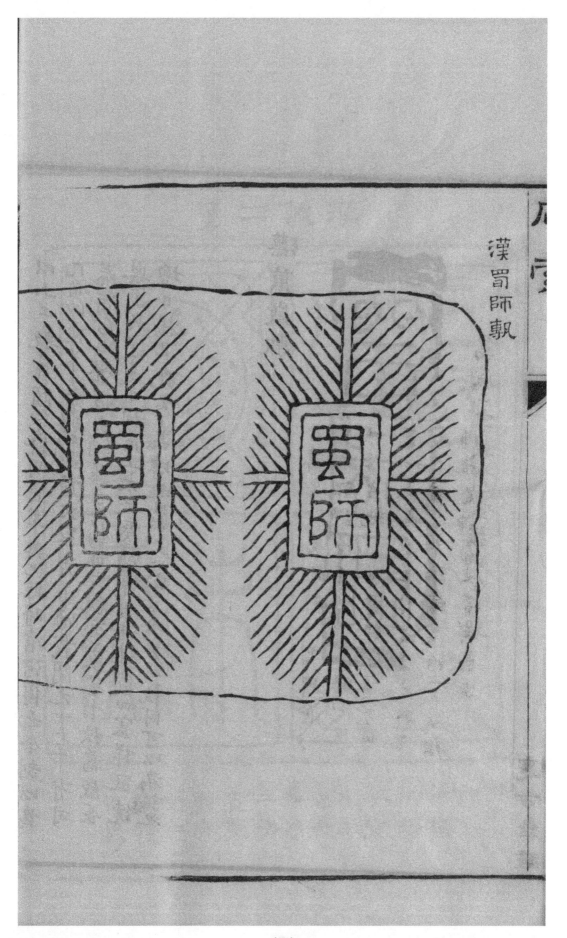

漢蜀師軓

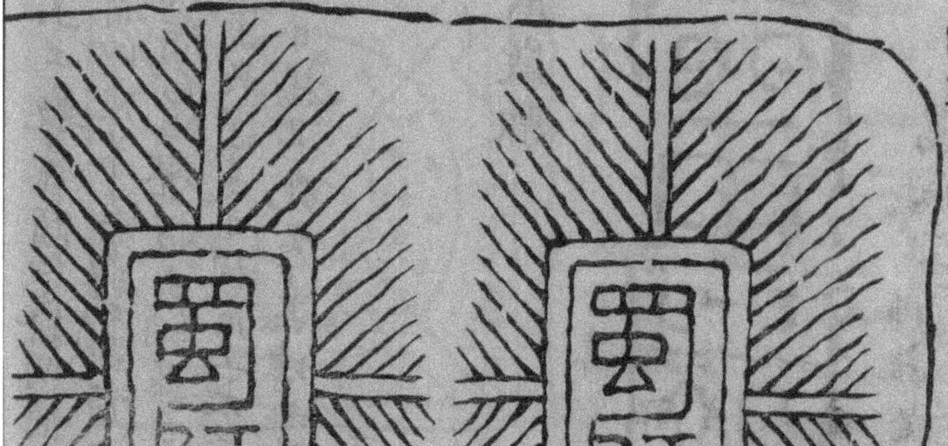

金石契云右磚文曰蜀師制作甚精吾鄉海上常得見之鄧尉徐叉竹坚云揚州平山堂下開河得古甎六有蜀師字諸宮賛草廬謂是匠人之名近華芳圃于吳興得一甎文曰蜀夫冢六古雅按漢甎字源甎續俱載景師甎蜀師蜀夫豈其類與

鵬按是甎字外皆有磨紋近日鄠縣得天
鳳石刻六周圖磨紋與此相似此雖不載
年月其為漢甎無疑

漢汝南黃伯安甎 二

月十日汝南細陽

甎缺其上半截

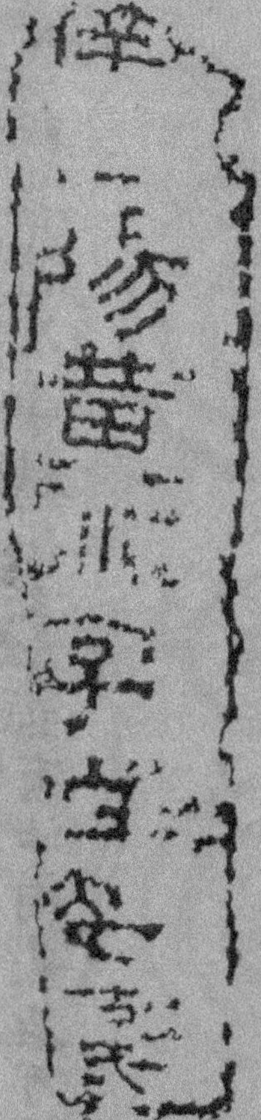

南細陽黃□字伯安墓

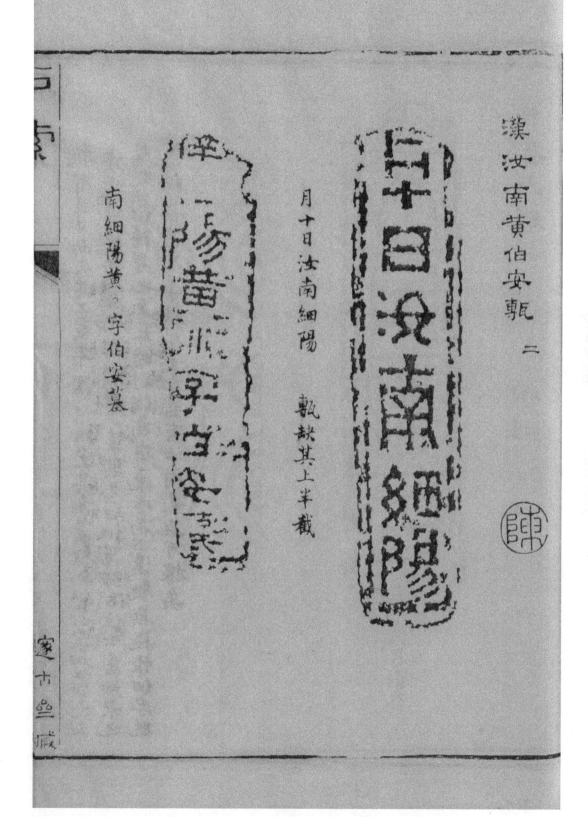

執有月日而失其上截年號何以定其爲漢執也以其字體知之又考前漢地里志汝南郡領縣三十七其十二曰細陽師古注云居細水之陽故曰細陽是也至莽時則改爲樂慶此爲西漢執無疑惟細字脫落殊甚其左旁轉似文字非有汝南載無可據矣

漢潘氏甎

八月潘氏

花紋似星斗而有暈

此軌亦無年號秖存八月潘氏四篆文蓋失去上截也疑亦是漢時軌一面為花紋亦不全

漢八月甎

八月壬戌朔廿日辛 下缺

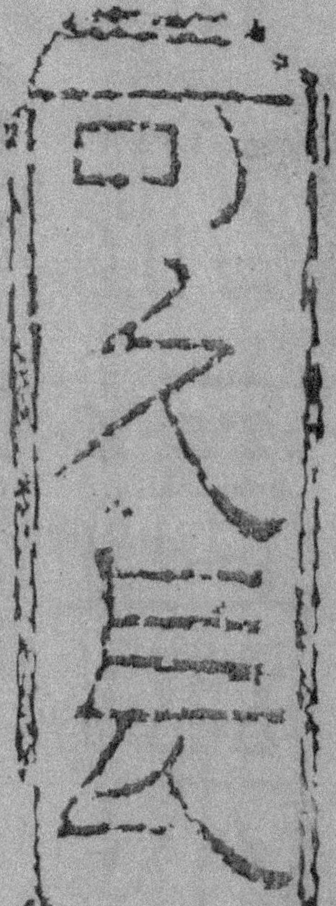

可久長

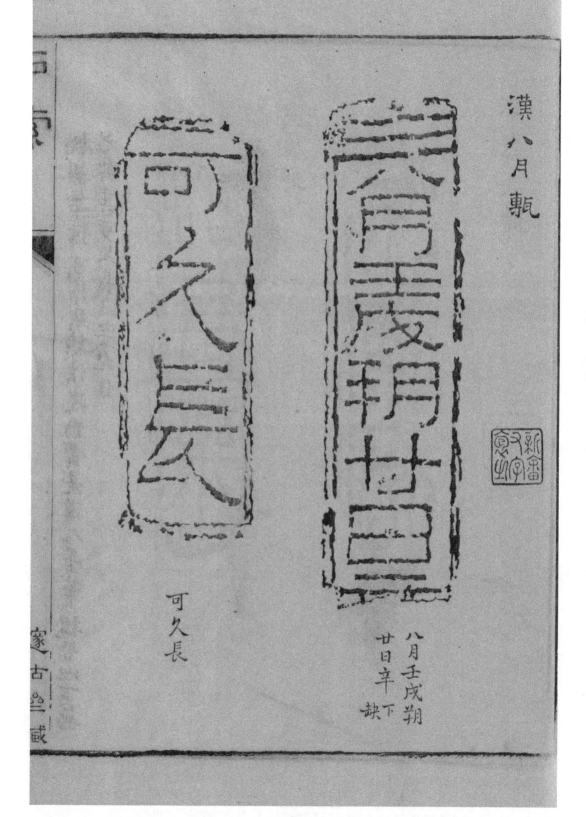

軌無年號可稽然隸法瘦勁當是漢人手筆魏晉以下無之矣其可久長三字尤佳

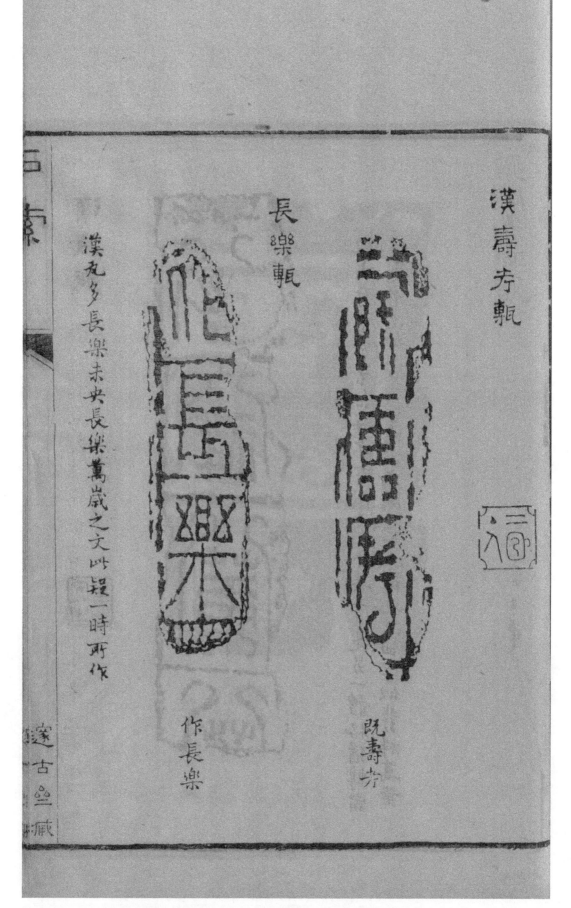

漢壽考甎

既壽考

長樂甎

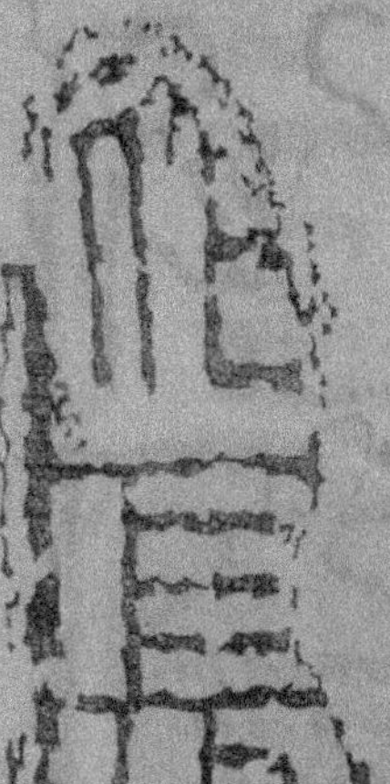

作長樂

漢瓦多長樂未央長樂萬歲之文此疑一時所作

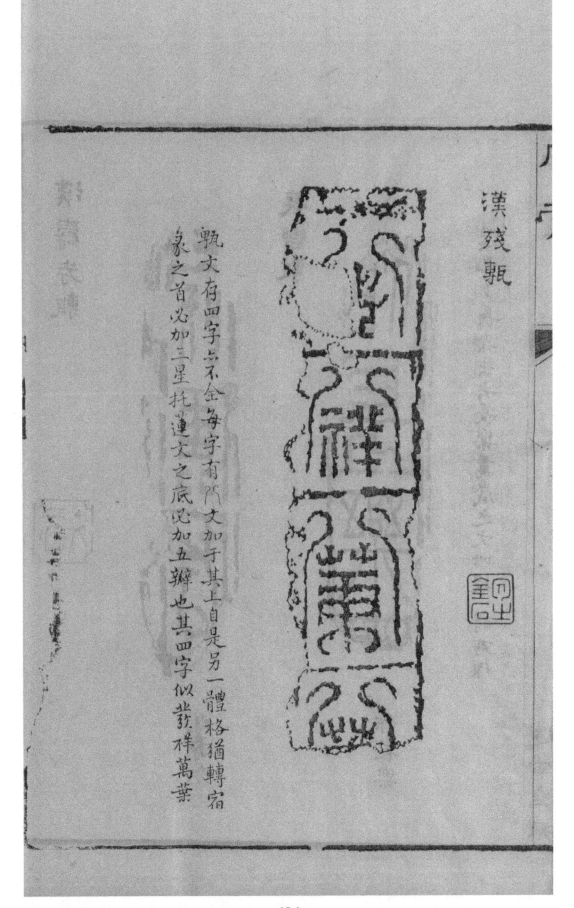

漢殘甎

甎文有四字亦不全每字有八文加于其上自是另一體格猶轉宿象之首必加三星托蓮文之底必加五瓣也其四字似[illegible]祥萬葉

魏銅雀宮甎

銅雀
宮造
葉東卿藏

銅雀瓦

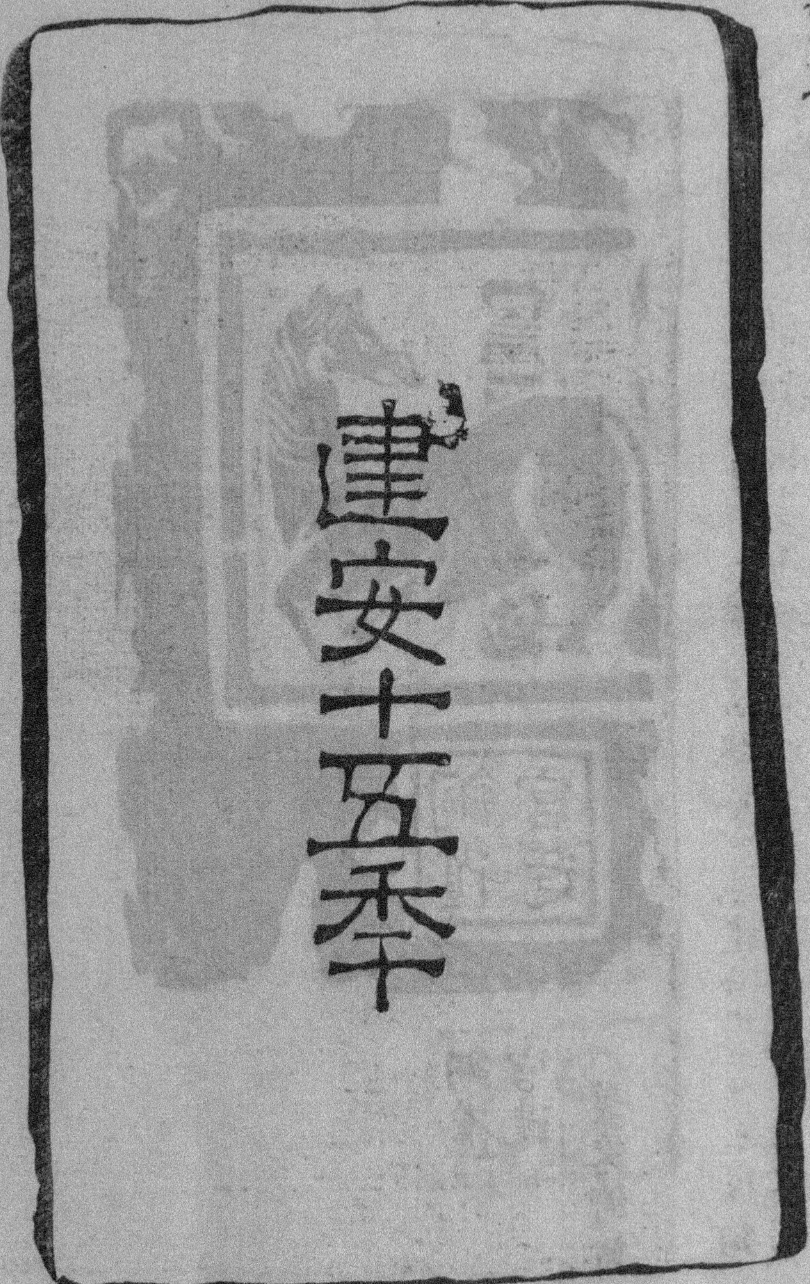

建安十五年

嘉慶庚辰雷仲
集軒得之嶧陽

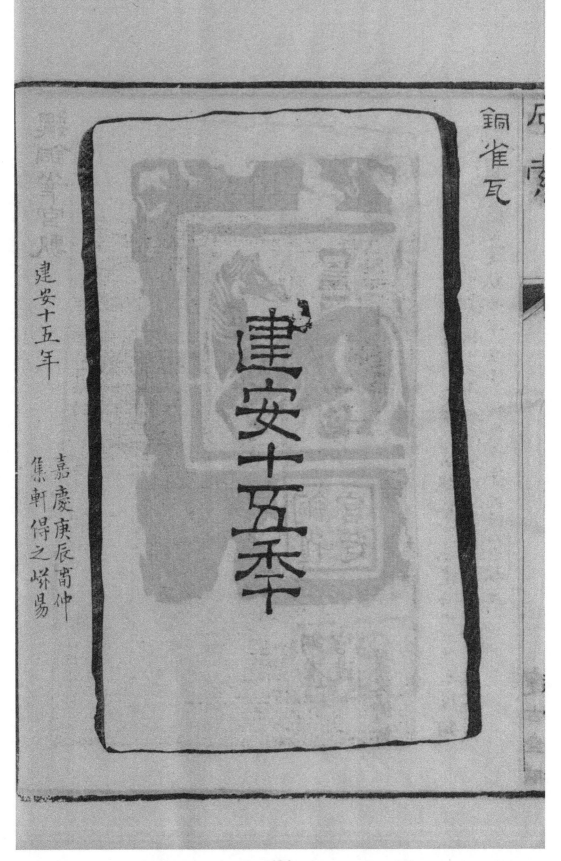

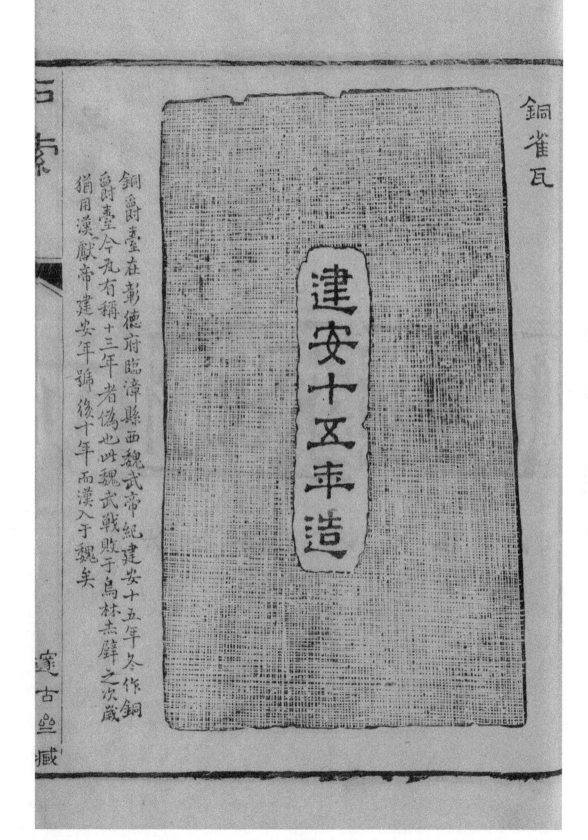

銅雀瓦

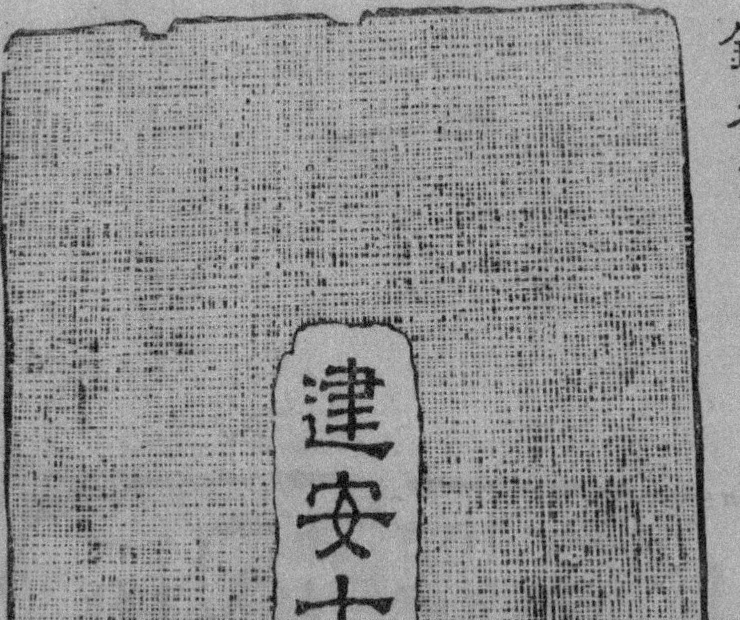

銅爵臺在彰德府臨漳縣西魏武帝紀建安十五年冬作銅爵臺今瓦有稱十三年者僞也此魏武戰敗于烏林赤壁之次歲猶用漢獻帝建安年號後十年而漢入于魏矣

吳寶鼎甎

詳載金石契

大吳寶鼎二

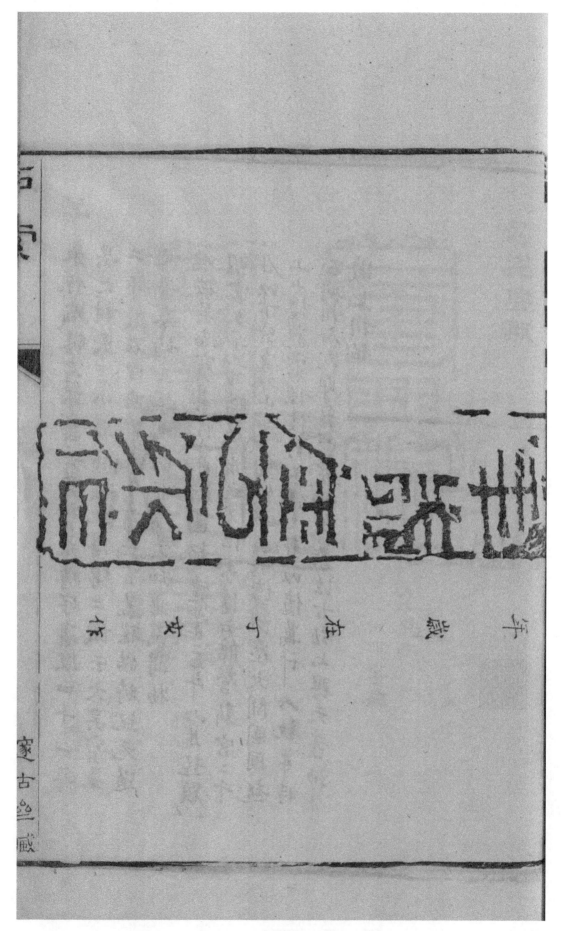

[illegible]

年歲在丁亥作

朱竹垞曝書亭集云吴寶鼎塼字康熙四十二年
吴之村民于小雁嶺掘地得塼二識云大吴寶鼎
二年歲在丁亥作凡十有一言盖孫皓時紀元通
鑑晋泰始三年也面有鐫文知非民間物

鵬按吴志寶鼎元年皓還都建業二年六月起顯
明宫冬十二月皓移居之又江表傳云皓營新宫二千
石以下皆自入山督攝伐木又破壞諸營大開園囿起
上山樓觀窮極伎巧工役之費以億萬計此甎年時
正與相合或即新宫甎也其篆法古勁亦與天發神
讖文相佀

吳建興甎

建興二
以下字缺

傳世富貴

蜀漢西晉皆有建興年號此甎得之吳興當為吳建興也吳孫亮

之建興六止二年其後改五鳳矣一面有傳世富貴四字蓋當時吉
利語隸體方整六合三國時之制

吳孫氏甎

在乙亥孫氏造

大泉五日錢文三枚日疑是百

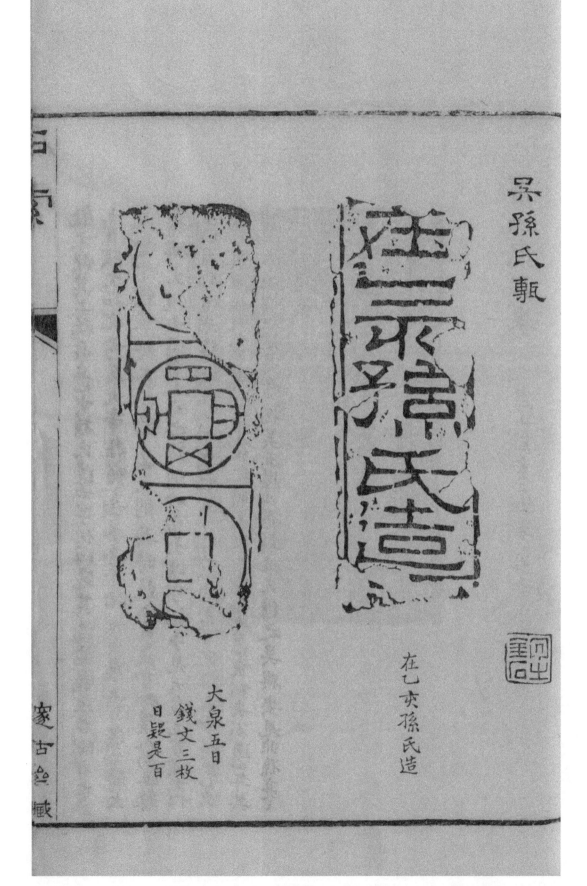

軌文缺其上衹存在乙亥孫氏造六字何以定其爲吴軌以右側有大泉五百錢文知之考吴大帝孫權嘉禾五年始制大泉五百後又鑄大泉當千較莽時大泉五十爲大則其時競尚大泉可知漢人尚五銖一時碑文鏡文俱有五銖之飾則此爲吴塼可証予見大泉五百錢大作百此乃作日或係泐文亦或竟取五百之義均未可定惟大帝時無乙亥歲乙亥迺在大帝少子孫亮之時五鳳二年正當乙亥相去不過四年其猶用大泉宜也則是當爲吴五鳳二年軌且又得之吴興安見非孫亮之族人所造者

晉太康瓦券

藏山陰童二樹家　從金石契摹本

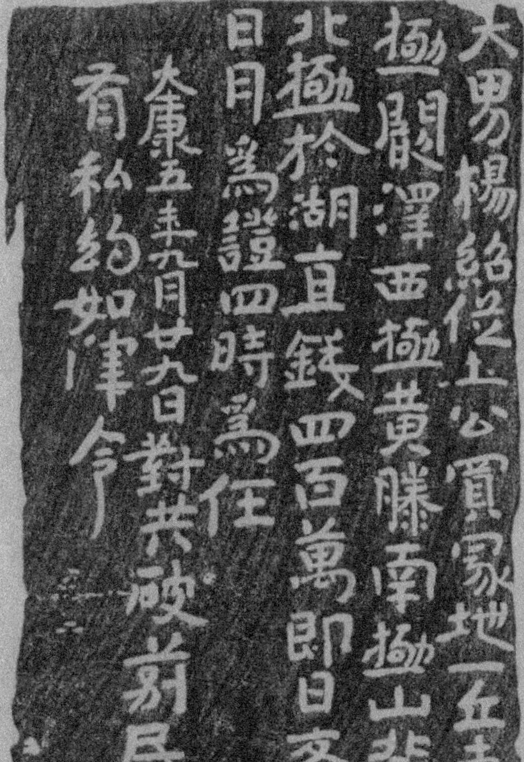
大男楊紹從土公買冢地一丘東
極闞澤西極黃滕南極山背
北極於湖直錢四百萬即日交畢
日月為證四時為任
太康五年九月廿九日對共破莂民
有私約如律令

金石契云太康瓦券藏山陰童二樹鈺家乾隆辛卯冬二樹攜瓦券過吳門時余亦客吳出以示余与陸白齋紹曾共玩瓦質白沙骨猶今之瓦瓦瓷外有釉星星如雲母面文六十六言蓋營葬時買於神者書法以錐畫坏入火燒成

徐渭集柳元穀以所得晉太康間冢中杯及瓦券来易余手繪二首

券文大男楊紹云々似買于神若令祀后土義非從人間買也二物在會

稽倪光簡冢地中於萬歷元年掘得之在山陰二十七都應家頭之

西尚有白瓷獅子及諸銅罏々出則腐敗矣獅尚藏光簡家

陸紹曾跋此晉時瓦券也狀如破竹陶瓦爲之面有兩竅若古之竹簡

此高五寸廣二寸八分六十六言草隸八分相雜文云四時爲任說文任保也

釋名莂別也大書中央破別也即今市井合同廣韻爲莂分別也分契也

又分竹也晉世執瓦遺文流傳絕少唯王献之保母塼此更在中令以前尤

足寶貴　又跋云瓦券書法體勢与瘞鶴銘相類

鵬按契尾如律令三字与漢開熹長韓仁銘碑末同今人以爲道流

語不知其由來遠矣

晉元康甎一

元康五年 下似七月一日四字

元康六晉惠帝年号

萬歲張慎墓

甎稱萬歲張慎冢生時所營壽藏亦萬歲署舍之意洪氏謂漢人無忌諱此以萬歲二字直加于張慎之上則晉人之無忌諱又甚矣

元康瓴二

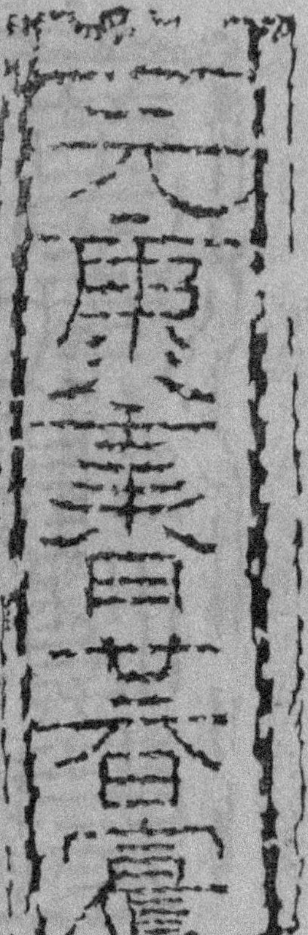

元康八年八月廿六日
日下有字似
一似二不可識

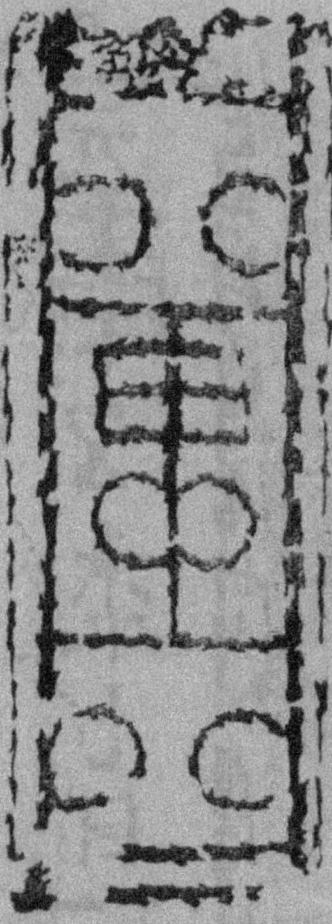

似萬字

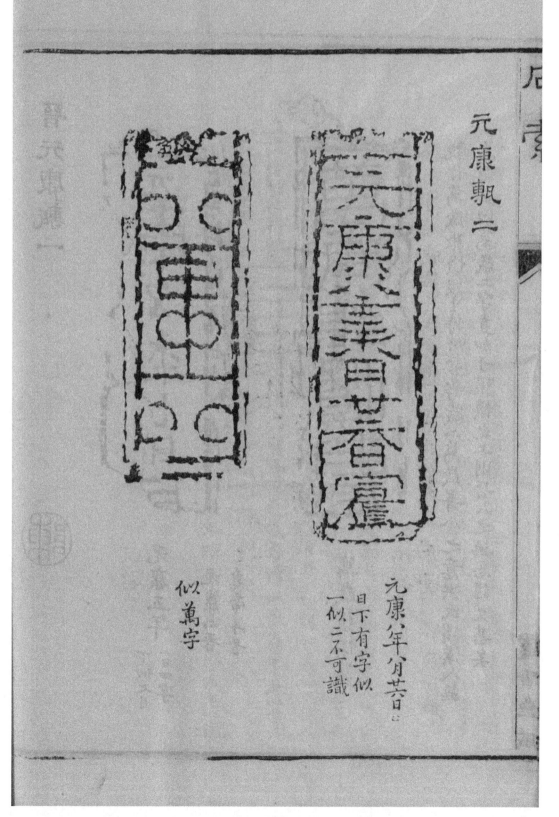

晉太康甎一

太康

太康晉武帝年號其下似六字疑六年時執

遂古齋藏

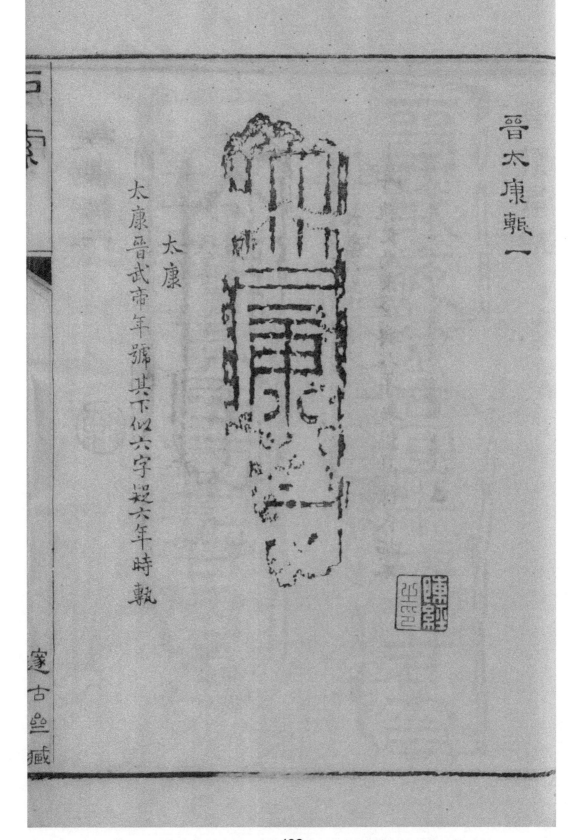

太康甎二

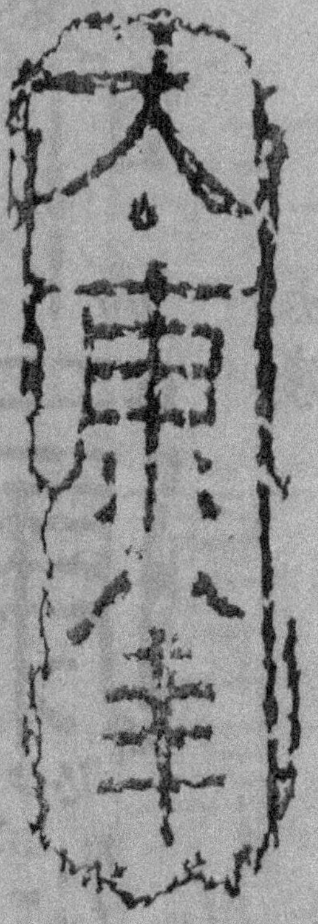

太康八年

此甎文尚未全與六年甎俱見陳氏拓本

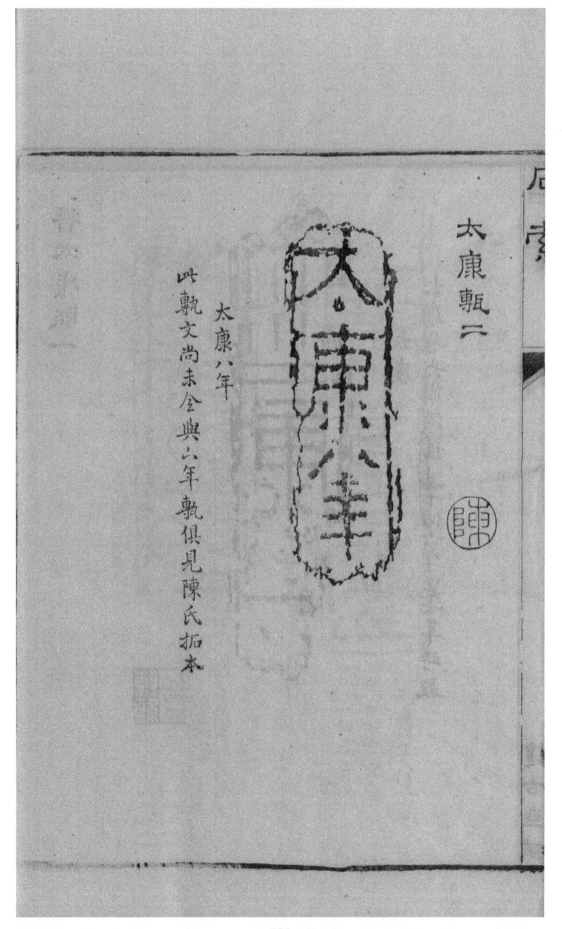

晉檀君甎 藏鄞縣徐氏

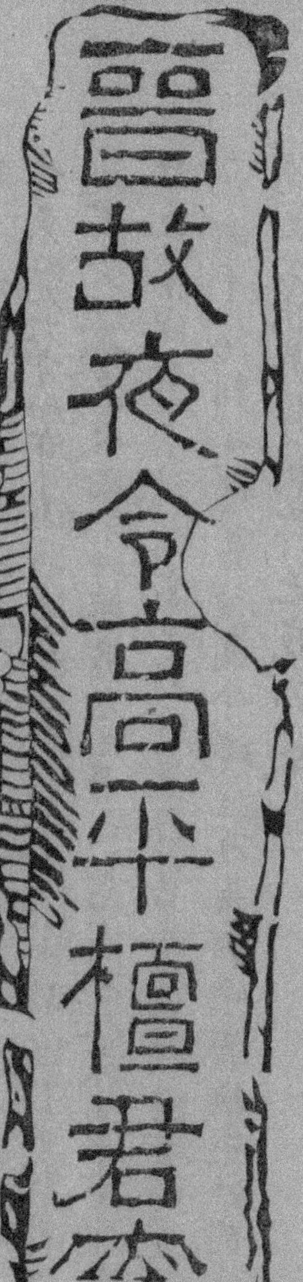

左側 晉故夜令高平檀君 下一字不可識

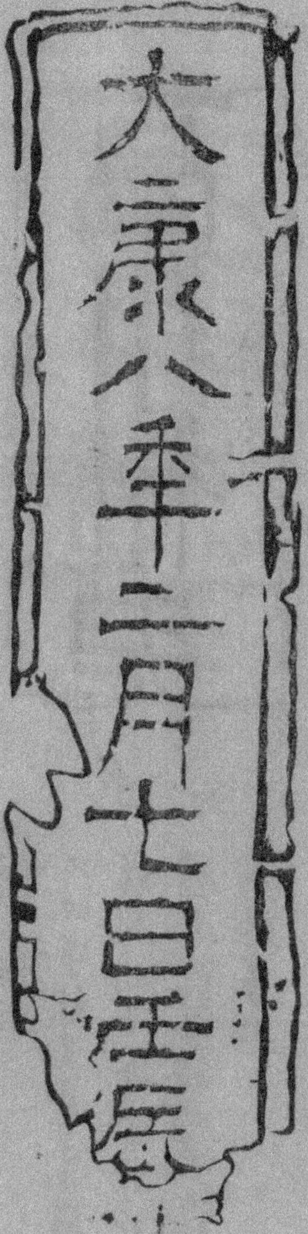

右側 太康八年二月七日壬辰 下一字缺

此檀君壙墓中甎也末一字難辨攷隸釋載張賓公妻穿中二柱文云造此穿者又云祖父穿中与此相似疑此亦穿字辰下疑是造字今缺

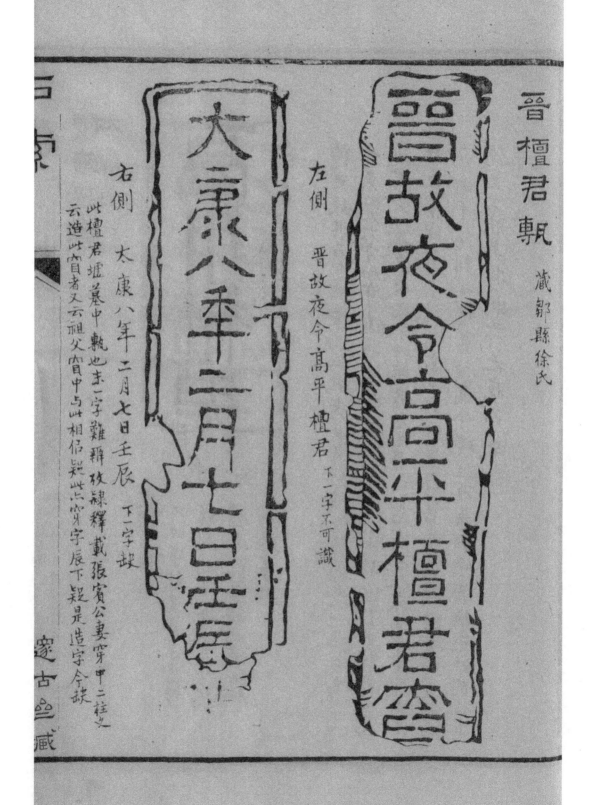

檀君殘甎

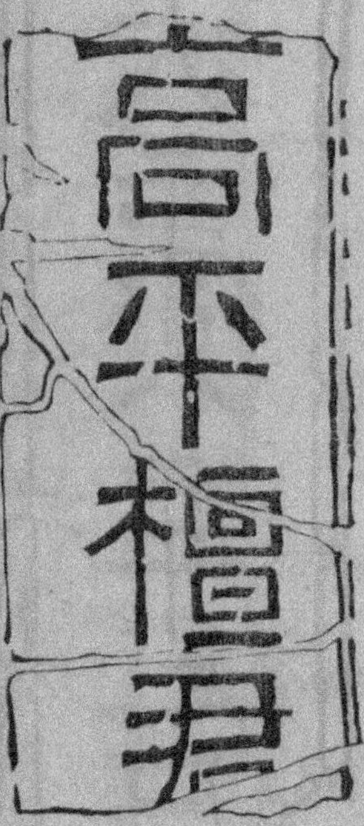

高平檀君只四字缺其首尾郡縣尉胡子壽雲於殘甓中得之持此見惠洵雅事也

檀君缺其名字其事亦無徵考晉書列傳有檀憑之字慶子高平人為東莞太守加寧遠將軍贈冀州刺史義熙時追封曲阿縣公邑三千户在東晉之末此檀君在西晉之初亦高平人或其先世家高平故屬梁國晉分山陽為高平國統置縣七昌邑鉅野方與金鄉湖陸高平南平陽郡及嶧昜皆高平境宜有是甎惟晉無夜縣或液字渻文不肰其牂牱郡之夜郎歟

壬辰殘甎

壬辰

此亦太康檀君甎中斷磚壬上有日字辰下有造字缺筆可想胡寄雲少尉既贈予檀君甎復得此見惠歌以志之

壬辰二字殘甎歌

壬辰兩字甎不全考之亦係太康年太康八年字離絶二月七日干支傳壬騎龍背是貴格今星平家以壬辰為壬騎龍背作貴格言土沙不蝕苔不纏未遇知音未肯出斷烟零雨埋荒阡寄雲拾得復持贈高平檀君結後緣欲識胡君好古士拂拭壬辰兩字甎

晋太康臨安甎一

求古精舍

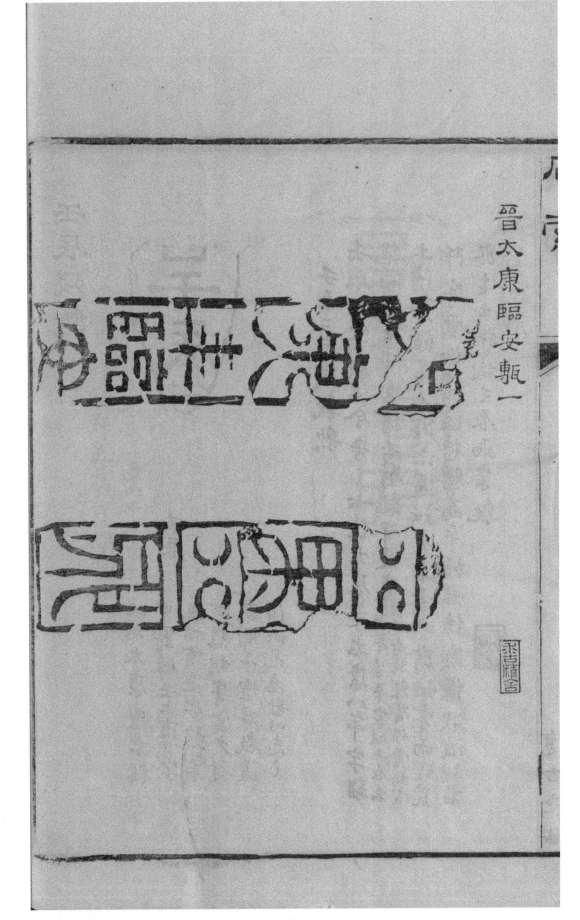

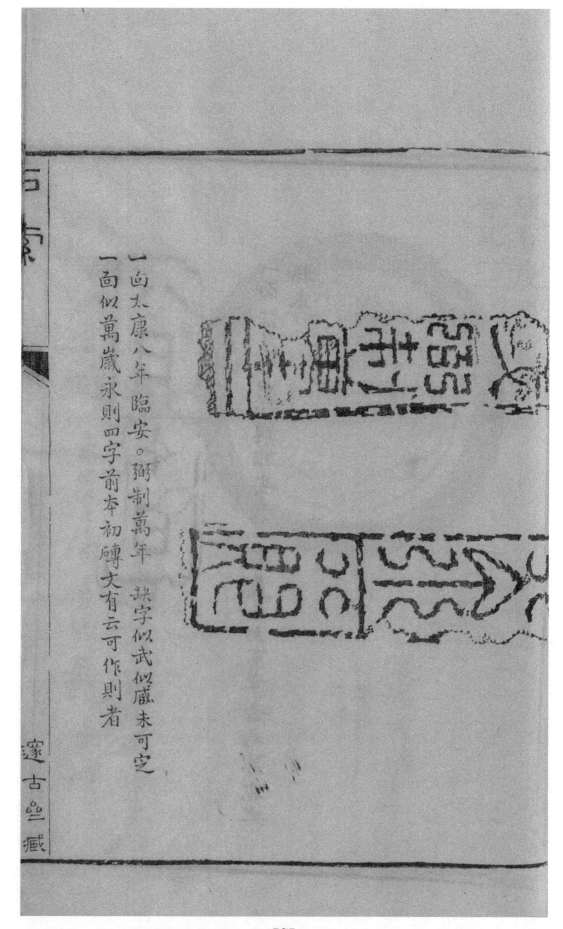

一面太康八年臨安。弼制萬年　缺字似武似咸未可定

一面似萬歲永則四字前本初磚文有云可作則者

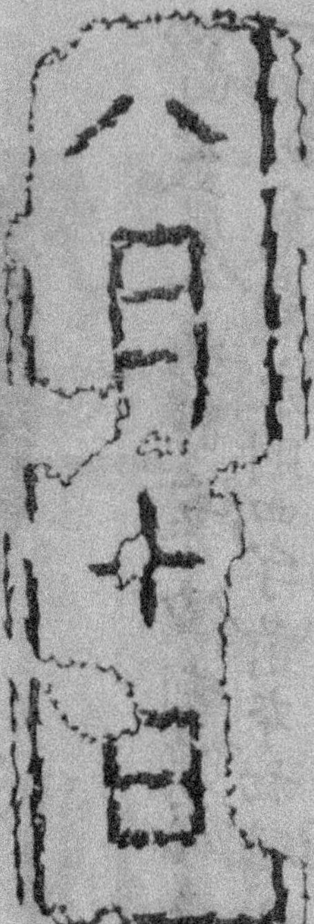

一面八月十日四字與臨安為一甎蓋三面有字者見陳抱之拓本

隋寶慶寺瓦一

長安寶慶

中心寺字

此丸形製較小其篆法亦異于漢丸

此瓦今歸陳伯恭編脩齋唐耿湋有此寺詩　未谷屬　方綱題

覃谿過眼

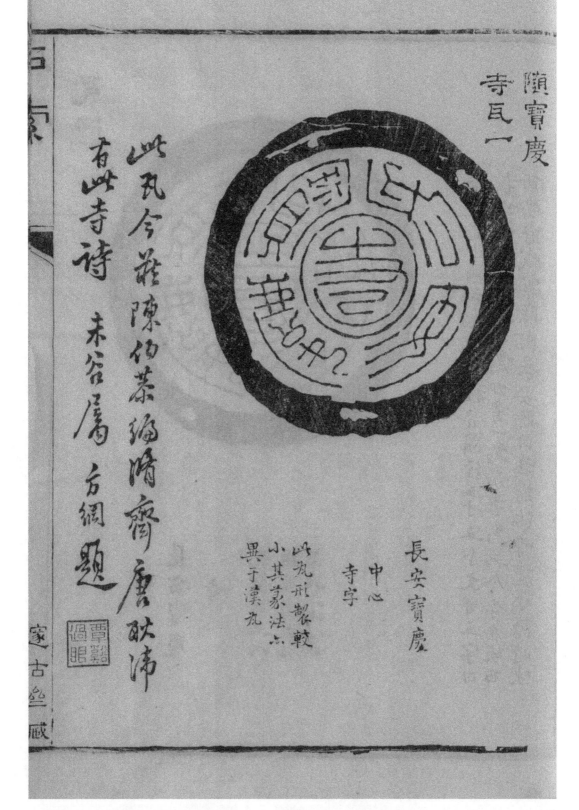

瓦二

長安寶慶寺

瓦制同上此從左角起左文與上少異

金石萃編云瓦當二種皆圓徑五寸五分文皆五字曰長安寶慶寺惟一為右書一為左書為異今寺在陝西西安府咸寧縣與長安縣同為府治寺建于隋時陝

西通志寶慶寺在咸寧縣安仁坊俗名學塔仁壽初建隋文帝唐中宗嘗臨幸焉咸寧縣在隋時為大興縣與長安縣同屬京兆郡此瓦冠以長安蓋長安自漢已有之大興是析置之地也

一瓴一甓雖屬微物而字體屈曲盤結有回方成矩遇員成甓之妙可藉以見古人配合精意迥非後人意計所及近來刻成瓦當屏幅轉相倣傚日失其初兹取真瓦及真拓本摹之縱未盡合亦不至戾古惟搜羅未廣不無遺憾俟有新得當更加續刻耳　辛巳春日偶書于甓瑺精舍

晏海雲鵬

太康臨安甎二

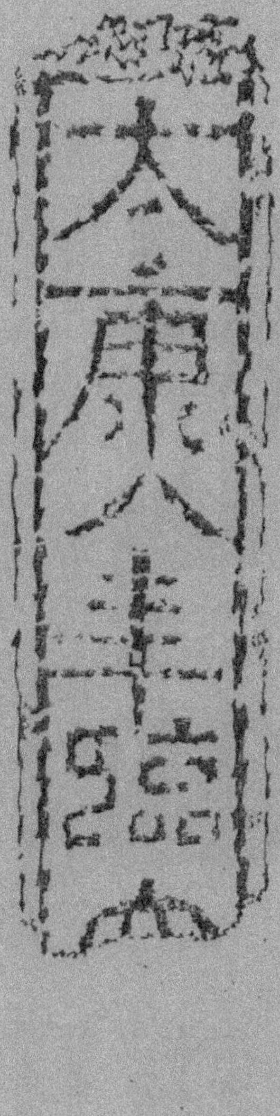

一面太康八年臨安　下缺

一面萬歲　下缺

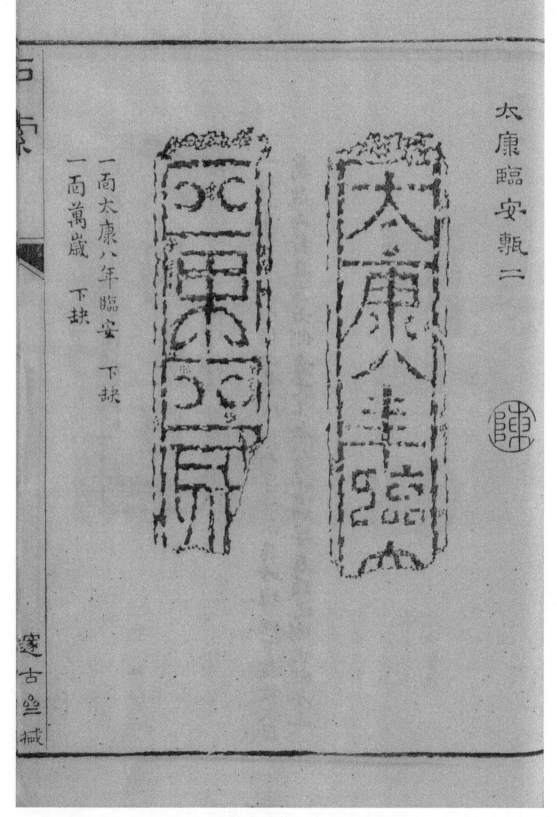

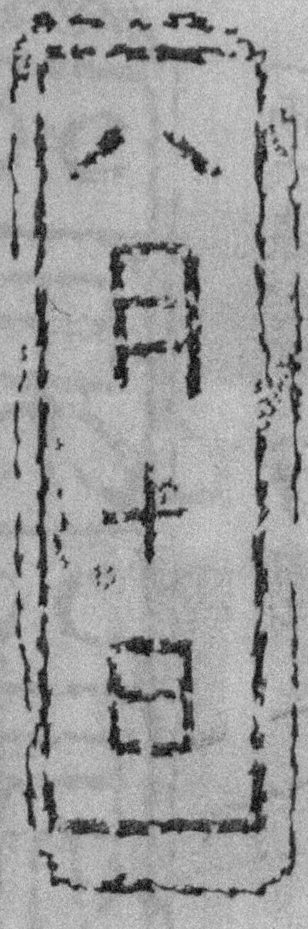

一面八月十日　三面俱与前塼同而字畫小異此塼缺下截故太康萬歲兩行在左右側者文不全八月十日四字在頂之側文則全也

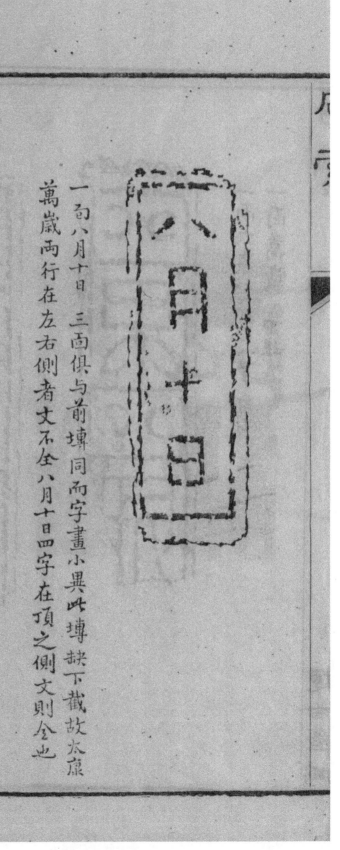

晉八甎

永平七　永興一

永平晉惠帝即位之次年改永平甫三月即改元康

永平
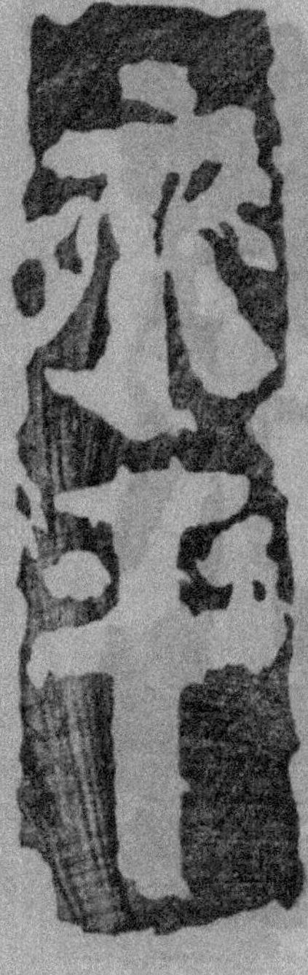
永平

永平

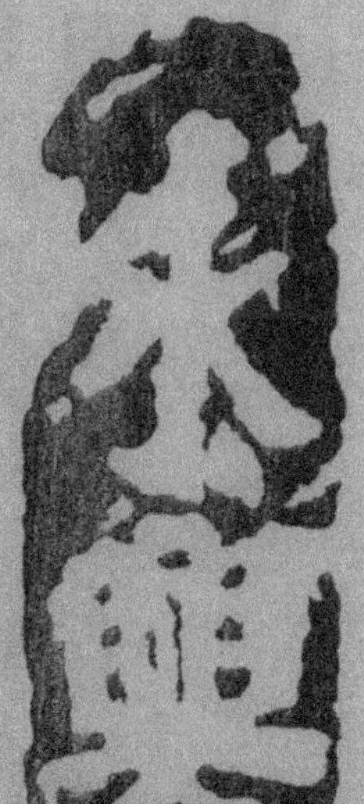

永興亦惠帝年號距永平十四年

嘉慶丁巳三月南康謝啓昆蘇潭使君得八甎于浙江藩署舫齋側文永平七永興一其永平二字直書有分爲二甎者有正一倒者俱不相同字在塼左側高厚如此式其右側破損不知廣闊之數矣永平紀元者漢明帝晉惠帝魏宣武凡三朝皖江胡雒君虔定爲晉永平以永興甎證之同爲晉惠年號無疑也蘇潭先生紀以詩一時皆有題咏

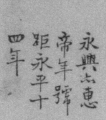

阮芸臺先生題辭

蓬巒軒外三春天物色廢壁覓得八甎々々日影古所傳先生本是瀛洲仙永平永興皆漢年以楷字之屬晉爲太康皇子相比肩晏封吳郡藩應還或者就國避內權閱歷唐宋留殘垝不則吳郡族望賢范氏褚氏居相連所喜八甎數符前字不辟暴餘精堅扶剔土繡敲苔錢空齋拓々鳴槌氈淅水晉石無一拳古甎屢見東海壖吾藏咸和塼字全永嘉續得相磨研先生延客開詩筵閈此何異辟与瑄摩挱共詠樂于陰邉軒階古甃斜陽躔

宋元嘉甎

字俱反書

此甎亦陳抱之所藏一面宋元嘉六年一面太歲己巳考宋文帝元嘉元年即少帝景平二年甲子歲其六年正當己巳也

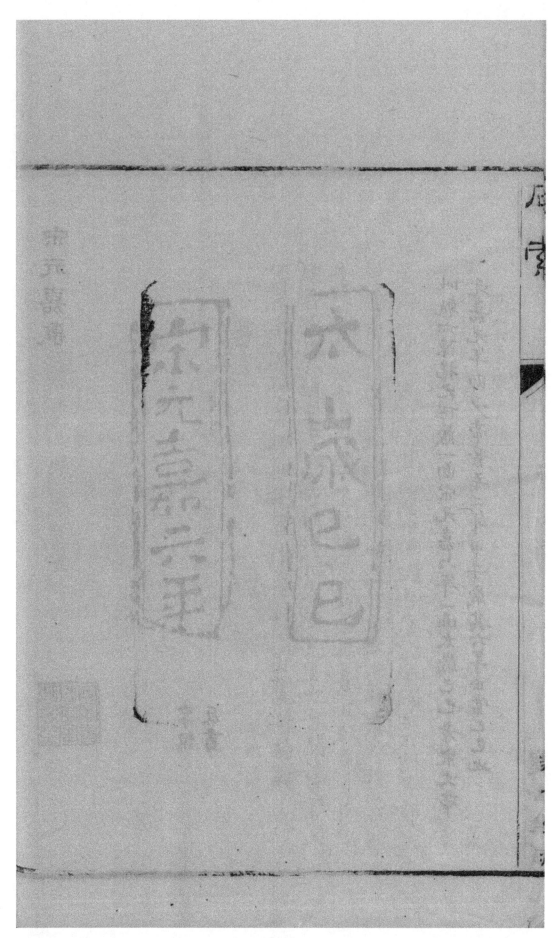

元康甎三

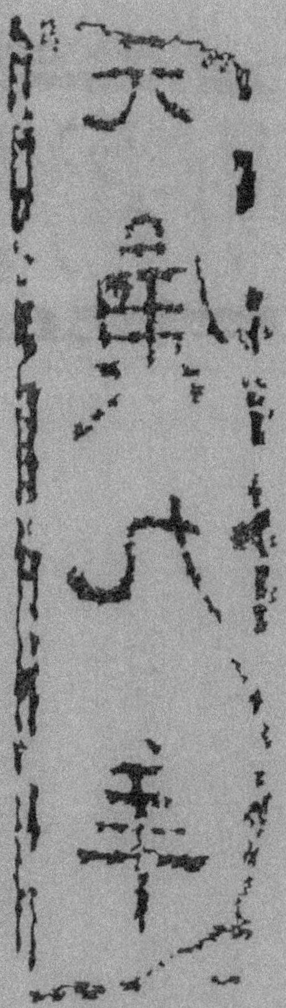

元康九年

元康祇九年其次年又改元永寧矣甎文反書

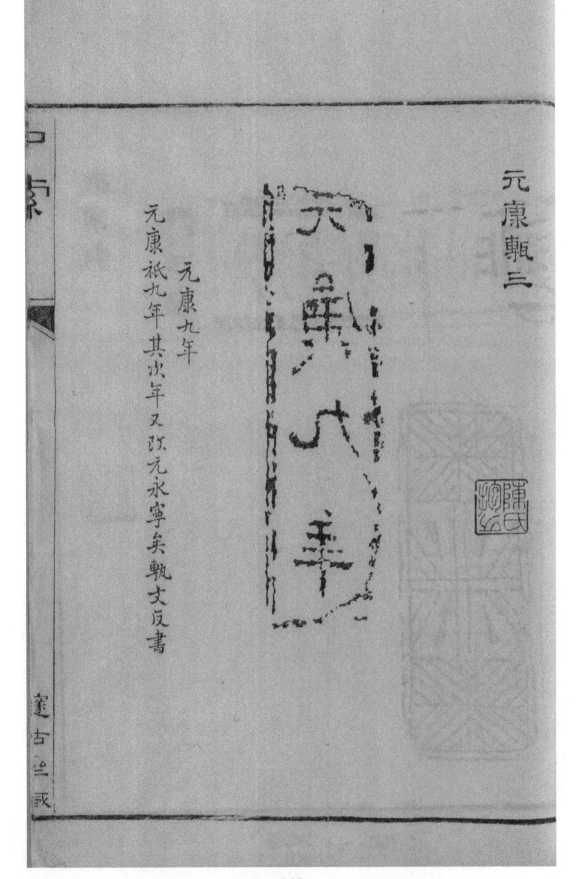

永寧甎

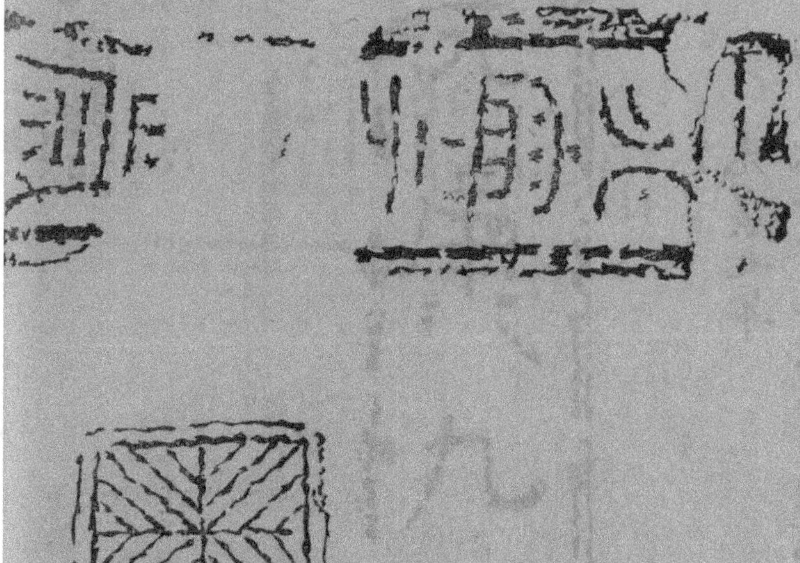

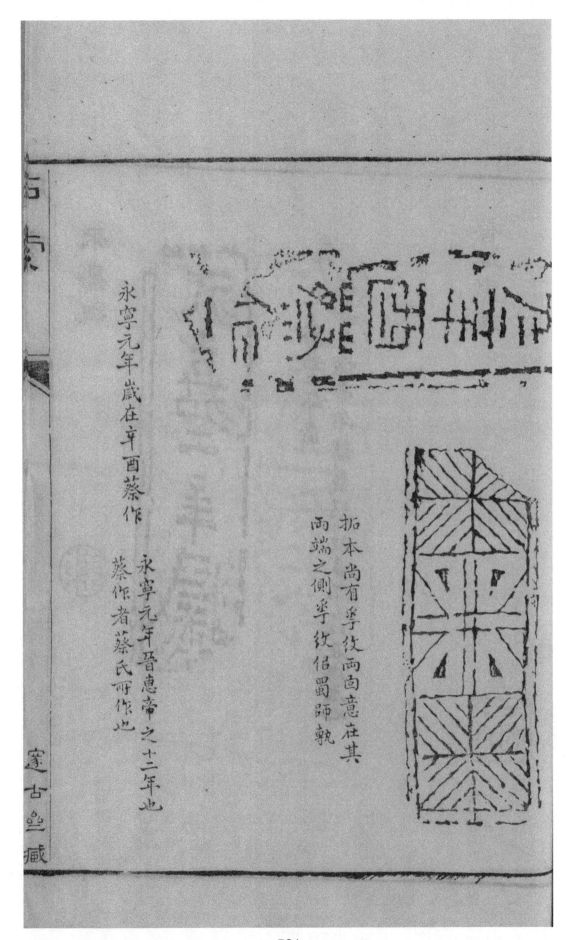

拓本尚有孚紋兩面意在其兩端之側孚紋佀蜀師軌

永寧元年晉惠帝之十二年也蔡作者蔡氏所作也

永寧元年歲在辛酉蔡作

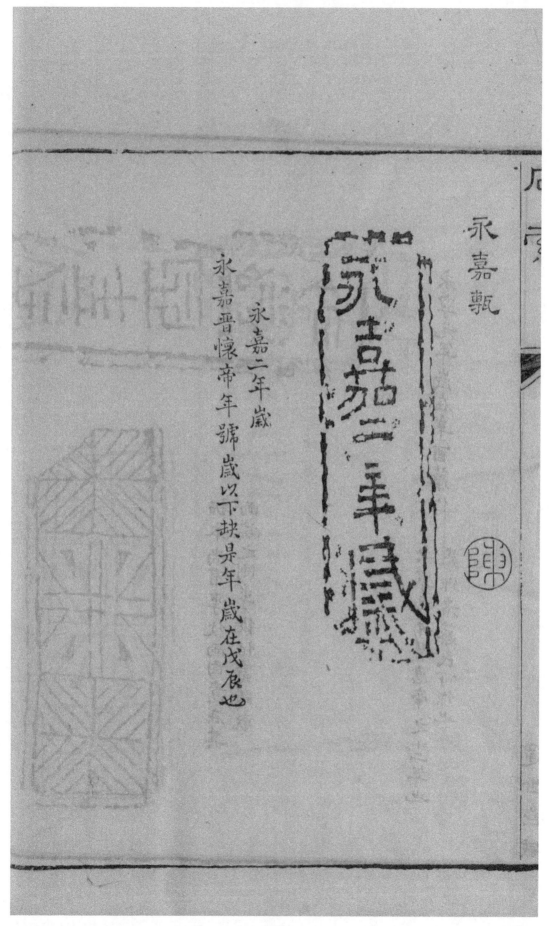

永嘉甎

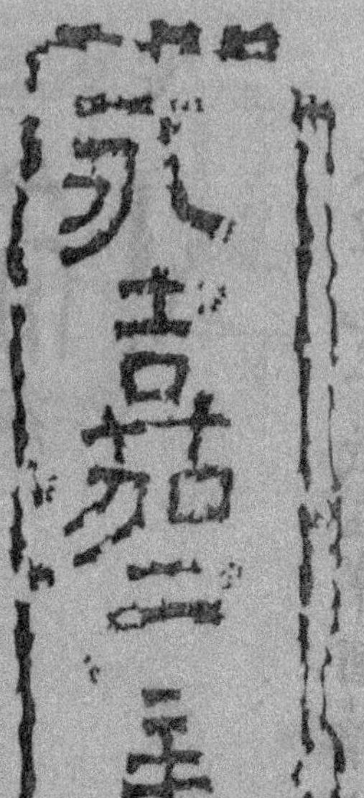

永嘉二年歲

永嘉晉懷帝年號歲以下缺是年歲在戊辰也

晉咸康甎

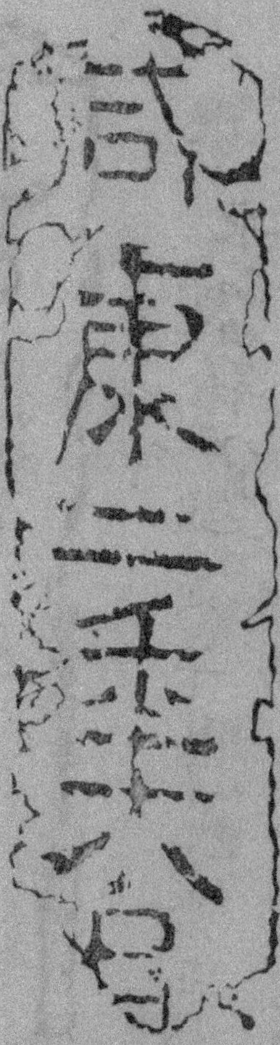

咸康二年八月　以下缺

咸康二年東晉成帝之十二年也是年歲在丙申

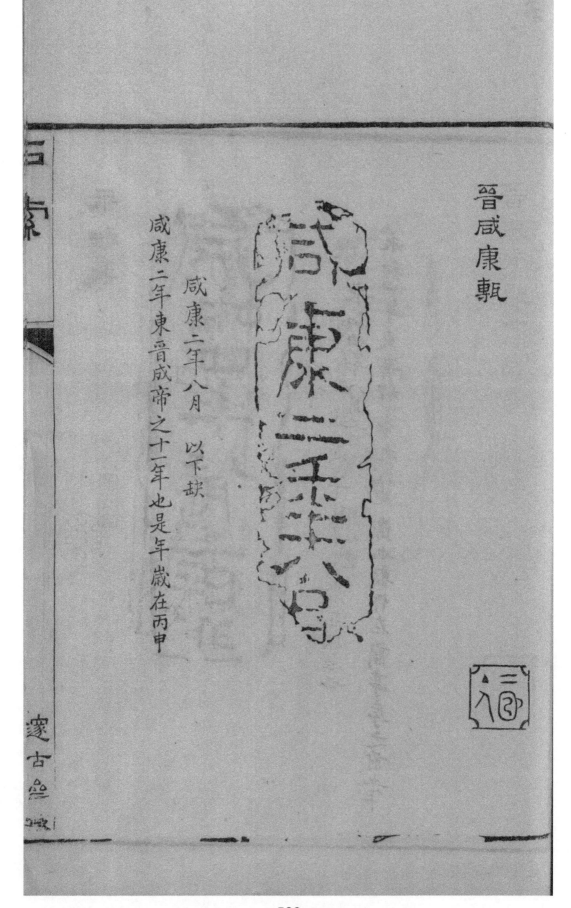

永和甎

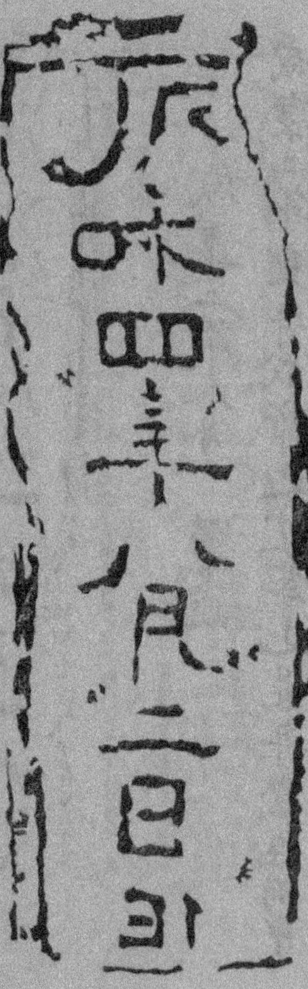

永和四年八月二日作　文反書

永和四年東晉穆帝之戊申歲也甎作在蘭亭序之前五年

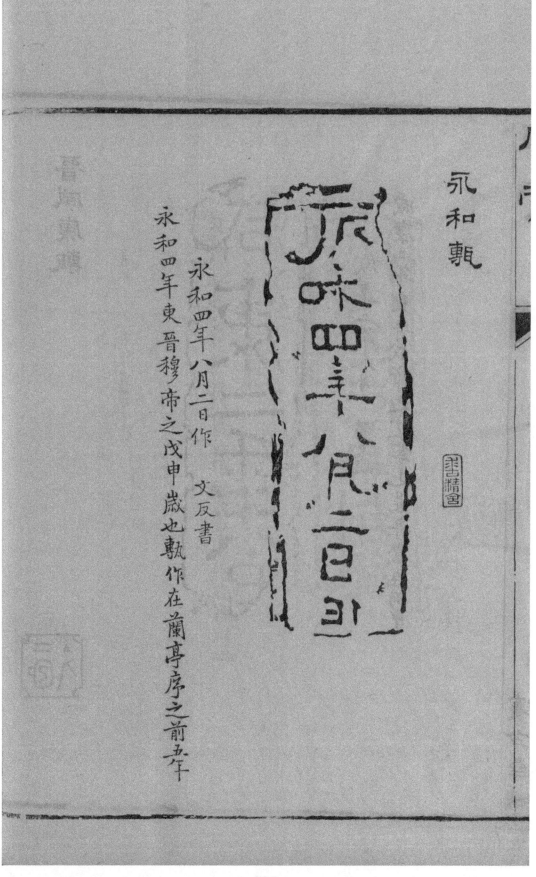

晉泰元甎一

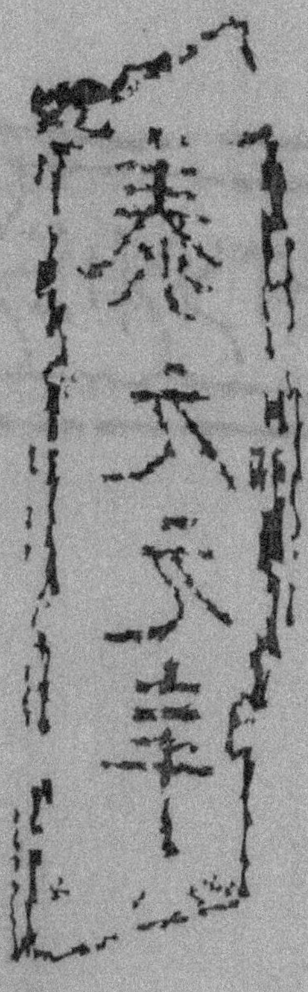

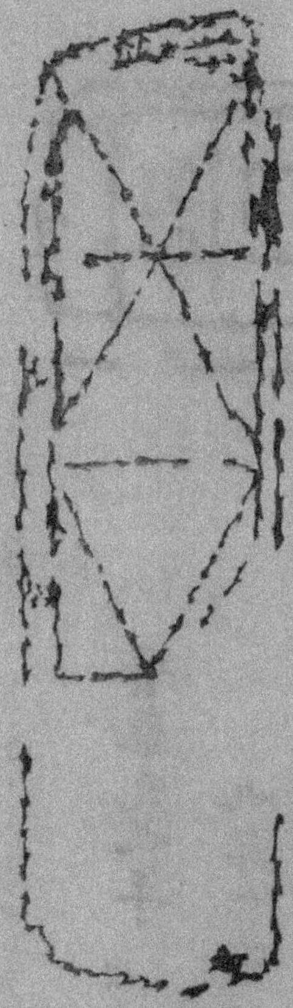

一面泰元元年一面斜格亍此孝武帝即位之四年也塼下半月日缺字反文

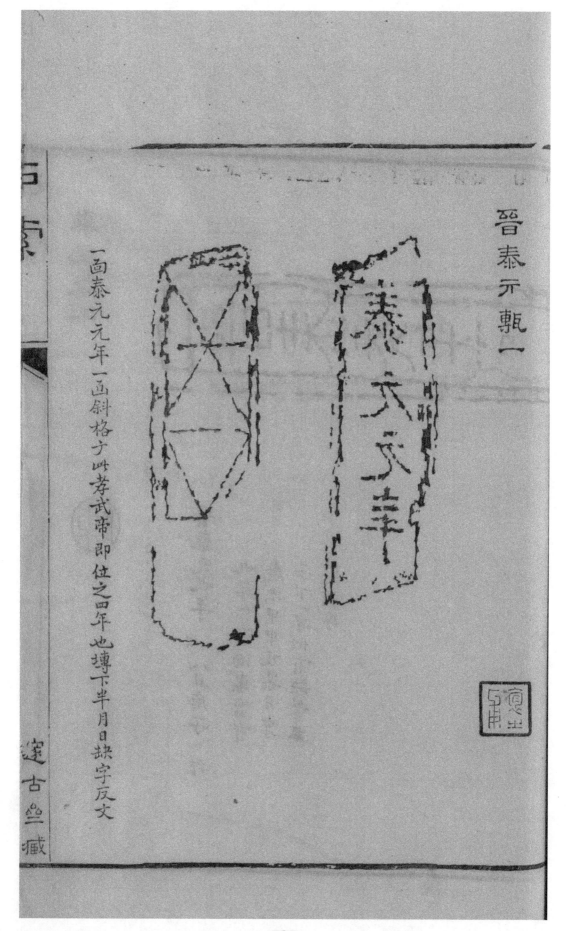

泰元甎二

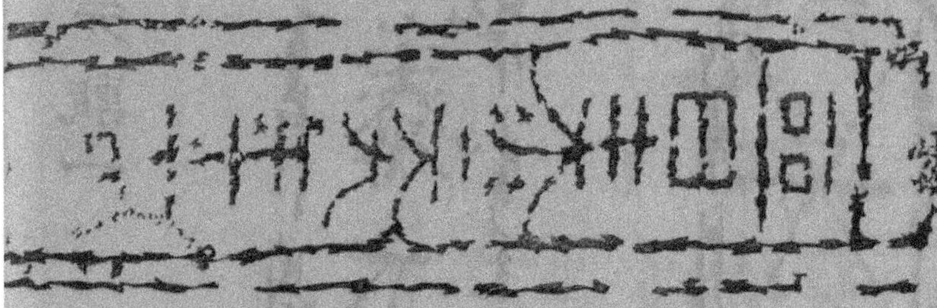

晉泰元九年　缺　八日庚子。作

九年下磨泐處當有歲次甲申及某月字子下一字似有缺筆未定何字

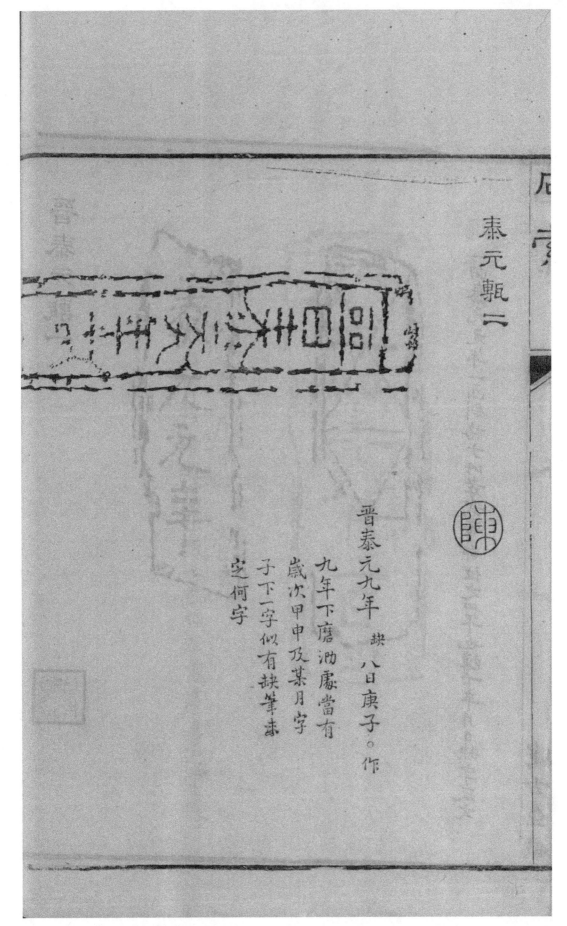

遂古堂藏

泰元甎三

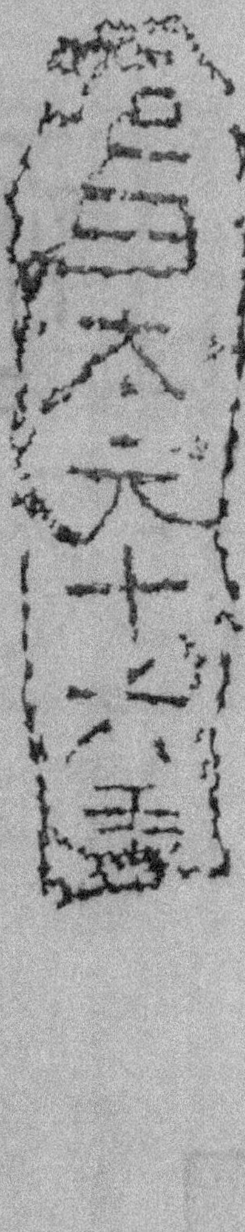

晉太元十六年　以下半段缺

泰太二字本通用今人每分而為二觀此四甎中作泰者半作太者半如泰元即太元可知泰和之即太和矣

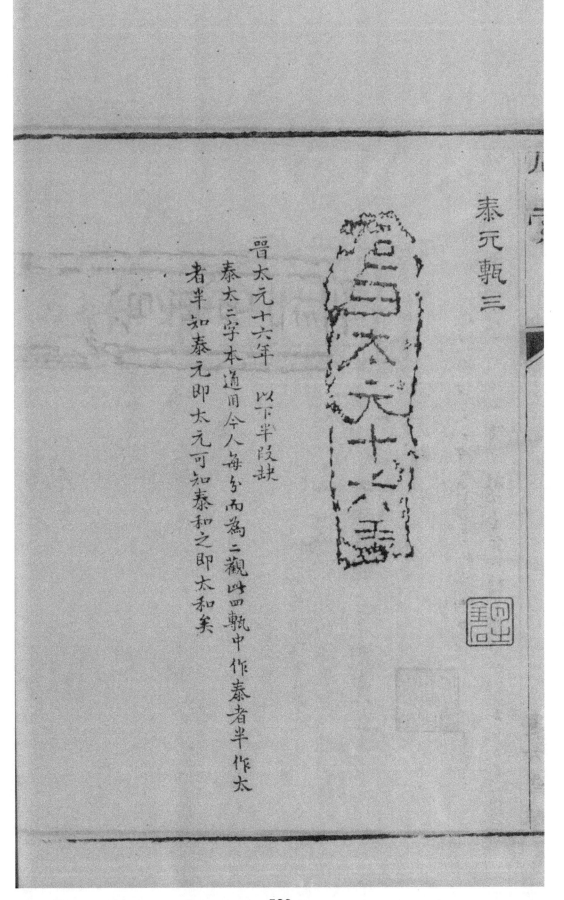

泰元卜氏墎甎

卜氏墎

卜氏墎太元廿七年

墎即棺椁之椁說文云椁葬有木椁也墎度也凡民之所度居也
按左氏傳魏舒卒于甯范獻子去其柏椁又檀弓云桓司馬自為石椁

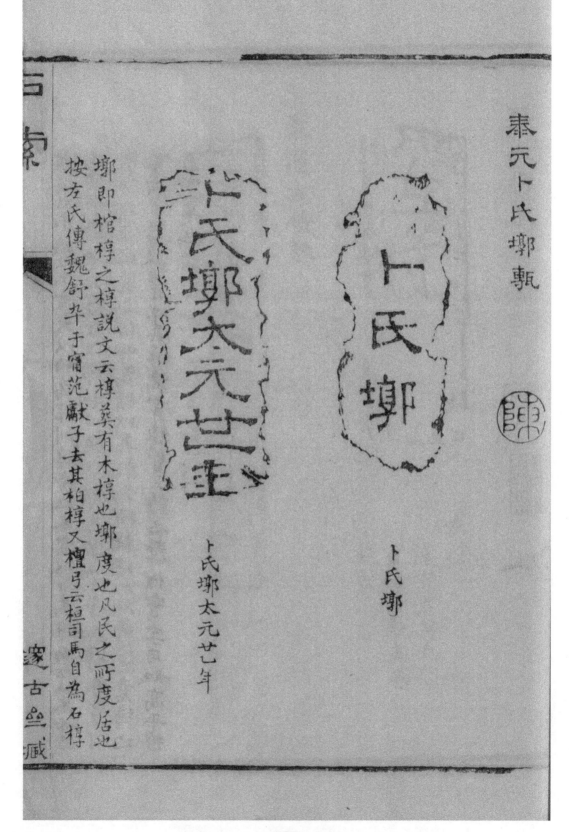

字俱从木無从土者夫以柏為椁則椁旁从木宜以石為椁而亦从木毋乃非宜乎韻會云椁或作槨今此孰作墎其字从土旁与墎相合且有當于度居之義今俗呼為壙以其孰為壙孰壙亦取廣土之意壙之穹隆處謂之穿以其墎為穿墎穿讀去聲作實字用如高平檀君穿是也

晉左將甎

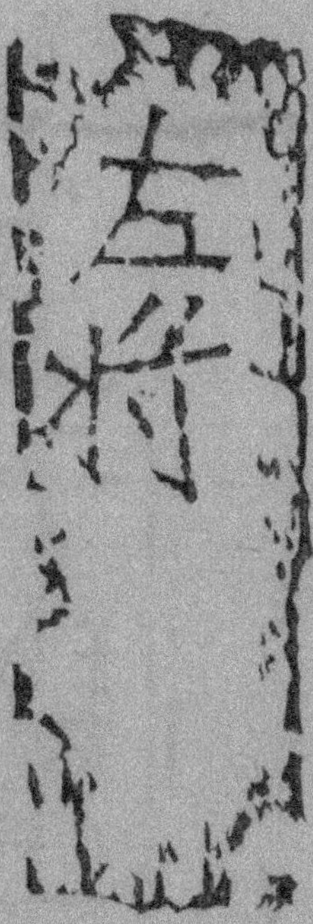

左將

漢有右將瓦晉有左將甎真成絕對

東遷左將甎

東遷左將潘 以下缺文似露君字起筆

晉書地理志吳興郡領縣十一東遷縣在第四此為晉甎無疑

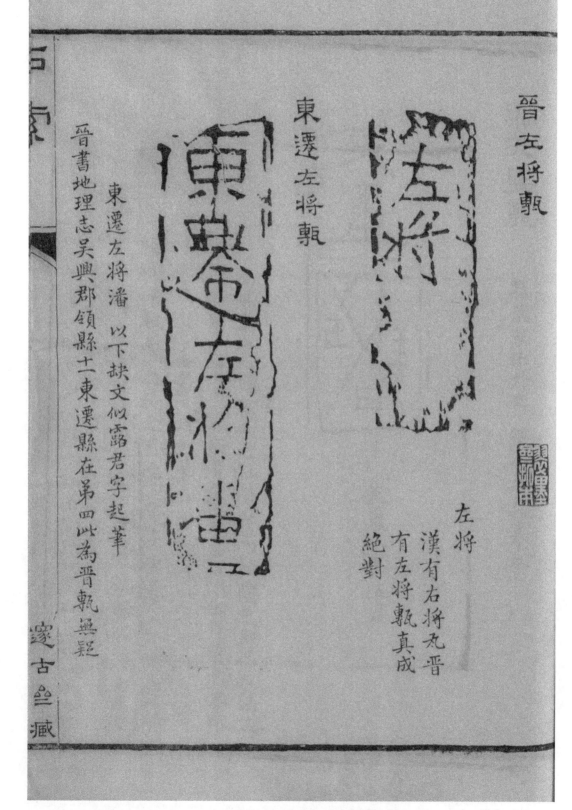

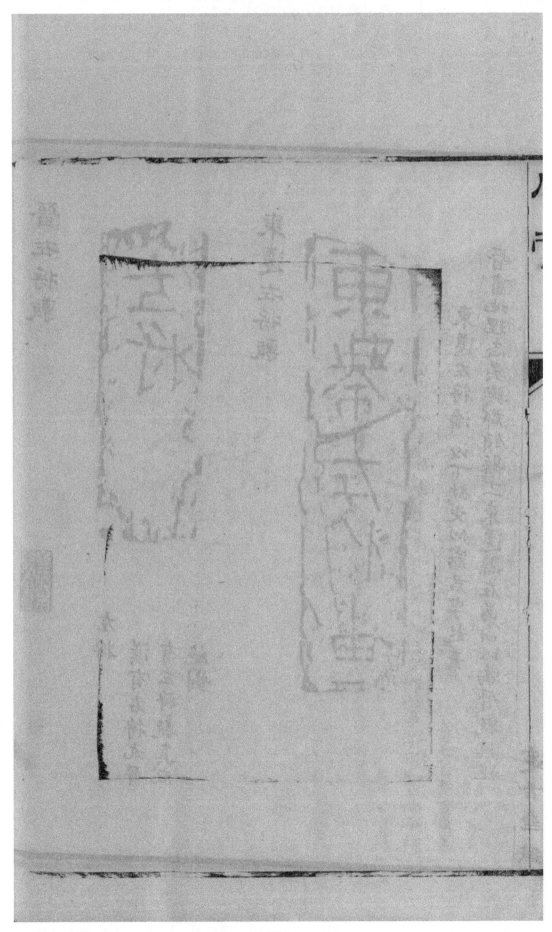

梁天監甎

甎藏龍泓外史　從金石契摹本

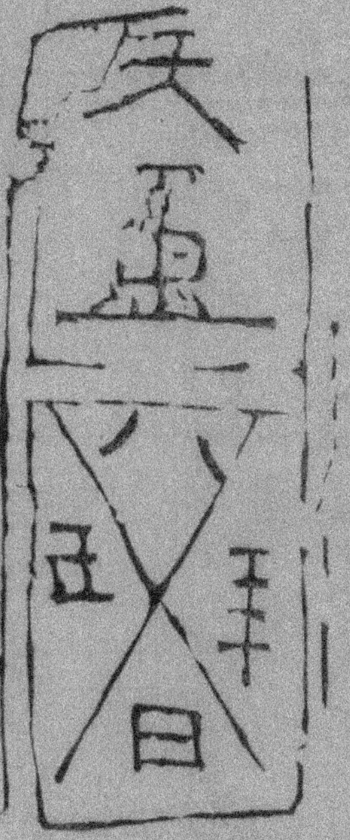

天監八年五月

魯齋丁傳曰西溪安樂山之陽萬氏之祖塋在焉乾隆己卯六月萬孫葬事啟土是夜家童之宿于宗祠者寱有神頎長白皙衣朱衣衣有圍巾冠烏巾〻有垂帶謂其童曰吾壓此已千年告汝主不可掘也工人掘得兩甎兩遂掩之其塼一有花者萬氏自藏而以此贈先君審其年號是蕭梁時物當為築墓作穹隆狀　鵬按天監八年梁武帝即位之八年惜墓中人不可考矣

古冢甎

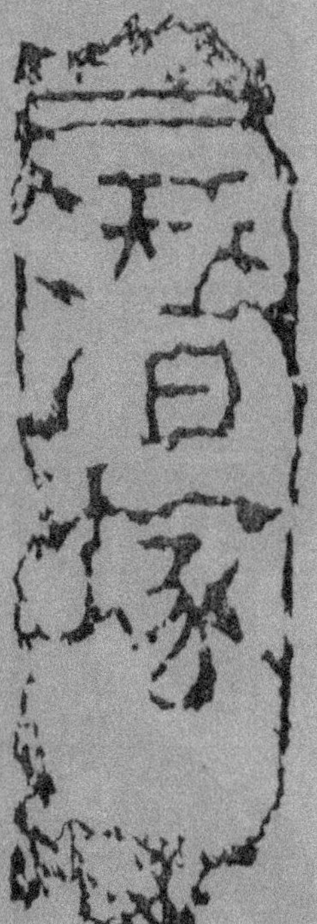

古林甎

潛塚

或以為淵明冢甎然無稱名之義或以為於潛甎於潛亦屬吳興郡鴨疑為潛姓之冢如宋有潛說友潛有成之屬

上一字不可識其中為五五錢文下一林字反文

此甎第一字冢文反書似人姓氏而磨泐不可辨其五五錢載于

宋顧烜錢譜亦未定其爲何時末有林字與武梁祠中小石柱上刻武家林相似疑亦六朝時林墓中軓也

北魏正光甎

在保定府定興縣 依原樣

大魏正光二年歲次辛丑四月廿日
戊戌。幽州范陽郡涿縣人。
。鮮于高頭鋪記前作涿縣吐
蕃議和將軍國使令

按廿字似卅但卅日非
戊戌、下一字不可知
吐蕃和三字可識其
議字存小半姑補之

涿鹿趙子仲吾鍾昆自京邸寄此拓本貽書云此塼長不盈尺博半之厚寸半嘉慶丙子歲定興縣修城掘得二塼識者閱之即從覓已失其一此塼又斷裂酥軟不可摺僅辨得數字今藏北平張氏鵰按正光二年乃元魏明帝即位之六年也兖州賈使君碑云神龜二年歲次己亥此在其後二年則其剝蝕處為歲次辛丑無疑考魏書四月庚子王繼進位太保壬寅崔光為司徒公此戊戌當是廿日若卅日不得復有庚子壬寅矣但戊戌字亦模糊難定耳 又魏志幽州三郡其次為范陽范陽郡領縣七其首為涿縣至定興縣原屬范陽地金時方置定興縣則此塼云范陽郡固與魏志悉合也餘字未見原塼姑識之以俟考

唐太和甎

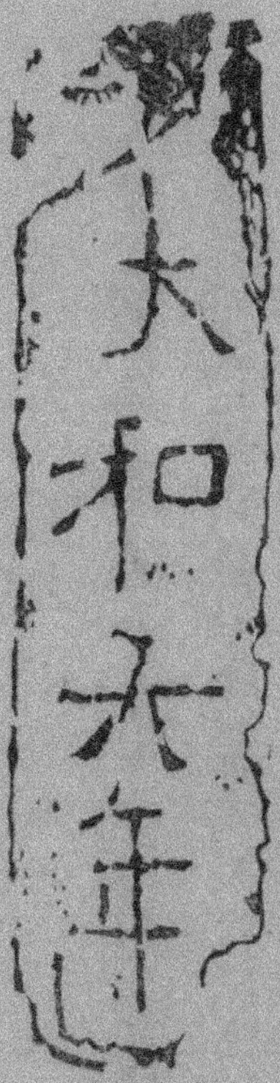

太和六年

魏太和有六年晉太和秖五年此甎不似魏晉閒物北魏太和不當其地蓋唐文宗之太和六年也是年歲在壬子

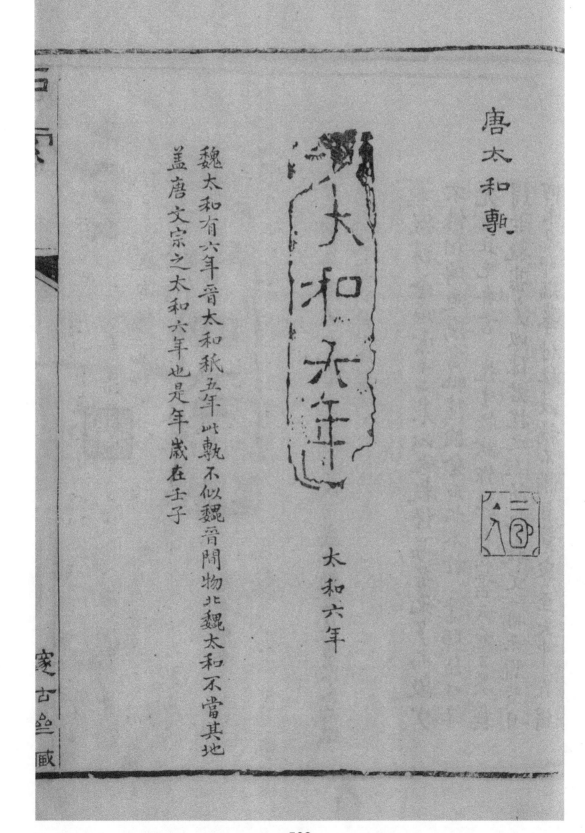

唐大中甎

大中四年

大中宣宗年號大中共十三年此其庚午歲也甎文反書字亦不緻肰唐甎甚難得取以備數也

鵬綴輯金石索十二卷以瓦甎後每苦瓦多而甎少不能相埒洒廣書毗陵陸氏金石拓本於　業師趙味辛先生且乞弁言　先生欣肰作序且惠書云近日吳興得古甎甚多以陳君抱之經所拓甎文一冊示贈皆目所未見即臨摹付梓以補不備自覺寧至大中凡得

漢瓴十三吳瓴二晉瓴十七宋塼一未定時代塼二唐塼二
皆以陳氏印章别之不忘所自也但未獲覩原塼與陳子
釋文未能細窺其缺泐之處相与叅質知不無齟齬今姑
就拓本考釋俟得有原委更為補注回嘆豊岐故址伊
雒名區其古瓴有什伯於吳興者而不遇有心人為之攈拾
其毀于老農之鋤庸匠之手者不知凡幾可勝惜哉

雲鵬謹識

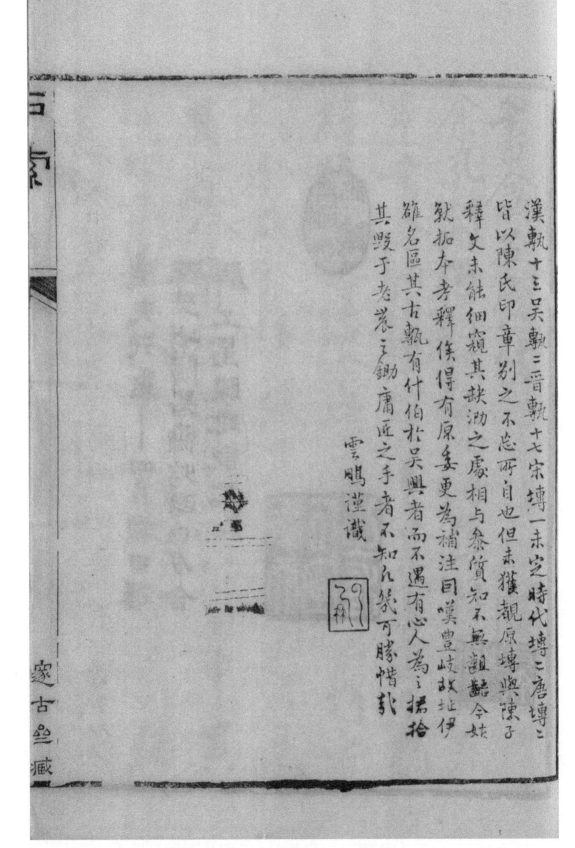

道光元年四月朔日鏤
板于嵫陽署齋於時日月合
璧五星聯珠記之

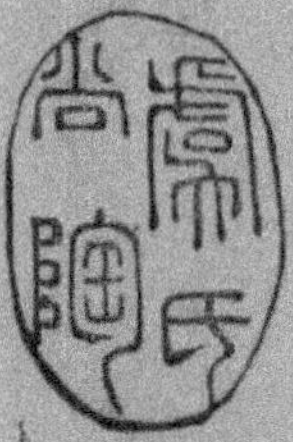

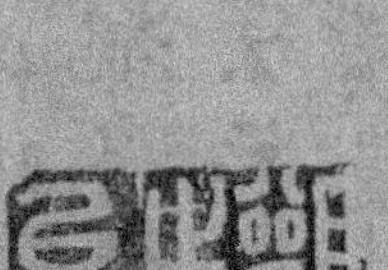

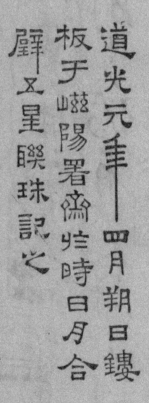

書金石索後

余夙聞通州馮晏海集軒昆仲著是書今始得而見之其審定之精確考證之博洽誠備矣竊謂著錄金石家往往橅其文而不盡見其器徒愛其詞義與銜曲中其形制別真偽有以倣鑄尊彝俑造殆本而與秦漢之物同編者矣

又詳於久遠而忽於近代一似六朝以
後無足稱述抑思春秋之產不羅
祇述前王唐世之詩古書未逾千
祀唐人以溯唐遠者千年近亦不
下五六百年亦何異於春秋之慕
三古唐人之思兩漢乎是書廣集
兼收良足極斯流弊而縱多目
觀字不手檢兩君之用功于此可謂

勤矣余不敏不足以述古文繼閱
數過但覺援釋諸書各體皆備
非第博物之奇能抑亦臨池之極
則也集軒屬為題識爰書于後
以志欽挹
道光乙未秋七月山陰平翰跋

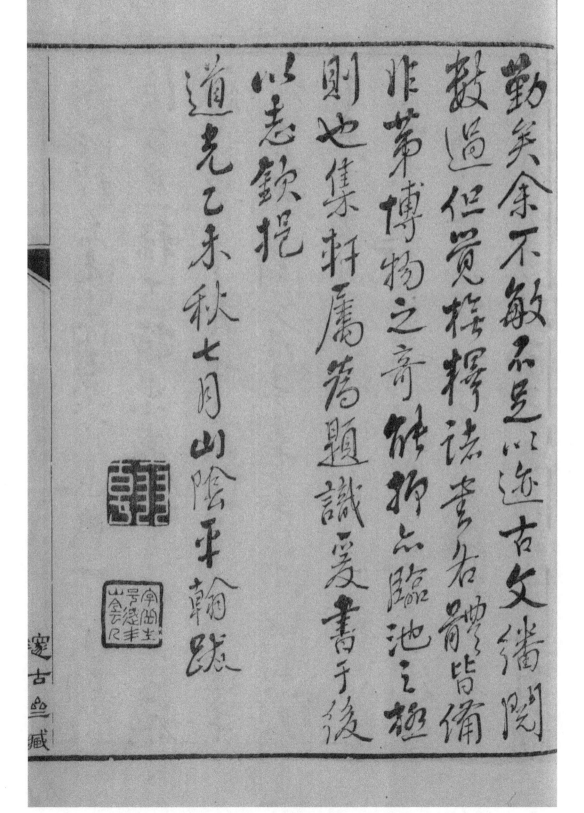